豊かさという幻想

「消費社会」批判

姉歯 曉
ANEHA Aki

桜井書店

まえがき

　1970年代末期から1980年代にもてはやされた一連の「豊かな消費社会論」は，高度経済成長の終焉に落ち込む日本にあって，人びとの消費行動と消費者を取り巻く社会・経済環境との関連性に着目して，資本主義的商品生産がもたらす一方的で圧倒的な力からの脱却を，消費者の主体性に希求するという側面を有していた。
　「消費社会論」の多くは，その理論的基礎や発想のおおもとをアメリカの制度派経済学者T. ヴェブレンの「見せびらかしの消費（conspicuous consumption）」（衒示的消費）に置いている。第1章で取り上げる『浪費するアメリカ人』（*The Overspent American,* 1998）を書いたジュリエット・ショアにも，記号論的消費論を展開した『消費社会の神話と構造』（*La Société de consummation,* 1970）のJ. ボードリアールにもヴェブレンの影響が色濃く感じられる。彼らの視線は，個人的消費が決して「個人的」に営まれるものではなく，社会・経済システムが消費を形づくることに向けられており，その意味で社会・経済システムと個人の消費行動との結びつきを的確にとらえているといえよう。
　ヴェブレンは，社会・経済システムと個人の消費行為とのあいだに存在する媒介環を見出そうとして広範囲にわたる社会・経済分析を行うとともに，これに心理学的なアプローチを重ねて解明を試みている。社会・経済システムと消費行動との媒介環を明らかにするためには，緻密な現状分析をたゆまずに行うことが不可欠であった。
　しかしながら，ヴェブレンから影響を受けたはずの「消費社会論」者の多くは，彼のそうしたアプローチの手法に学ぶことなく，トピックス的な現象をとらえてこれを社会・経済の主要な側面と解釈し，ヴェブレンの心理学的なアプローチに重きを置いて分析するという方向へと進んでいるようにみえる。
　実際，ダニエル・ベルや山崎正和氏の「脱工業社会論」（「サービス化社会論」を包含）が日本で一大ブームとなった1970年代後半から現在にいたる「消費社会論」には，おおむね資本主義的生産の本質を「物質主義」と読み替えて，そ

の物質主義が人びとの消費行動を規定しており，それは本来の人間的な諸関係（したがってそこには当然歴史貫通的な性格を受け取る）とは対立するものであるとの考え方が貫かれている。それゆえ，日本で展開される「消費社会論」の多くが「消費＝自己実現（人間性の開花）」と「生産＝物質主義（人間性や自然的存在としての人間生活の破壊）」の対立構図に強く囚われているようにみえる。この対立構図においては，高度経済成長の終焉がそのまま工業生産の終焉に置き換えられるため，日本を含む先進国は，工業社会から「サービス化社会」へと向かう途上にあるとされてしまう。

さらに，1980年代から90年代の「消費社会論」をリードしたのは，工業生産が生み出した「モノ」に充足した消費者が，今度は「モノから心へ」「モノから形のないものへ」とその消費志向を転換させるという見方であった。工業社会が過去のものになることで，階級もまた過去のものとなり，かわって人間が本来有している創造力に依拠した「サービス化社会」が到来する，と主張された。「サービス化社会」のもとでは精神的な活動や頭脳労働が肉体労働に取って代わる，だから女性の働きがとくに重要なものとなるのだ，とも主張された。「サービス化社会」においては，搾取も階級も労働現場における男女差別や格差も自動消滅するというわけである。そして，こうした一連の動きを牽引する力はもっぱら消費者の消費行為にゆだねられ，社会変革の萌芽は消費の場でこそおのずと発生する（すでに発生している）はずであるとされた。こうして「サービス化社会」の成立は物質主義からの脱却を示すものとされ，したがってポスト経済成長期を迎えた現代社会は，「豊かな消費社会」をすでに実現させているか，その途上にあるものとされた。

1980，90年代にはまた，銀行によるクレジットカードの発行，消費者信用による貸付の拡大を銀行の大衆化として賛美する声や，現金による支払いよりもクレジットカードのほうが「スマート」であるといった宣伝が消費者の心をとらえた。クレジットカードが「支払い形態の多様な選択権」を消費者に与えたとの主張は，それが消費者に商品の選択権だけでなく支払い方法の選択権までも与えるかのような幻想を抱かせた。実際には，書類を書く面倒な手続きがプラスティックのカードを示すだけの「手軽さ」に置き換えられただけのことであり，所得から借金を払うという昔から変わりのない行為に多少の利便性が

付加されたにすぎない。にもかかわらず，さらにそれが「キャッシュレス社会の到来」と銘打たれるにいたって，クレジットカードを介して供与される消費者信用は「借金」という言葉が持つ暗いイメージから脱却をはかることに成功した。クレジットカードの利用は「支払い形態の多様化」であり，消費者に利便性を提供するものである。それゆえ，消費者信用というシステム自体には構造的な問題は存在しない，消費者にモラルさえあれば，消費者信用は「健全に」拡大し続けるはずであり，その発展は消費者にさらなる利益をもたらすにちがいない。これが「キャッシュレス社会の到来」とされた当初から今に続く消費者信用をめぐる主張の柱である。

　このように，日本における「消費社会論」では，階級の存在はもとより生産にかかわる概念を否定して，労働者を消費者に置き換え，さらに消費者を生活者に置き換えていった。現代を物質主義からの脱却過程ととらえ，オルタナティブな社会の可能性を示そうとすることは，ある種の積極性を持つものであった。しかし，それを論証するために必要な透徹した現状分析の積み重ねは脇に追いやられて，議論はもっぱら消費者心理に焦点が当てられている。一方で社会・経済システムと消費との関係については，「若年層は消費に関心をもたなくなった」，「新しい消費は人間的つながりを求める消費である」といった表面的な，あるいは突出した消費行動に着目して，それを全体化する傾向を帯びた，たぶんに表層的な議論であることは否めない。これらの議論の多くは地道な現状分析を欠いており，現実の推移の前にその欠陥を露呈させている。

　日本では，これまで消費に関する研究は，生活経営学など，家政学と経済学とを隣接領域として行われてきたが，ことに経済学においては，社会・経済システムと消費との関係を見据えた「生活の社会化論」や「社会資本論」の分野で，理論と現状分析の融合をはかりながら展開された。「生活の社会化論」も「社会資本論」も，ともに資本主義という社会・経済システムと労働者である諸個人の生活との関連性がその視角の基礎に据えられていて，そこには自由意志で消費を行う浮遊する個人ではなく，資本主義経済のもとで営まれる労働生活の実態がつねに念頭に置かれていた。しかしながら，それらの研究も1980〜90年代をピークとして，その後，本格的な議論は残念なことに立ち消えになったままである。

一方で，近年では，環境破壊や金融の肥大化とその暴走を背景にして資本主義の危機論が論じられている。そこでは資本主義の行き詰まりを指摘しつつ，新しい社会・経済システムへの移行がさまざまに論じられているが，なかには「消費社会論」にもとづいて「豊かな社会」・「豊かな国家」の青写真が期待を込めて提示されているものもみられる。

　未来図を描くこと，またその際，希望のもてる展望を語ることはだいじなことであるし，それこそが多くの人々が経済学に求めているところであろう。だが，その前に，あるいはその前提として，私たちは，目の前に展開している現代資本主義社会のなかで労働者階級が抱えているさまざまな「苦界」とも表現しうる雇用不安，貧困や生活苦の現実を，かつての「生活の社会化論」や「社会資本論」の成果を生かしつつ，事実に即した継続的な分析作業をとおして明らかにしていくことが必要なのではなかろうか。

　本書は，「豊かさ」を定義すること，「消費社会」それ自体を論じることを目的とはしていない。そもそも「豊かさ」とか「消費社会」という概念を体系的に論じることはきわめて困難であると同時に，往々にしてそれは無内容なものとなりやすい性格を有している。「消費社会論」における「消費社会」とは，多くの消費者が豊富な商品を消費できる環境にある社会のことであり，それは「大量の商品」という物量に規定された概念であるといえよう。それ以上の規定を加えようとすれば，それはこれまで強調してきたように，緻密で広範囲にわたる現状分析が前提される。もし，現状を周到に分析することなく安易に「消費社会論」を展開しようとすれば，それはしばしば「幻想」を生み出すことになる。

　たとえば，前述した1970～80年代に主張された「サービス化社会」はその後の現実の推移によって幻想であったことは明らかだが，にもかかわらず繰り返し唱えられてきたように，あるいは「浪費」という幻想があたかも常在しているかのように，苦界が広がれば広がるほど，この幻想はますますその存在感を増すことになる。労働者を取り巻く苦界の深化と拡大が危機的状況を呈している現代にあって，消費をめぐるさまざまな幻想に対して批判的検証を加えることが本書の目的である。

　「民衆の幻想的幸福としての宗教を廃棄することは，民衆の現実的幸福を要求することである。民衆が自分の状態についてえがく幻想を捨てろと要求す

ることは，その幻想を必要とするような状態をすてろと要求することである。宗教の批判は，したがって宗教を後光とするこの苦界の批判をはらんでいる。」(K.マルクス『ヘーゲル法哲学批判序説』)

　本書の構成をかいつまんで述べておこう。
　第1部は第1章〜第4章とからなる。ここでは，巨大消費国アメリカで生じたサブプライムローン問題を好例として，むき出しの資本主義が自らを維持するために形成した消費構造を考察する。
　第1章では，「浪費社会」という幻想に包まれたアメリカの消費の実態を検証する。ここで検証されるものは，サブプライムローン問題に示されたアメリカの多くの消費者が抱えている債務の意味である。具体的には，サブプライムローン問題は低所得者の問題であるという幻想，アメリカの消費者は浪費しているのだという幻想が検証対象とされる。
　第2章では，サブプライムローン危機後のクレジット・クランチを受け，信用に依存するアメリカの消費行動を追ったものである。未曾有の経済危機は「自然に」アメリカの消費構造を変化させるのか？　この問題は「消費社会」が自然に社会・経済構造を変革するという幻想を検証する作業に通じるものでもある。
　第3章では，アメリカの消費に大きな影響を与えている消費者信用の歴史的変遷をたどることで，消費者信用がそれぞれの歴史段階で果たしてきた機能の特質を抽出し，現在のアメリカにおける消費者信用の位置づけを探る作業を行っている。
　第4章では，信用に依存するアメリカの消費構造とアメリカが国際通貨国であることとのあいだに存在する相互依存関係を検証した。サブプライムローン問題に関する分析は金融に重きが置かれており，実体経済との関係性を全面に出して語られることは少ない。アメリカの消費分析においては，逆に金融論，信用論を含めて経済理論からは距離のある世界で議論されることが多い。このことの反省のうえに，サブプライムローン問題をとおして人びとの生活を生産過程との関係性のなかに位置づけることで，生々しい現実を映し出すことに意を注いだつもりである。

第2部は第5章〜第7章の3章で構成されている。ここでは主として第1部で論じたアメリカにおける消費を巡る幻想のベールを引き剥がすために必要な理論を収めた。

　日本の「消費社会論」にみられる「支払い形態の多様化」＝「消費者の利便性の向上」あるいは「消費者責任」という幻想を生み出している「消費者信用」の問題と，「豊かな消費社会」につながる「サービス化社会論」などの一連の「消費社会論」を検証する作業をとおして，消費者信用とは何か？「サービス」消費とは何か？ が明らかにされる。

　第5章では，消費者信用の本質を利子生み資本に置き，信用の供与者側と受信者側のあいだの信用関係を詳細に検証した。消費者信用の機能は「支払い形態の多様性」にあるのではない。消費者信用の本来的な機能は，過剰生産を事前に回避しようとすることにある。そして，それこそが過剰生産の可能性を深化させることにつながることを明らかにした。

　第6章では，現在もことあるごとに繰り返される「サービス化社会論」が，「サービス消費」に対する表面的で実態とはかけ離れた思弁的な把握にもとづくものであることを具体的に示し，それぞれの「サービス」支出項目の本質を明らかにした。

　第7章は，第6章との関連で，アメリカ・カリフォルニア大学のR. A. ウォーカー教授が「サービス化」とされるものの本質について行った先駆的な研究を分析・紹介したものである。

　これらの一連の作業は，おのずとその時々に提示された「消費社会論」そのものに対する批判的分析を行う作業となった。結果的には，本書は第1部ではアメリカの問題を扱い，第2部は日本の問題を扱うという形になっているが，本書を第1部と第2部に分けた意図は別にある。前述したように，第2部は第1部の分析の基礎となる理論が示されている。つまり第2部にまとめられた理論分析の結果が第1部各章の現状分析に応用されている。

　したがって，読者におかれては，第1部は第2部で示された理論を前提としていること，分析の理論的基礎については第1部ではこれを省略し，第2部にその説明をゆだねていることに留意して読み進めていただければ幸いである。

目　次

まえがき　3

第1部　浪費という幻想（Over-Consumption Myth）

第1章　サブプライムローン問題の本質……………………………17
　　　　──アメリカにおける「過消費」構造と家計債務の現状──

　はじめに …………………………………………………………………17
　Ⅰ　サブプライム層とは何か ……………………………………………19
　　1　サブプライムローンの信用供与条件と信用度を示すスコア　19
　　2　サブプライム層に含まれる中間層以上の所得者層の存在　21
　　3　サブプライム層における中間層以上のマイノリティーの存在　22
　　4　サブプライム問題と「普通のアメリカ人」　24
　Ⅱ　アメリカの「過消費」構造についての検討 ……………………25
　　1　「過消費」の定義　25
　　2　「浪費神話」をめぐる議論　26
　Ⅲ　「過消費」の背景 ……………………………………………………30
　　1　賃金抑制のための必然的な負債　30
　　2　新自由主義のもとでの社会的固定支出の増大　32

第2章　サブプライムショック後の
　　　　アメリカにおける消費動向 ………………………………45

　はじめに …………………………………………………………………45
　Ⅰ　サブプライム問題の本質をどうとらえるか ………………………45
　　1　サブプライム問題と実体経済の関係　45
　　2　いわゆる「掠奪的金融」問題による論点の狭小化　47
　Ⅱ　対消費者貸付と資本主義生産の必然的な連関 …………………49
　　1　資本主義生産と対消費者貸付成立の関連性　49
　　2　耐久消費財の出現と消費者信用拡大の必然性
　　　　──「浪費神話」との決別　50

3　アメリカの持つ固有の内部矛盾　51

　Ⅲ　サブプライムショック後のアメリカの個人消費の現状を
　　どうみるか……………………………………………………………53

　　1　GDP比でみた個人消費支出の上昇
　　　──アメリカ経済を牽引する個人消費　53
　　2　貯蓄率の上昇と消費行動の変化　54

　Ⅳ　アメリカ経済の対消費者貸付への依存体質は不変……………56

　　1　GDPの最大構成部分としての消費支出　56
　　2　消費を支える対消費者貸付──モーゲージローンと消費者信用　57
　　3　消費者信用収縮の要因　59

　Ⅴ　まとめ………………………………………………………………64

第3章　アメリカ経済と消費者信用……………………………67
　　　──その歴史的変遷──

　はじめに………………………………………………………………67

　Ⅰ　一般概念としての消費者信用の本質および成立条件…………67

　　1　消費者信用の成立条件　その1
　　　──耐久消費財の出現と大量生産体制の確立　68
　　2　消費者信用の成立条件　その2
　　　──貨幣資本の蓄積と新たな利子取得機会の獲得　69

　Ⅱ　アメリカの消費者信用成立期におけるその機能………………70

　　1　商品資本の蓄積と消費の限界　70
　　2　貸付可能貨幣資本の蓄積　71
　　3　対企業貸付の減少　71
　　4　労働者層の消費者への組み入れ　72

　Ⅲ　大恐慌以降の消費環境とニューディール政策…………………76

　　1　消費からみたニューディール政策の効果と限界　76
　　2　ニューディール政策が育成した消費者信用拡大の諸条件　78

　Ⅳ　第二次世界大戦以降の消費者信用………………………………78

　　1　アメリカの繁栄と消費者信用の拡大　78
　　2　国内経済の再編成と国内消費基盤の下支え　80

　まとめ…………………………………………………………………88

第4章　アメリカ経済における「過消費」構造と国際通貨国特権 ……………………………… 95
――日米貿易構造を手がかりに――

はじめに …………………………………………………………………………… 95
Ⅰ　アメリカの個人消費と家計の現実 …………………………………… 96
Ⅱ　アメリカ経済を支え続ける国際通貨国特権 ……………………… 98
 1　国際通貨国アメリカの特殊性　98
 2　非国際通貨国に対する「友好的圧力」
  ――アメリカ国内の巨大な消費市場　99
Ⅲ　個人消費の拡大を支えるホームエクイティローンの増大 ……… 100
 1　資産価値の上昇期待による消費の拡大　101
 2　ホームエクイティローンによる
  「未実現の利益実現」のシステム　102
Ⅳ　消費者信用による消費需要拡大策 ………………………………… 104
 1　消費者信用市場の拡大と家計内債務の累積　104
 2　消費者信用市場における競争の激化と利子率をめぐる動き　105
 3　リボルビングの定着と家計内債務の増大　106
 4　消費拡大の裏に存在する投機と利払い　108
Ⅴ　経常収支赤字を許容するアメリカの消費市場 …………………… 109
 1　アメリカの消費市場と輸入の現状　109
 2　アメリカ経済の強さと消費の関係　111
Ⅵ　アメリカの輸入拡大に依存する日本 ……………………………… 113
 ――日本の対米依存とアメリカの「過消費」構造――
 1　アメリカの巨大市場と日本　113
 2　日本の製造業の生命線を握るアメリカからの対日輸出　114
 3　アメリカの国際通貨国特権と「過消費」構造の関係　117
まとめ ……………………………………………………………………………… 119

第2部　「消費社会」の内実

第5章　消費者信用の一形態としての販売信用 ……………………………… 125
――販売信用の本質・成立条件・機能――

はじめに――消費者信用の分析視角 ………………………………………… 125

Ⅰ　販売信用の本質 …………………………………………………… 127
　　　　1　販売信用の諸形態　127
　　　　2　販売信用の諸形態の分析　131
　　　　3　販売信用と商業信用の相違　138
　　　　4　販売信用の利子について　139
　　Ⅱ　販売信用の成立条件 ……………………………………………… 148
　　　　1　信用の供与者側からみた販売信用の成立条件　148
　　　　2　受信者側からみた販売信用の成立条件　150
　　Ⅲ　販売信用の機能と効果 …………………………………………… 160
　　　　1　販売信用の個別的機能・効果と社会的機能・効果　161
　　　　2　販売信用の限界　166
　　まとめ ………………………………………………………………… 168

第6章　消費のサービス化について ……………………………………… 179
　　　　──「豊かな消費社会論」批判──

　　はじめに ……………………………………………………………… 179
　　Ⅰ　サービス支出項目の分類 ………………………………………… 181
　　　　1　分類Ⅰ　184
　　　　2　分類Ⅱ　187
　　　　3　分類Ⅲ　191
　　Ⅱ　「サービス消費」という概念について ………………………… 194
　　Ⅲ　消費のサービス化の要因 ………………………………………… 196
　　　　1　耐久消費財の普及　196
　　　　2　地価の高騰と公営住宅の不足　197
　　　　3　社会的共同消費手段の商品化による支出の増加　199
　　　　4　女性の賃労働者化と家事労働の外部化　205
　　　　5　「サービス」生産と財生産における生産性上昇率の違い　207
　　まとめ ………………………………………………………………… 209

第7章　R.A.ウォーカーの「サービス経済論」批判 ………………… 215
　　　　──資本主義的分業の展開──

　　はじめに ……………………………………………………………… 215
　　Ⅰ　ウォーカー論文の意義と全体構成 ……………………………… 216

II 「サービス」概念の再検討 …………………………………………221
   1 財と「サービス」——従来の分類方法に対する批判 221
   2 「サービス」部門成長の背後にある産業資本主義の拡大 225
   3 分業の観点からの「サービス」部門の再検討 227
   4 その他の論点 228
 III 剰余価値生産・蓄積の観点からの労働諸形態の再分類 …………230
 まとめ ……………………………………………………………………233

あとがき 239

索引 245

第1部　浪費という幻想（Over-Consumption Myth）

第1章　サブプライムローン問題の本質
——アメリカにおける「過消費」構造と家計債務の現状——

はじめに

　ニューエコノミー論を展開したスティーブン・ウェバー（Steven Weber）によれば，アメリカでは景気循環は終わりを告げ，永遠の好景気が約束されているはずであった[1]。IMFが2007年4月に公表した *World Economic Outlook* において，当時のチーフエコノミストだったサイモン・ジョンソン（Simon Johnson）は「アメリカのハイリスクなモーゲージ商品に存在する問題をあまり過小評価するのもいけないが，6ヵ月前と比べて，それほど心配する要素はないであろう」[2]と主張し，2006年にはすでに住宅市場に陰りが見えていたにもかかわらず，なお楽観視し続けていた。

　結局，恒久的に続く好景気など幻想にすぎず，上がり続けると信じられていた住宅価格は一気に暴落した。同じくIMFの国際金融安定性報告書（GFSR）によれば，2007年から2010年までのあいだに発生した世界的な損失額は3.4兆ドルにのぼった[3]。

　アメリカの国民生活にもたらされた深刻な状況については，これまでにも繰り返し報道されてきた。暴落した住宅価格を背景に，住宅市場の値上がりに依存してきた住宅ローンの返済が滞って，多くの債務者が自宅を失った。アメリカの住宅着工件数は2008年6月には前年同月比で26.9％減少して，7月の所得税減税が個人消費を若干上昇させたものの，失業率は5.7％に上昇し，2009～2010年には9％台を記録している[4]。しかし，失業率の急増や住宅価格の大暴落は，アメリカの労働者の家計がこの数十年間にわたりつねに崩壊の危機と隣り合わせの綱渡り状態で営まれてきたことの結果のひとつでしかない。労働者の家計が新自由主義政策のもとで抱え込まされてきたリスクがいかに深刻なものであったかを可視化する一大契機が2007-08年に生じたサブプライム

図1-1 アメリカの主要都市における住宅のピーク時の価格指数と最低価格指数

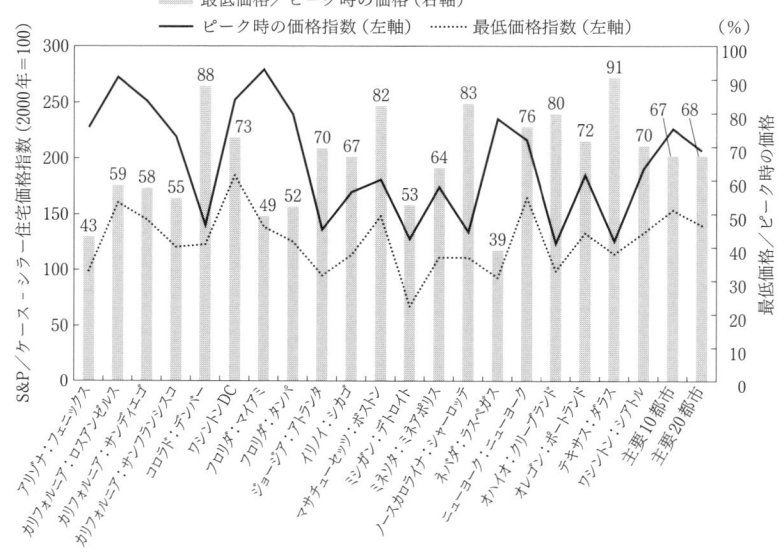

出所：S&P/Case-Shiller House Price of States, Composite10 & 20 Home Price Indices, 2011年9月分までの発表数値より作成。
注：ピーク時の価格と最低価格は，サブプライムローン危機と関連させて，2005年4月から2011年9月までの発表数値から抽出した。各地域ともピーク時の価格，最低価格はいずれも2005年から2011年のあいだに集中している。ピーク時の価格については，ボストンだけ2005年11月に観測されているが，他の地域では2006年から2007年に集中している。なお，S&P／ケース‐シラー住宅価格指数については，図2-5の注記を参照されたい。

危機だったにすぎない。

　サブプライム問題によって露呈されたアメリカが抱えているリスクは，主として次の二点にまとめられよう。第一に，サブプライムローンを含むモーゲージローンの証券化とその証券化商品の膨張がもたらした金融不安定性の問題である。そして，第二に，モーゲージローンの焦げ付きや自己破産の増加に結びつくアメリカの家計の脆弱性という問題である。

　本章では，第二の問題に焦点を当て，家計と個人消費の面からサブプライム問題の本質を明らかにしたい。このことは，サブプライム問題が起こる以前から指摘されている，「アメリカ人の浪費」という事実に即さない幻想を生み出してきた真の原因に迫ることにつながる，と考えるからである。

何枚ものクレジットカードを財布に入れ，不要なものまで買い込むアメリカ人というイメージは，問題のサブプライム層に対しても刻み込まれてきた。すなわち，「モーゲージローンで分不相応な住宅を購入し，その借り換えで得た金でさらに浪費を行うアメリカ人」というイメージである。しかし，私たちは，堤未果氏のベストセラー『貧困大国アメリカ』（岩波新書）をはじめとする一連のルポルタージュをとおして，アメリカではとてつもなく深刻な，そして膨大な貧困世帯が存在していること，貧困がさらに深刻の度を増していることを知っている[5]。

　このようなアメリカに対する「浪費体質」のイメージと，もう一方での「貧困大国」の国民という背馳したイメージとの整合性をどのようにはかるかが，本章での検証の課題である。

I　サブプライム層とは何か

　サブプライム問題をめぐっては，信用の供与側の責任とともに受信者側の問題も指摘されている。こうした指摘のなかには，サブプライム問題を含め，借金を重ねながら消費を続ける姿は，「節操のないアメリカ人」あるいは「将来のことを考えない刹那的なアメリカ人」独特の消費行動であり，「きわめてアメリカ的」であるとする見解が多くみられる。サブプライム問題についても，これらの見方が適用されている。すなわち，「サブプライム層」とは低所得者層であり，本来住宅を購入するだけの余力を持たない階層であり，彼らは，家計負債を積み増ししながら消費を謳歌する。したがって，彼らが返済を滞らせ，自己破産に陥るのはしごく当然なのだというものである。しかし，このようなイメージは正しいものなのだろうか。

　そこで本章では，サブプライム問題を好例として，アメリカ人の「浪費」の問題についても再検証を試みることにする。

1　サブプライムローンの信用供与条件と信用度を示すスコア

　サブプライム層（サブプライムローン債務者）の定義として一般に用いられているものは，以下のとおりである[6]。

①過去12ヵ月間に30日間の延滞を2回以上経験している者，あるいは過去24ヵ月間に60日間の延滞を1回以上経験している者
②過去24ヵ月間に裁判所による差し押さえ，抵当権者による担保物権の処分，担保権の行使，債権償却の履歴がある者
③過去5年以内に破産履歴がある者
④信用情報機関フェア・アイザック（FairIssac）社のFICOスコア[7]が660点以下（ただし，対象商品，担保物件によって異なる）である者，あるいは同様の他のリスクを表すスコアによって，相対的に債務不履行になる可能性の高い者
⑤所得に占める債務返済比率が50％を超える者，あるいは，月々の所得から債務返済分を差し引くと，家族の生活費をカバーするのに十分な金額を確保できない者

　アメリカの通貨監督庁（OCC）や連邦準備制度理事会（FRB）の基準では，サブプライム層のFICOスコアは660点以下となっている。しかし，サブプライムローンの実態からすると，債務者の平均スコアは620点程度と考えるのが現実的であろう。たとえば，政府系支援機関GSE（Gorvernment-sponsored enterprise）のファニーメイ（Fainnie Mae）やフレディマック（Freddie Mac）におけるプライムローン（信用度の高い優良顧客向け）の資格要件はFICOスコア650点以上であり，過去にモーゲージローンだけでなくクレジットカードやオートローンなどの消費者信用についても延滞履歴がないこととなっている。また，1999年の第3四半期における政府系モーゲージ市場では，プライムローン受信者のFICOスコアが721点であったのに対して，固定金利でのサブプライムローン受信者のスコアは平均で605点であった。
　さらに，FRBによれば，サブプライム問題が表面化して約1年が経過した2008年の6月時点でのサブプライムローン債務者の平均スコアは618点となっている。また，ついでながら，この時点で返済が滞り差し押さえの手続きに入っている物件の割合は全体の10.4％に上っている。
　三菱東京UFJ銀行企画部経済調査室の渡辺陽・木名瀬裕起子氏は，FICOスコアの分布と予想延滞率からしても，「600点以下層向けのローンについては

ビジネスとしては成り立ち難い」と結論づけている[8]。これらの事例からも，実際のサブプライムローンの信用供与条件は最低でも600点～620点前後とするのが妥当と思われる。

2 サブプライム層に含まれる中間層以上の所得者層の存在

　ここで留意しなければならないのは，信用供与の際に利子率を決定づけるリスク審査の基準となるフェア・アイザック社のFICOスコア確定条件にもとづけば，サブプライム層は，プライム層より滞納・債務不履行のリスクが高いと判断された債務者たちであって，いわゆる所得階層区分の第Ⅰ分位層の低所得者層とは一致しないという点である。

　このことは，サブプライム危機にいたるまでの所得階層別の持ち家率の推移からも明らかである。図1-2は，所得階層五分位別に見たモーゲージローン保有世帯における「持ち家率」の推移である。米国労働省のデータベースでさかのぼることが可能な1984年当時からサブプライム問題が表出する直前の2006年をみてみると，この間第Ⅱ分位から第Ⅴ分位までのどの階層をみても持ち家率が上昇している。にもかかわらず，第Ⅰ分位だけが1984年の17%から13%へと落ち込んでいる。ちなみに，他の階層における持ち家率は，第Ⅴ分位は元来持ち家率が高いため，3ポイントの増加にとどまったものの，第Ⅱ分位はこの22年間で6ポイント，第Ⅲ・第Ⅳ分位はともに10ポイントの増加となっている。この間のサブプライムローンの急激な膨張によってさえ，アメリカの低所得者層，第Ⅰ分位の階層は住宅を手に入れることができず，彼らからすれば「マイホーム」取得の機会はいっこうに増えていないのである。

　つまり，サブプライム層とは「貧しく，将来所得の安定性に絶望的な貧困ライン以下に位置する世帯」を中心としたものではなく，現実には，第Ⅱ・Ⅲ・Ⅳ分位の中所得者層もしくは一般に中間層と呼ばれる階層に属する世帯なのである。アメリカの低所得者層は，こうしてこの間の住宅市場の乱高下にかかわる機会さえ与えられることはほとんどなかったことになる。したがって，このように自宅の差し押さえを余儀なくされた層の多くは，統計上では中所得者層，中間層と分類されるアメリカ国民，すなわち「普通のアメリカ人」であった。

図 1-2　所得階層五分位別持家率の推移（住宅ローンあり世帯）

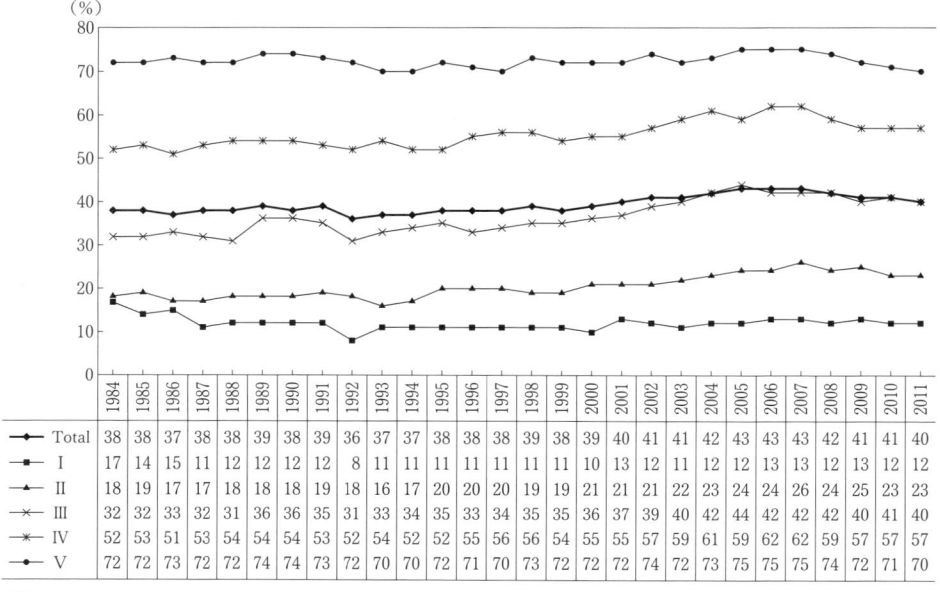

	1984	1985	1986	1987	1988	1989	1990	1991	1992	1993	1994	1995	1996	1997	1998	1999	2000	2001	2002	2003	2004	2005	2006	2007	2008	2009	2010	2011
Total	38	38	37	38	38	39	38	39	36	37	37	38	38	38	39	38	39	40	41	41	42	43	43	43	42	41	41	40
I	17	14	15	11	12	12	12	12	8	11	11	11	11	11	11	11	10	13	12	11	12	13	13	13	12	13	12	12
II	18	19	17	17	18	18	18	19	18	16	17	20	20	20	19	18	21	21	21	22	23	24	24	26	24	25	23	23
III	32	32	33	32	31	36	36	35	31	33	34	35	33	34	35	35	36	37	39	40	42	44	42	42	42	40	41	40
IV	52	53	51	53	54	54	54	53	52	54	52	52	55	56	56	54	55	55	57	59	61	59	62	62	59	57	57	57
V	72	72	73	72	72	74	74	73	72	70	70	72	71	70	73	72	72	74	72	73	75	75	75	75	74	72	71	70

出所：Bureau of Labor Statistics, *Consumer Expenditure Survey* より作成。

3　サブプライム層における中間層以上のマイノリティーの存在

　2007-08年のサブプライム問題では，サブプライムローンによって住宅を取得した中心的な層としてマイノリティーがあげられている。通常，マイノリティーのサブプライム層は，低所得者層として一括されることが多い。しかし，このマイノリティーのサブプライム層についても，実際には，低利のプライムローンを受信する基準を満たしているものがかなり含まれていると考えられるのである。たとえば，2002年には，NPO "Center for Community Change" の分析（図 1-3）が，サブプライム層の組成に人種差別が存在していることを明らかにしている。それによれば，サブプライム層内には厳然たる人種間格差が存在しており，しかも，所得階層が上がるにつれ，この人種間格差はより拡大しているのである。

　当然ながら，サブプライムローン受信者の占める割合は，所得階層が上がるにつれ少なくなっていくが，それでも，すべての階層で人種による格差がその

図1-3 債務者の人種別・所得階層別にみたサブプライムローン受信者の比率

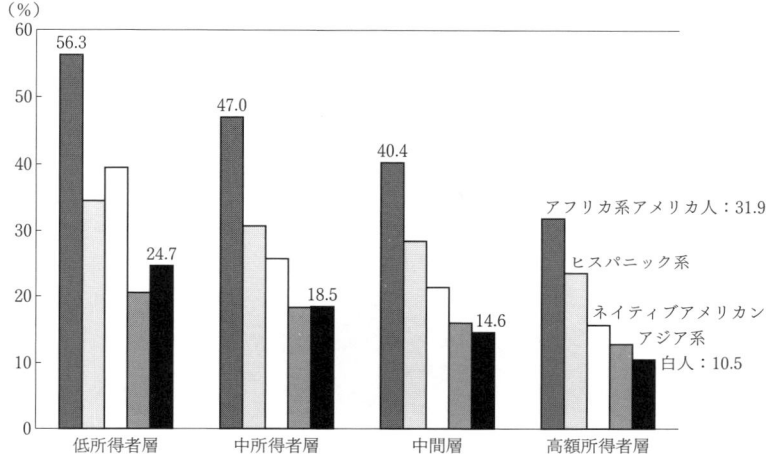

出所：Center for Community Change, "Risk or Race?", 2002. http://www.knowledgeplex.org/kp/report/report/relfiles/ccc_0729_risk.pdf（アクセス2008年7月21日）
注：低所得者層は所得中央値の80％未満，中所得者層は80～100％未満．中間層は100～120％未満．高額所得者層は120％を超える所得を得ている層である．なお，本統計に用いられている所得階層区分と数値は連邦金融機関検査協議会（Federal Financial Institution Examination Council: FFIEC）の住宅ローン開示法（Mortgage Disclosure Act: HMD）にもとづくものである．

まま維持されていることがわかる．たとえば，低所得者層では，アフリカ系アメリカ人のサブプライムローン受信者は同じ階層に属する白人の2.4倍であるが，高額所得者層ではアフリカ系アメリカ人が白人の3.0倍とその格差は拡大する．ヒスパニック系住民についても，低所得者層ではその差が1.4倍であるが，高額所得者層ではその差は白人の2.2倍へと拡大する．

サブプライム層の中核グループとされるマイノリティーについては，これまで「住宅ローンを組めない階層」，すなわち，所得がきわめて低いうえに労働条件が不安定であるというリスクを背負っている集団と理解されてきた．しかし，現実には，前述したように，このサブプライム層には低所得者層だけではなく，差別によって「貸し渋り」を受け，住宅取得への道が閉ざされていた中所得者層，高額所得者層が含まれていたことになる．

さらに，このような債務者は，マイノリティーであるがゆえに，サブプライムローンという高利なローンを組まなくては住宅を手に入れることができない

状況におかれていたことになる。本来であれば，この部分のサブプライム層は，低利のプライムローンを受けられるだけの階層に属していたはずであった。したがって，サブプライムローンの「詐欺的」なしくみのひとつとして，マイノリティーがいわれのない差別によって白人より高い利子を課せられていたことをあげるべきであろう。

　ここには，所得階層間格差という形ですでに可視化されている人種問題が再確認されるとともに，サブプライム層という階層のなかに本来優良な借り手として低金利で貸付がなされるべき債務者までもが一括されているという，不可視化された人種問題が存在していたのである。しかし，重要なことは，サブプライムローンのこうした「詐欺的な行為」の側面にだけ問題があるのではないという点である。真の問題点は，白人，マイノリティーを問わず，サブプライム層が，本来信用の供与を受けられるはずのない低所得者層だけで構成されていたのではなく，「少しがんばれば返済できる階層」，「なにもなければ，なんとか返し続けられる階層」であるはずの「普通のアメリカ人」で構成されていたという点にある。

4　サブプライム問題と「普通のアメリカ人」

　このようにみてくると，「信用度の低い層」つまり「返済能力のない，あるいは低い層」がサブプライム層であると区分しただけでは，サブプライム層の正確な把握はできない。現に，MBA（Mortgage Bankers Association）によれば，サブプライムローンの債務者のうち，差し押さえ率は2007年当時，約1割であり，残りの債務者は債務を返済し続けていたのである。もし，信用度の低い層＝返済能力の低い層＝かなりの程度低所得者で占められている層とするだけに終わったのでは，この残り8〜9割の債務者をとらえることはとうていできない。

　さらに，2007年1〜3月期のAlt-A（Alternative A-paper）の返済延滞率が約3％に上昇したことを受け，格付会社S&Pは8月に入ってAlt-Aの格付けを下げている。Alt-Aはサブプライムローンとプライムローンの中間に位置し，Alt-A該当者の平均的なFICOスコアは最新の数値で705点である。ニューヨーク連銀によれば，2008年5月時点でのサブプライムローンの「抵当権行使

率」は、ARM（変動金利型）で14％，FRM（固定金利型）では4％であったのに対して、サブプライムローンほど高くはないものの、Alt-Aの「抵当権行使率」は、ARMで6％，FRMではサブプライムローンとほぼ変わらない3％となっている。また、サブプライムローンの「60日以上の延滞率」はARMで17.0％，FRMで8％であるのに対して、Alt-Aの「60日以上の延滞率」はARMで7％，FRMで3％となっている。サブプライム層に起きていた問題が、同じくAlt-Aにも生じていることを考えれば、アメリカで「ミドルクラス」と呼ばれている「普通のアメリカ人」が属する階層は、「サブプライム層＝信用度の低い層」とまさに紙一重の脆弱な存在であったことは明らかである[9]。

　サブプライム問題については、一方で、サブプライム層という信用度の低い低所得者層に対する詐欺的な信用の供与こそが問題であるとする見解もある。つまり、このサブプライム問題の「問題」とは、「貸すべきではないほどにリスクの高い階層への無理な貸付」にあり、その「無理な貸付」にともなうリスクを右から左へと直ちに転嫁することができるシステムが構築されていたことにあるとされる。しかし、サブプライム問題の重大さは、むしろ、この問題が、「普通のアメリカ人」のあいだで生じていることにある。そして、その「普通のアメリカ人」が、失業、疾病、離婚など誰にでも起こりうるアクシデントによって、自己破産に追い込まれ、家を失うという事態に直面していることこそが問題なのである。

II　アメリカの「過消費」構造についての検討

1　「過消費」の定義

　分析に入る前に、本章で「過剰消費」ではなく「過消費」を用いる意図について述べておきたい。

　経済学においては、これまで主として「消費」ではなく「生産」に焦点を当てた分析が行われてきた。そのため、経済学における用語としての「消費」とは、あくまでも生産過程において資本が行う生産的消費に重きが置かれたものとなっている。したがって、通常、経済学で用いられる「過剰消費」とは、たとえば、アメリカのように経常収支赤字を累積させながら自国の総生産額を超えた

消費が行われる状態をさすものとされている。一方，本章での分析対象は，アメリカの最終消費，すなわち「本来の消費」であり，家計の場における消費行動である。

このように「過剰消費」という用語が「生産的消費」とのかかわりで用いられることが多い以上，それとの混同を避けるために，本書では生産的消費に力点を置いた用語である「過剰消費」を用いることは控えたい。くわえて，後述するように，「競争的消費」に駆られて不要なものまで借金で購入するアメリカ人の消費行動を「過剰消費」と呼ぶことについても，ここでは避けるべきと考えている。

それでは，「過消費」とはいかなる事態を指しているのか。

本書が分析の対象としている「消費」とは「最終消費」のことである。そして，家計の維持のために債務を累積させながら，収入以上の消費支出を続けるアメリカの家計を言い表すものとして「過消費」という用語を用いている。それは，同じく最終消費を分析対象とし，「消費に駆り立てられる」アメリカ人の状況に着目して分析してはいるが，彼らの消費行動の裏側にある「貧困」に目を向けることなく，もっぱら「浪費」に焦点を当てた諸主張とは一線を画すことをも意図している。

2　「浪費神話」をめぐる議論

(1) 競争的消費という圧力，消費のために生活時間を削られる人々：ジュリエット・ショア（Juriet B. Schor）

ショアはその著書『浪費するアメリカ人』のなかで，所得が伸び悩み生活のゆとりをなくしているはずのきわめて多くの「普通のアメリカ人」が，「中流階級の上層」の消費にあこがれ浪費に走る姿を描いた。ショアによれば，「金持ちの準拠集団に属する人々がいる世界」[10]からの圧力のもとで，その「新しい消費経済に加わりたいという多くの人の願いは，日々の生存競争に取って代わられ」[11]ている。ショアはこのような競争的消費行動を「新しい消費主義」と呼んでいる。ここでショアが考えている「中流階級の上層」とは，上位20%の層から最上位の数パーセントを除いた層で，1994年時点でのこの階層の年収の下限は7万2000ドル（約1152万円），中央値は9万1000ドル（約1456万円）で

ある。

　ショアは，広告宣伝などによって欲望をコントロールされる消費者を描くことに重点を置き，この「新しい消費主義」のもと，企業は，所得階層のより高い準拠集団が持つブランド品を消費者大衆に売り込み，消費者大衆はそれらを手に入れるために借金を重ねながら浪費に走るというアメリカ人の姿を描いている。そのうえで，ショアは「新しい消費主義」に飲み込まれず，真に豊かな生活を送る「ダウンシフター」を「新しい消費主義」のもとで浪費を続ける人々の対極に設定している。「ダウンシフター」とは，競争的消費に走ることをやめ，働きすぎを見直し，支出を年6千～1万5千ドル程度に抑えながら，簡素に生活しようと試みる人々[12] のことである。

(2) 親の代より貧しい世代――「浪費神話」への反駁：
　　エリザベス・ウォーレン（Elizabeth Warren）

　アメリカにおける自己破産の原因を長年調査しているウォーレンは，ショアの分析と提言は "The Over-Consumption Myth"（「過剰消費神話」＝「浪費神話」）であるとしたうえで，こうした「神話」が，アメリカの中間層が抱える深刻な問題を隠蔽していると批判する。

　たとえばウォーレンは，「もし，ある家族が困難な状況に陥っても，それは彼らの浪費のせいだとされる。そうなりたくなかったら，コストコ（会員制大規模ディスカウント店）で買い物をし，パスタを自宅で茹でて食べていればいいのだということになる」。そして，「そうなってしまったのは彼ら自身の責任であるから，われわれには彼らを助ける義務はないということになる。そして，忠告に従って彼らがRolexやPerrierの購入をあきらめれば，アメリカを震撼させているクレジットカードの負債も解消し，個人破産の履歴もなくなり，モーゲージローンの滞納による差し押さえも消滅する」[13] というのであるが，それこそ「神話」だと批判している。同時にウォーレンは，統計分析と実証研究を併用しながら，「中間層」の消費行動の実像を次のように描き出している。「1970年代と比較して，4世帯に1世帯の割合で衣料品への支出がインフレ調整済みで21％も低下している。外食の回数は増えているものの，その分，家での食事はコストコで購入する巨大なシリアルの袋や茹で野菜の缶詰で代用さ

れ，結局は食費も親の世代より22％も減らしている」[14]のだと。

　ウォーレンは，平均的な"Middle Class"は「浪費している」のでもなく，また「浪費」するために働きすぎているのでもなく，ぎりぎりの生活だからこそ必要なものが増え，それが家計の圧迫原因だと強調している。たとえば，しばしば「浪費」の事例としてあげられるセカンドカーにしても，ますます市街地から外れたところに住まねばならない夫婦が，仕事場へのアクセスを確保するために，あるいはその仕事を手に入れるためにも「必要なもの」なのである。ちなみに，ここでウォーレンが描いている所得階層は，決して貧困ライン以下の生活を余儀なくされている所得層ではない。

　「中流階級」あるいは「中間層」と訳されることの多い"Middle Class"について，ショアもウォーレンも，それを規定する具体的な基準を直接的には示していない。しかし，ウォーレンが挙げている事例をみるかぎり，そこで示される"Middle Class"とは，世帯収入が2万ドル以上7万ドル台までの幅広い階層であると思われる。

　ウォーレンが想定する"Middle Class"とは，所得階層五分位分類よりも所得階層をさらに細かく分けた図1-4の分類にしたがえば，最下位から10％よりやや上，最上位から25％程度下の階層までを指していると考えられる。また，ショアが想定している"Middle Class"とは，ショア自身の言葉を借りれば「中流階級の上層」以下から「ダウンシフター」より上位にある階層であるから，こちらも最下位から20％よりやや下，最上位から20％ほど下に位置する階層と考えてよかろう。

　したがって，ショアのいうところの「浪費するアメリカ人」も，ウォーレンの指摘する「共働きしながらも親の世代より支出を減らしているアメリカ人」も，所得階層五分位分類に当てはめれば第Ⅱ～Ⅳ分位の階層となる。つまり，彼らが分析対象とする「中間層」は，サブプライムローン危機をもたらした住宅バブルのなかで持ち家率が上昇した第Ⅱ～Ⅳ分位の階層と一致するのである。

(3)「肥満」し続ける企業と「疲弊し困窮化」する労働者：
　　デイヴィッド・ゴードン（David M. Gordon）
　ゴードンは，「アメリカの平均的な労働者世帯」の生活について，月に2回

図1-4 アメリカの所得階層別世帯数（2010年）

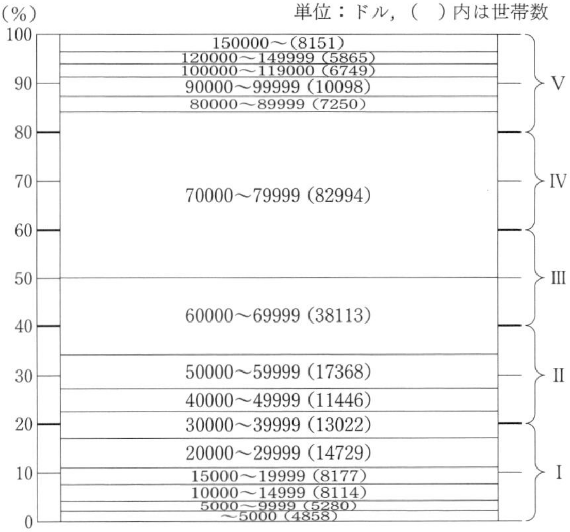

（％）　　　　　　　　　　単位：ドル，（　）内は世帯数

```
100                  150000～ (8151)
                 120000～149999 (5865)
                 100000～119000 (6749)             ┐
 90               90000～99999 (10098)             ├ V
                  80000～89999 (7250)              ┘
 80
 70
                                                    ┐
                  70000～79999 (82994)              ├ IV
 60                                                 ┘
 50
                                                    ┐ III
 40               60000～69999 (38113)              ┘
 30               50000～59999 (17368)              ┐
                  40000～49999 (11446)              ├ II
 20               30000～39999 (13022)              ┘
                  20000～29999 (14729)              ┐
 10               15000～19999 (8177)               │
                  10000～14999 (8114)               ├ I
                   5000～9999 (5280)                │
  0                  ～5000 (4858)                  ┘
```

出所：Bureau of Labor Statistics Data Series, *Consumer Expenditure Survey* より作成。
注：右側のI〜Vは全世帯数を5等分した「所得階層五分位分類」。

ほどはマクドナルドで夕食をとることができるものの，貯蓄をする余裕などないという状態が「二人の働き手が平均賃金を稼いでいる，民間非農業部門の生産・非監督従業員家族の生活水準」[15]だ，と描写している。

ゴードンは，ウォーレンと同じく，自己破産に追い込まれたり，生活必需品さえ手に入れられない暮らしを強いられるといったリスクを抱えているのは，ごく貧しい階層のアメリカ人だけではないことを示している。大半のアメリカ人が属する「中間層」の暮らしぶりは，いまより以下の生活に落ち込まないように維持するのに精一杯という水準であり，そのような中間層の「生計手段の乏しさが合衆国における典型的な状態，平均的な状況なのであって，極端な状態ではない」[16]のである。ゴードンはさらに，このような平均的労働者世帯の困窮が，賃金圧縮と生活に不可欠な公共サービスの縮小によってもたらされていると分析している。

以上の議論を踏まえながら，アメリカの「浪費神話」の本質を読み解いてい

こう。

III 「過消費」の背景

1 賃金抑制のための必然的な負債

　アメリカの家計が「過消費」であるとするとき，それは収入を超えた消費支出が行われていることを指している。そこで「過消費」を構成する二つの要素，すなわち収入と支出のそれぞれについて，「過消費」につながる原因を検証してみよう。なお，日本では住宅ローンは狭義の消費者信用には入らないため，筆者はこれまで統計上の扱いと同様に両者を区別して扱ってきた。しかし，本来は両者とも家計にとっての負債ととらえるべきである。したがって，家計債務の問題を扱う本章では，住宅ローンと消費者信用とに分けて表す煩雑さを避け，両者をともに「消費者向けの信用供与」という意味で消費者信用に一括して論を進めたい。

　さて，資本は，一方で発展途上国の低賃金労働力を利用することにより，生産コストを削減し，もう一方では，自国の労働者に対して，こうした低賃金労働力とのグローバルな競争を強いることを通じて労働賃金の抑制をはかろうとする。労働組合の組織力低下に加え，実際に雇用環境が厳しくなるなかでは，こうした資本の意図が貫徹されやすく，ますます労働賃金の削減圧力が強められることになる。グリーンスパンのいうところの"flattening of wage compensation（国家間の賃金格差をフラット化させること）"である。そして，それは，アメリカの経済的優位性を確保し続けるために必要不可欠なことであり，グローバリゼーション下で，それは必然的なものであるとされ[17]，賃金はますます低く抑えられる傾向を強めている。

　そもそも資本は，労働コストを引き下げることには躊躇しないのであって，賃金水準が労働力の再生産費を下回ったとしても短期的には一向に構わない。そして，アメリカの労働者は，労働者として必要とされるかぎりは，消費者信用を利用することで労働力の再生産費の不足分を埋め合わせながら，なんとか労働者としての役割を果たすことができている。もちろん，こうして生活費に組み込まれた負債も，いつかはその膨張に耐えられずはじけてしまうことは大

いにありうることである。

　にもかかわらず，「普通のアメリカ人」である労働者は，所得が順調に手に入っているあいだであれば，ミニマムペイメント（債務の返済に際して最低限の返済額を支払い，返済を繰り延べするシステム）などを活用しながらなんとか生活を維持することができる。つまり，資本が彼らを必要としているあいだは負債の膨張に耐えうる環境を維持し続けることができる。それが崩壊するときは，失業・疾病などのアクシデントに直面したときである。このいずれの場合であっても，労働者はすでに資本にとって不要な人材となるのであり，労働者が負債の累積にこれ以上持ちこたえることができなくなっても，個別資本にとってなんら支障となることはない。

　このようにして，資本が労働者として彼らを必要とするかぎり，彼らは債務を累積させながらも，労働力の再生産を維持することができる。そして，その間，企業は労働者に労働力の再生産費以下の賃金を支払い続け，その分，他の

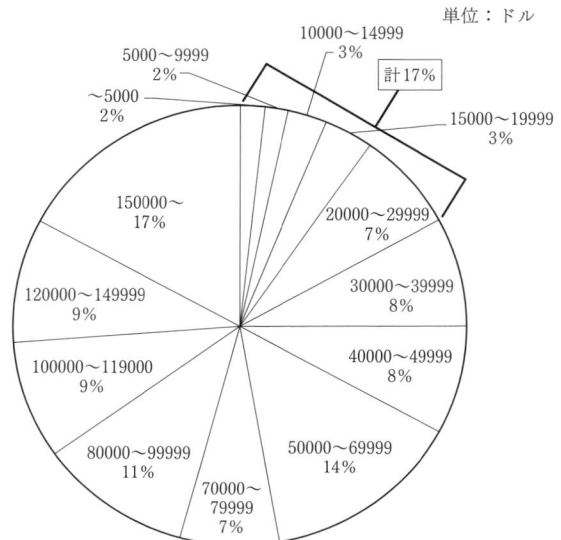

図1-5　所得階層別消費支出（2010年）

出所：Bureau of Labor Statistics, *Consumer Expenditure Survey* より作成。
注：％は，それぞれの所得階層に属する世帯の消費支出に世帯数を乗じた金額が全体に占める割合を示している。

企業，あるいは他国よりも有利な条件のもとで競争に参加できるのである。しかし，資本は，生産規模に見合った消費市場を必要とする。世界規模での市場の拡大をめざす一方で，国内市場の維持・拡大のためには，低所得者層の消費でさえ無視できないのである。低所得者層をも消費者として，国内の消費市場の担い手として取り込むためには，消費支出全体の17％を担う第Ⅰ分位に属する彼らにも消費者信用にアクセスできる機会を提供することが必要で，そのために資本は，返済不能リスクをともなう信用の供与さえいとわないのである（図1-5参照）。

消費者信用が労働賃金の不足分を埋め合わせることによって，資本からすれば，一時的にではあるが，国内市場を狭小化させることなく，大量生産に即した大量消費の場を確保することが可能となる。

そもそも，消費者信用は，1910～20年代に自動車に代表される耐久消費財の大量生産に適応可能な大量消費体制の確立を急務とするなかで発達を遂げたシステムである。資本主義経済にとって，大量生産は資本の性格上必然的なものであるが，大量生産がそれに見合う大量消費を自然に生み出すことはない。この問題を解決するシステムが消費者向けの割賦信用であった。イギリスの金融アナリストG.ターナー（Graham Turner）も指摘しているように，1920年代初めにはまだそれほど知られていなかった掃除機や冷蔵庫が，1920年代末にはほぼすべての家庭にゆきわたっていったことも，この消費者信用の拡大によるところが大きい[18]。

2　新自由主義のもとでの社会的固定支出の増大

次に，支出の側面から，「過消費」が引き起こされる原因を考えてみたい。

アメリカの個人消費支出がGDPに占める割合は他国に比べてきわめて高く，7割台に達している（図1-6）。

また，1995年から2007年のあいだに労働者全体（男女）の労働生産性は約4割上昇している。にもかかわらず，実質賃金は10％程度の上昇にすぎず，それも2003年をピークに減少傾向にある（図1-7）。

所得格差や貧困の増大も顕著である。貧困人口は1960年代から70年代終わりごろまでは減少の一途をたどっていたが，80年代に入るといくつかの山を

図 1-6 GDP に占める個人消費支出の推移（1990～2011年）

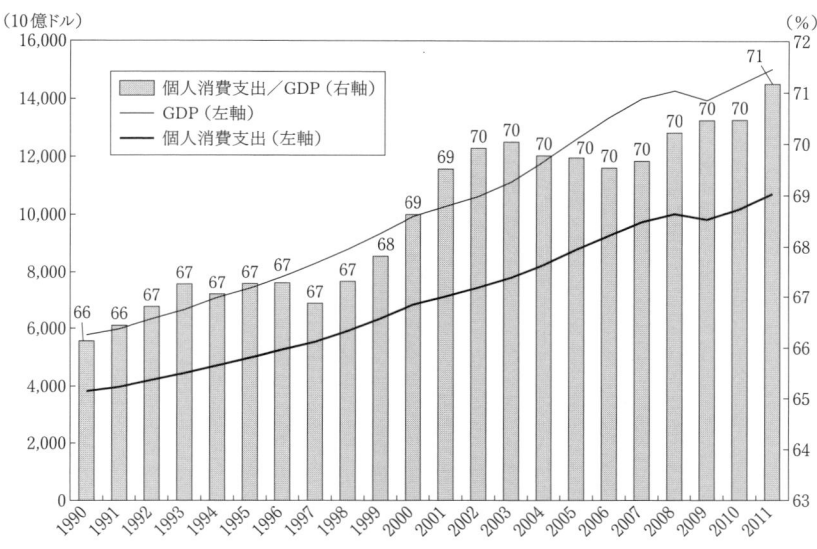

出所：U. S. Department of Commerce, *Bureau of Economic Analysis*, Data Base より作成。

経ながらも増加傾向を示している。2007年度の貧困率は12.3%，貧困人口は3650万人となっている（図 1-8）。

国連人間開発計画の貧困調査によれば，OECD加盟先進19ヵ国中，アメリカは低いほうから17番目と，アイルランドとイタリアについで貧困度が高い国とされており，所得格差も拡大の一途をたどっている。アトキンソン（A. B. Atkinson），ピケティ（T. Piketty），サエズ（E. Saez）によれば，2007年の時点で上位10%が全所得の約5割（キャピタルゲインを含む）を占有している[19]。これは世界大恐慌直前の1927年を超える水準である（図 1-9）。

一方で，医療保険に加入できない国民は2005年の4481万5000人から2006年には4699万5000人へと2000万人以上増加している。人種別の無保険率は，白人で14.5%，黒人では19.4%と2割近くにのぼっている。インディアンやヒスパニックではこの比率はさらに高く，いずれも無保険者は3割を占めている[20]。

ウォーレンが2001年に行った「破産調査」によれば，子どものいる世帯の破

図 1-7　アメリカの労働生産性と賃金の推移（1973年＝100）

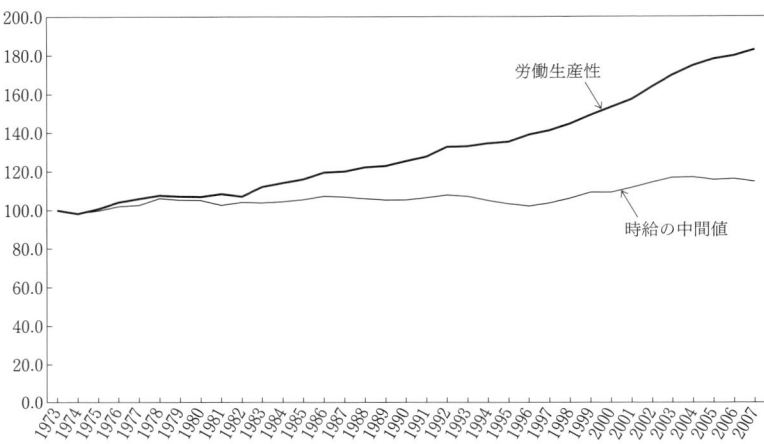

出所：Economic Policy Institute HP, http://stateofworkingamerica.org/chart/swa-wages-figure-4a-change-total-economy/（アクセス 2012 年 9 月 10 日）
注：Bureau of Labor Statistics, Labor Productivity and Costs Program, Bureau of Economic Analysis National Income and Product Accounts Data および Current Population Survey Outgoing Rotation Group Microdata によって作成されたものである。

図 1-8　アメリカの貧困人口と貧困率の推移（1959〜2011年）

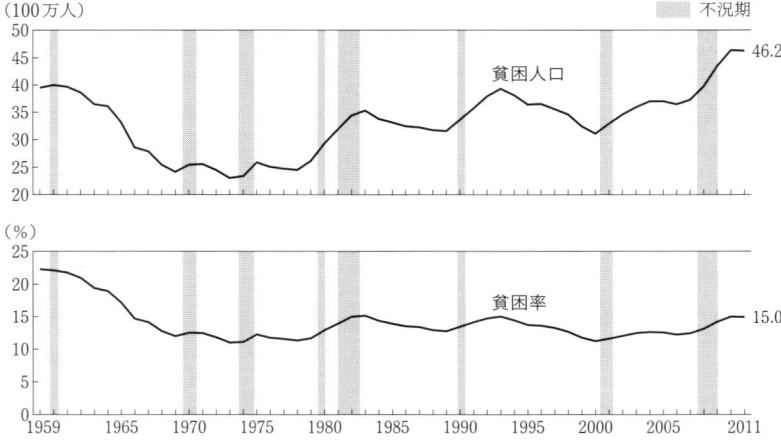

出所：U. S. Census Bureau, *Current Population Survey*, 1960 to 2012 Annual Social and Economic Supplements.

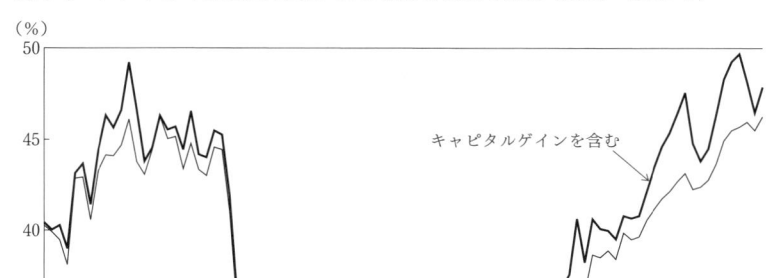

図 1-9　アメリカの上位10％層が占める所得割合の推移（1917～2007年）

出所：Striking it Richer: The Evolution of Top Incomes in the United States（2009年の数値および2010年の推計値を含む）. Emmanuel Saez, 2012/3/2.
http://elsa.berkeley.edu/~saez/saez-UStopincomes-2010.pdf（アクセス2012年8月23日）
注：所得は税引き前のものであり，政府による福祉手当等の所得の再分配が行われる前のもの。2010年には，トップ10％は年間所得が10万8000ドルを超える世帯で構成されている。

産原因の87％が，「破産の三大要因」とされる「失業」「医療費」「離婚・別離」であった。いわゆる「浪費」に関係する破産は，「残余」13％中のさらにわずかな部分にすぎない。ちなみに，「残余13％」の中身は「投資の失敗」「犯罪被害」「自然災害」「その他」「説明不能」，そして「クレジットカードの使いすぎ」となっている。

　また，Harvard Medical Schoolのヒンメルシュタイン（D. U. Himmelstein）らの分析によれば，2001年の自己破産事例の42％が医療費の支払いに関連したものであった。さらに，彼らの75％が医療保険に加入していた[21]。くわえて，ウォーレンによれば，破産に追い込まれた世帯のうちの91％が，自己破産に陥る直前までは借金の返済を滞りなく継続していた[22]。つまり，債務者たちは自己破産に陥る直前までは順調に債務を返済し続けられるモラルのある債務者であったということになる。その「普通のアメリカ人」が，一度の疾病，一度の失業で瞬く間に破産者となることこそが，アメリカの貧困の深刻さを表している。

図 1-10 アメリカの医療無保険者数と無保険者の割合（1987〜2011年）

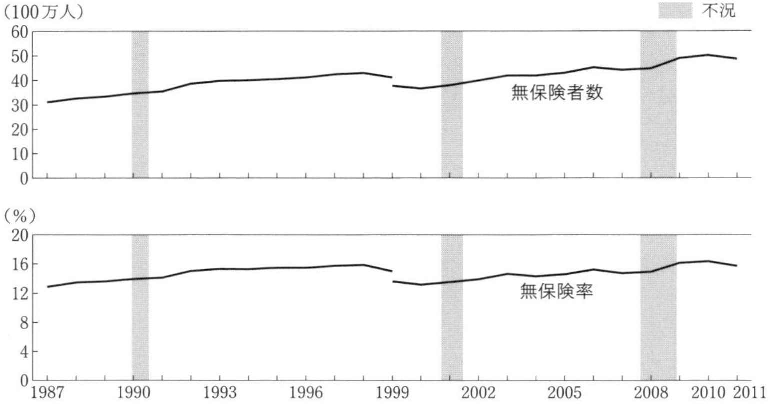

出所：U. S. Census Bureau, Income, Poverty, and Health Insurance Coverage 2011, http://www.Census.gov/hhes/www/hlthins/data/incpovhlth/2011/tables.html（アクセス日 2012年12月22日）

　このような問題が生じるのは，なによりもまず，アメリカの医療サービスが公的機関ではなく民間企業によって提供されているためである。アメリカの対GDP比で見た保健・医療関連支出はOECD諸国のなかでもずば抜けて高いが，とくに民間支出部分はGDPの9.1％を占めており，他の先進国の3〜4倍である（表1-1）。この保健・医療関連支出が中間層のアメリカ人の家計を圧迫しているのである。

　アメリカでは，新自由主義のもとで教育，医療，福祉関連予算が大幅に削減されており，それが家計に大きな影響を与えている。

　この医療費に象徴される新自由主義的政策が社会的サポートを国民の手から取り上げていく一方で，それでも生活を維持していかねばならないアメリカの家計は借金まみれにならざるをえない。この問題を明らかにすることが次の課題である。なお，ここでは「生活の社会化」概念を用いるので，簡単に説明を加えておきたい。

　「生活の社会化」とは，家庭生活の基本的な機能である労働力再生産の一部が「私的・個別的家庭内から，社会的なものに置き換えられること，つまり，公的に支給されたり，社会的労働の生産物によって代替されたり，社会的分業の一環に編入されたりすることを意味する」[23]。

「生活の社会化」は，資本主義経済の発展にともなってその社会化される生活の範囲を変化させることになる。宮本憲一氏は，社会化された労働力再生産のための機能を果たす消費費目を「社会的共同消費手段」としておられるが，そのなかには，たとえば，共同住宅，上下水道，清掃設備，ガス，電気等，病院その他の衛生設備，保健所，職業訓練事業等，教育機関等，交通・通信手段，大衆文化・娯楽設備などが含まれる[24]。

家庭内から外部化され，共同消費の対象となったこれらの費目は，そもそも労働力再生産のために必要不可欠な要素であり，本来であれば，所得水準にかかわらず消費することができなければ労働力の再生産は行われえない。したがって，これらの消費手段は公的機関によって，無償で，あるいは安価に提供されるべきものである。伊藤セツ氏に

表1-1　OECD諸国の保健・医療関連支出の対GDP比（2009年）　　　　　　　　　　　（単位：％）

	公的支出	民間支出
オーストラリア	5.9	2.8
オーストリア	8.6	2.5
ベルギー	8.2	2.7
カナダ	8.1	3.4
チリ	4.0	4.4
チェコ共和国	6.9	1.3
デンマーク	9.8	1.7
エストニア	5.3	1.8
フィンランド	6.8	2.3
フランス	9.2	2.6
ドイツ	8.9	2.7
ギリシャ	5.8	3.8
ハンガリー	5.2	2.3
アイスランド	7.9	1.7
アイルランド	7.2	2.4
イスラエル	4.6	3.2
イタリア	7.4	2.1
日本	6.9	1.6
韓国	4.0	2.9
ルクセンブルグ	6.5	1.2
メキシコ	3.1	3.3
オランダ	9.5	1.7
ニュージーランド	8.3	2.0
ノルウェイ	8.1	1.5
ポーランド	5.3	2.0
ポルトガル	6.5	3.5
スロバキア共和国	6.0	3.1
スロベニア	6.8	2.5
スペイン	7.0	2.5
スウェーデン	8.2	1.9
スイス	6.8	4.6
トルコ	4.4	1.6
イギリス	8.2	1.6
アメリカ	**8.3**	**9.1**
OECD平均	6.9	2.7

出所：OECD Factbook 2011-2012.
注：オーストラリア，日本，ポルトガル，トルコは2008年の数値，ギリシャは2005年の数値。その他の国々は2009年の数値。

よれば，実際に，こうして家庭内から外部化され，社会化された部分を担う主体は次の三つに分けられるという。すなわち，①公的機関，②企業，③互助的組織である。これらのうち，互助的組織についてはここでは論議の対象からはずしておくが，社会的共同消費は所得水準のいかんにかかわらず，労働力再生産のために必要不可欠なものであるから，それらのサービスや財がどの主体によって提供されるかによって，家計支出は大きな影響を受けることになる。企業が提供主体になれば，提供される商品は一定の価格で提供されるため，その量や質は，購入主体の所得の大きさによって規定される。一方，それが公的機関によって提供されれば，その消費は所得格差を緩和する役割を果たしうる[25]。

　これらの支出項目は，資本主義経済の進展にともない，個人生活の資本への包摂の度合いが高くなればなるほどその社会的性格を増すことになる。この社会化された支出部分が公的機関によって担われ，無償あるいは安価に提供されるか，それとも商品化され再び家計に入り込むかによって，生活の安定性に大きな差異が生じることとなる。

　図1-11は，消費項目（抜粋）に対する所得階級別の支出が，消費支出総額に占める割合を見たものである。まず，5000ドル未満層と5000〜9999ドル層の消費支出総額をみると，5000ドル未満層は5000〜9999ドル層や1万〜1万4999層よりも支出額が大きくなっている。また，5000〜9999ドル層の支出も1万〜1万4999ドル層よりも多くなっている。また，消費項目への支出額が消費支出全体に占める割合を見ると，「住居費」や「食費」，「教育費」，「電気・ガス・水道」は，高額所得者層よりも低所得者層に大きな負担がかかっていることがわかる。「医療・保健」についても，ちょうど中間階層の消費支出に占める比率が他の階層よりも大きくなっている。グラフ上に示される項目は，いわば生きていくうえで消費するかしないかを選択する余地のない「必需的な消費項目」であり，その支出が消費支出全体に占める比率の高さは，選択的な消費部分をそれだけ圧迫していることを示す。

　くわえて，「選択的消費部分」についても，低所得者層にとっての選択幅はより狭められることになる。たとえば，低所得者層は，それ以外の所得階層と比べて，より多くの支出を余儀なくされる傾向があるとブルッキングス研究所（The Brookings Institution）のマット・フェローズ（Matt Fellowes）は指摘している。

図 1-11　アメリカの所得階級別にみた消費支出総額と主要消費項目が支出総額に
　　　　　占める割合

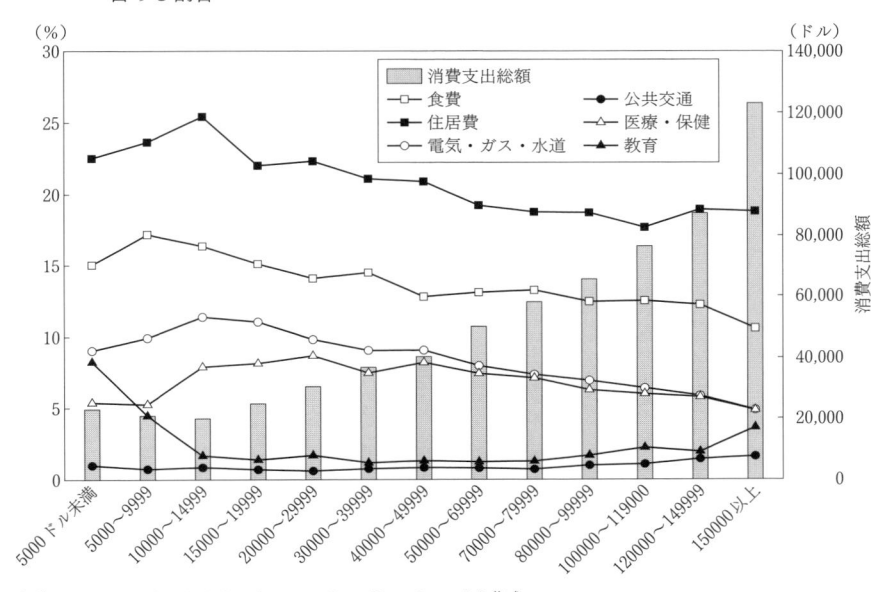

出所：Bureau of Labor Statistics, *Consumer Expenditure Survey* より作成。

　フェローズによれば，低所得者層は銀行口座を開くことができないために，小切手で受け取る賃金をキャッシュに替えるためには手数料を支払わなければならない。また，アメリカの多くの地域では，雇用を得るために必需となっている自動車を購入する場合のオートローンの利子率も，彼らには高く設定され，保険料も高額である。自動車を持たない低所得者層は郊外型の大規模店舗に出向くなどの選択肢をもたないため，居住地近くの小売店やコンビニなどを利用せざるをえない。このような商店で販売されている商品は往々にして大型スーパーより価格が高く，品質の劣るものが多い。こうして，低所得者層は自家用車を走らせ，大型店舗を何軒も見比べて，より質の良いもの，より安いものを選択することが可能な階層が支払う以上の金額を支払わなければならないのである[26]。したがって，「必需的消費」「選択的消費」のいずれについても，低所得者層は他の階層以上の支払いを余儀なくされることになる。

　こういったリスクは，最低所得者層に限られたことではなく，所得階層が低

くなればなるほど増大する。実際に，最低所得者層が銀行口座を開設すること同様にクレジットカードをつくることさえ難しいが，クレジットカードをつくることが可能であったそれ以外の階層であろうと，さきに述べたように，賃金が伸び悩む一方で必需的消費が選択的消費部分を圧迫するなかでは，選択的支出については，クレジットカードなどの消費者信用で埋め合わせをしなければならない。

　以上の検討を通じて，アメリカ国民の家計は，低所得者層はもちろん，中所得者層においてもむしろ浪費を許さないほどに選択の自由度が小さいことがわかる。一見「浪費」にみえる所得を超えた消費は，ターナーやゴードン，ウォーレンが指摘するように，むしろ，社会的な強制力をもつ消費であると考えられる。また，固定的な支出部分の増大は，選択的な支出項目にも多大な影響を与える。たとえば，このような逼迫した家計状況におかれている所得階層は，失業や傷病に遭遇すれば，自己破産にまで転がり落ちるかもしれないという恐怖感を常日頃から抱き続けることになるであろう。職を失わないために資格取得のための教育費を増やし，病気にならないためにサプリメントを多用し，ジムに通い，そうやって固定的支出を増大させないために，選択的支出をますます増やさなければならなくなる。
　つまり，アメリカにおいては，社会的共同消費手段に対する支出という必需的な支出があるがゆえに固定的な支出部分が選択的支出部分を圧迫するとともに，固定的支出をできるだけ抑えようとする消費行動が，さらに選択的支出を増やす必要が高まるのである。そして，そのような家計状況は，決して貧困層だけに現れているのではなく，中間層でもみられるのである。このことからも，サブプライム危機は一時的で特殊な問題とは考えられない。
　アメリカの資本主義経済は，アメリカの消費者信用が1920年代からそうであるように，膨張と収縮を繰り返しながら，アメリカの過剰生産をさらに促進させ，潜在的な危機を深めることになるであろう。

　　1） Steven Weber, "The End of the Business Cycle?", *Foreign Affairs*, July/August 1997, pp. 69-70.

2） IMF, *World Economic Outlook, Spillovers and Cycles in the Global Economy*, April 2007, p. xii.
3） IMF, *World Economic and Financial Surveys, Global Financial Sstability Challenges Ahead*, October 2009, p. 5.
4） Center for Responsible Lending (CRL) によれば，ローン返済が滞り，住宅の差し押さえが発生した地域では，ローンが順調に返済されている住宅の価格までもが下落し，その地域に入るはずであった固定資産税まで減少するという二次的な損失が発生しているという。CRL の計算では，これらの損失は以下のとおりである。①2005年から2006年にかけて組まれたサブプライムローンの焦げ付きの影響を受け，アメリカ全体で4060万戸の住宅価格の評価額が下落した。②この住宅価格の下落およびそれにともなう固定資産税等，税収の損失分を合わせると2020億ドルにのぼる。差し押さえにあった物件の近隣にある住宅価格の下落幅は平均5千ドルである（CRL, *Issue Paper*, January, 18, 2008. p. 1)。
5） 堤未果『ルポ 貧困大国アメリカ』岩波新書，2008年。
6） アメリカ通貨監督庁（Office of the Comptroller of the Currency: OCC)，連邦準備制度理事会（Federal Reserve Board: FRB)，連邦預金保険公社（Federal Deposit Insurance Corporation: FDIC)，貯蓄金融機関監督庁（Office of Thrift Supervision: OTS) による"Expanded Guidance for Subprime Lending Programs"の規定による。訳語については，一部，三菱東京UFJ銀行『経済レビュー』2007年10月5日，5ページを参照した。
7） アメリカの民間信用情報機関フェア・アイザック（Fair Issac)社が提供する，個人の信用力を示す数値。スコアが高いほど信用力があるものと見なされ，低金利が適用される。
8） 渡辺陽・木名瀬裕起子「米国サブプライム住宅ローンの概要」三菱東京UFJ銀行経済調査室『経済レビュー』No. 2007-13，2007年10月5日，9ページ。
9） もちろん，ARMの「延滞率」や「抵当権行使率」がFRMに比べて高い理由は，あとでみるように，契約後2〜3年で利子率が著しく上昇することによるものである。また，そういったサブプライムローンの特徴である，契約時に契約者に対してオリジネーターなどが説明もせずに契約を結ばせているという詐欺的な行為については，HMDAなどがレポートしている。さらに付け加えるならば，住宅市場のバブル期には，このような利子率の切り替え時にリファイナンスを行い，ローンの一部を返済し，月々の返済額を下げながら支払いを先送りする手法がとられたが，それも住宅市場のバブル崩壊で不可能となっている。ただし，ここでは紙数の制約上，参考文献をあげるにとどめる。春山昇華『サブプライム問題と

は何か』宝島社新書，2007年，鳥畑与一「「サブプライム」＝略奪的金融の実態」『経済』(新日本出版社) 2008年8月号。

10) Juliet B. Schor, *The Overspent American: Why We Want What We Don't Need*, New York: Basic Books, 1998. 森岡孝二監訳『浪費するアメリカ人 なぜ要らないものまで欲しがるか』岩波書店，2000年，122-124ページ。

11) 同上，25ページ。

12) 同上，175-226ページ。

13) Elizabeth Warren & Amelia Warren Tyagi, *The Two-Income Trap Why Middle-Class Parents Are Going Broke*, New York: Basic Books, 2004, pp. 19-20.

14) *Ibid.*, pp. 15-18.

15) David M. Gordon, *Fat and Mean: the corporate squeeze of working American and the myth of managerial "downsizing"*, New York: Simon & Schuster Inc., 1996. 佐藤良一・芳賀健一訳『分断されるアメリカ──「ダウンサイジング」の神話』シュプリンガー・フェアラーク東京，1998年，122-123ページ。

16) 同上，125ページ。

17) Alan Greenspan, "The roots of the mortgage crisis", *Wall Street Journal*, 12.12. 2007.

18) Graham Turner, *The Credit Crunch Housing Bubbles, Globalisation and the Worldwide Economic Crisis*, London: Plute Press, 2008, p.15.

19) Anthony B. Atkinson, Thomas Piketty and Emmanuel Saez, "Top Incomes in the Long Run of History", *Journal of Economic Literature*, 2011, 49: 1, pp. 3-71. http://www.aeaweb.org/articles.php?doi=10.1257/jel.49.1.3 (アクセス2012年8月23日)

20) 2005年に破産宣告を受けた電気技師の破産原因は医療費であった。盲腸の手術で1日の入院費が1万2千ドルかかり，クレジットカードで支払いを続けたが，妻の出産とも重なり破綻した。しかも，彼は勤め先の会社の保険があったにもかかわらず，それではカバーされなかった(堤未果，前掲書，66ページ。また，映画『Sicko』を参照)。

21) David U. Himmelstein, Elizabeth Warren, Deborah Thorne and Steffie Woolhandler, "Market Watch: Illness and Injury as Contributors to Bankruptcy", *Health Affairs*, February 2005: http://content.healthaffairs.org/content/early/2005/02/02/nlthaff.w5.63.full.pdfthtml (アクセス2010年4月20日)

22) Elizabeth Warren & Amelia Warren Tyagi, *op. cit.*, p. 131.

23) 伊藤セツ『家庭経済学』有斐閣，1990年，256ページ。

24) 宮本氏は，たとえば「労働力の再生産の最低必要条件，都市労働者の集団生活

様式のために社会化して共同利用されるようになった消費手段」として，2007-08年のサブプライム問題のもととなっている住宅問題に関係する「公共住宅」をあげておられる。このような「公共住宅」の提供も重要な労働力再生産のための公的サービスである（宮本憲一『社会資本論』有斐閣，1967年，33-36ページ参照）。

25) 「互助的組織」について検討を加えない理由は，論議の方向がずれる恐れがあること，互助的組織というボランタリーな主体の集まりが，企業や公的機関と並ぶほどに全面的に展開しているとは考えにくいこと，資本主義経済のもとで，その全面展開が可能であるとは考えにくいためである。しかし，伊藤氏のこの分類には異論はない。

26) Matt Fellowes, *Reducing the High Costs of Being Poor. Testimony before the House Committee on Financial Services Subcommittee on Housing and Community Opportunity,* The Brookings Institution, March 8, 2008.

第2章　サブプライムショック後のアメリカにおける消費動向

はじめに

　2007-08年にアメリカを襲ったサブプライムショックは，アメリカ国内の消費需要を支えてきた消費者向け信用供与を収縮させることとなった。前章では「社会的共同消費に対する支出＝固定的支出」部分に圧迫され，余裕がなくなっているアメリカの家計が，対消費者貸付（モーゲージローンならびに消費者信用）に支えられているという綱渡り状態のもとで営まれていることを示した。また，その際，サブプライムショックの出発点にある「サブプライムローン」の利用者は最低所得者層ではなく，むしろ「中間層＝中所得者層（第Ⅱ～Ⅳ分位）」であったことを指摘し，アメリカの消費を支えている中間層が恒常的な危機のもとにあることを示してきた[1]。

　それでは，サブプライムショック後のアメリカにおいて，モーゲージローンと消費者信用の態様には変化が生じているのか，また，アメリカの消費を支えてきたこれらの対消費者貸付が信用収縮のもとでこれまでのように野放図に拡大できなくなっているとすれば，その影響はいかなるものか，これらの問題に焦点を当てて考察を行うことが本章の課題である。

Ⅰ　サブプライム問題の本質をどうとらえるか

1　サブプライム問題と実体経済の関係

　サブプライム問題については，実体経済が「虚偽」的な証券化商品に動かされた結果によるものである，あるいは証券化商品をつくりだす過程で引き起こされたものであるとの分析がよく見られる。すなわち，実体経済という胴体が，その胴体の一部である信用という尻尾を動かしていたはずが，逆に尻尾が胴体を動かす存在となり，その尻尾はすでに胴体から離れ自立的な動きを見せてい

るというものである。たとえば井村喜代子氏は「金ドル交換停止・初期IMF体制崩壊の後には，新たに投機的金融活動が本格化するが，その基本は，実体経済から離れて，金融面での投機的金融収益を求める投機的金融活動であるということにある」[2]と主張される。この主張によれば，サブプライム問題は，1929年の大恐慌とは異なり，実体経済と切り離された金融の動きによって引き起こされたものとなる。しかし，結論を先に示せば，1929年恐慌とサブプライムショックとは基本的に同じ本質を持つものであると考える。われわれが目にしたサブプライムショックあるいはリーマンショックと呼ばれる現象は，膨張した信用が実体経済の規模へと収縮していく過程そのものである。そして，われわれが歴史上何度も経験してきたように，資本主義経済下の恐慌はいつでも信用恐慌の形態をもって表出するのである。だからこそ表面的には信用だけが独り歩きしているように見えるのである。

　もし，実体経済から完全に切り離された金融というものがあるとすれば，それはどのようなもので，どこに存在するのだろうか。マネーが実体経済から完全に自立しているというのであれば，なぜそれらのマネーは，サブプライムローン証券から逃避したのち原油や穀物などの先物取引市場に流入したのか，それ以前に，このマネーはなぜアメリカのサブプライムローン証券へと集中したのか。サブプライムローン証券とはサブプライムローンすなわち住宅ローンをその中身とし，その住宅ローンは「住宅」という商品の購入に用いられるのではないのか。そうだとすれば，住宅が投機対象であろうとなかろうと，その証券が焦げ付くか否かは住宅という商品の価値が最終的に実現されるか否かにかかっている。ということは，商品の価値実現というきわめてオーソドックスな経済活動にこそ，そして最終消費活動にこそ，そのすべてのプロセスが行き着くのではないのか。

　そして，最終消費に依存せざるをえない資本の競争そのものが利潤の極大化を推し進め，最終消費のための市場を狭小化させてしまうことで拡大再生産のための再投資という目的地を自ら失ったことが問題を引き起こしたのではないのか。

　証券化商品は，それが二次，三次の再証券化の過程でどれほど細分化され組成しなおされようと，現実に存在する耐久消費財などの財商品（自動車や家電

製品, 家具) およびサービス商品 (学費ローン等) の購入のための販売信用や住宅 (モーゲージローン) をその中身とすることに変わりはない。幾重にもわたって再証券化が行われたとしても, その証券を組成している各要素は消費者信用・住宅信用に代表される対消費者貸付である。そして, 再証券化, 再々証券化の過程で本来の貸付対象が覆い隠され, さらに, ここに直接的生産に再投下される機会を逸した「投資先を求めて世界中をさまようマネー」が集中したことが, ますますその本質を不可視化してしまったのである。

しかし, いくら不可視化されていても, それが最終消費の局面で消費される家具や自動車などの耐久消費財, 教育や医療などの対消費者サービスや住宅を対象とした信用の供与であり, そのいずれもが受信者である消費者の将来所得という不安定な返済保証に依存するという性格からまぬがれることはできない。したがって将来所得の不安定性が深まるなかでサブプライムローン証券が世界経済の混乱の契機をつくりだしたことはいわば必然であった。そして, このサブプライムローンの組み込まれた証券が焦げ付いたことを契機に, 信用が一気に収縮し, アメリカの消費市場の大きさに依存していた世界経済が危機的状況に陥ったのである。

2 いわゆる「掠奪的金融」問題による論点の狭小化

サブプライムショックを評するために頻繁に用いられるようになった「掠奪的金融」という表現が意味するところは, 以下の2点に集約される。

第一に, 本来は貸付を行うべきではなかった, 信用度の低いアメリカ国民 (多くは低所得者層および移民などのマイノリティー) に対する無理な貸付を行ったあげく, 持ち家を手に入れる夢を抱いた低所得者層やマイノリティーが, 結果的に家を奪われ, 貸付を受ける前より一層深刻な貧困に陥るという悲惨な事実を表すものである。

第二に, たとえばモーゲージローン契約が取り結ばれるやいなや, このモーゲージローン証券はただちにその他の債権と組み合わされ, 何次にもわたる証券化を繰り返しながら持ち手を変えていく。しかも, ここにS&P (スタンダード&プアーズ) などの格付け会社による「虚偽の格付け」と, モノライン (金融保証保険会社) による「結局は支払われない保険」が付与されることによって, サ

ブプライムローンの存在がますます不可視化されてしまうのである。こうして，証券の構成要素が不可視化されていくことを「掠奪的金融」と表しているわけである。この議論の要点は，「貸すべきではなかった相手に貸し付けたこと」あるいは「虚偽に満ちた証券の存在を許した政策当局の怠慢」を指摘するものであり，いわば運用面に焦点を当てた批判だということである。

　ところで，サブプライムローンに内在する本質的な問題に言及しようとするとき，上記のような「運用」面に視点を置いた議論は，一方では，資本主義経済の腐朽性あるいは「ルールなき資本主義」を批判し，金融政策の歪みを暴露するものとして有効ではあるが，その一方で，消費者への貸付がもつ本質をかえって覆い隠してしまう危険性をもつものともいえる。結論を先取りすれば，この「略奪的性格」をめぐる議論は，「サブプライムローン＝モーゲージローン＝対消費者貸付」が本来的にもつ構造的な問題であり，実は資本主義経済そのものに本質的に内在する問題であるという点を看過してしまう危険性を同時にはらんでいるのである。

　数次にわたる再証券化を繰り返し，そこに格付けや保険が付与されることでリスクを不可視化するという証券化商品の生成・運用手法も，この証券化商品に組み込まれた対消費者貸付がそもそも構造的に抱えているリスクを分散しようとして発展してきたものである。そのリスクとは，対消費者貸付が最終消費を担う消費者の将来所得というきわめて不安定なものに依拠していることから生じているものである。返済リスクの高い相手から元利を取り立てることを「掠奪的」と見るのであれば，サブプライム問題に限らず，対消費者貸付そのものが，本来「掠奪的」なものであるというべきである。

　そうだとすれば，「掠奪的金融」と受け止められているサブプライム問題の本質はどこにあるのだろうか。この問題に取りかかるにあたって，まず，対消費者貸付が資本主義生産にとって必要不可欠でありながら，貸し付ける相手が消費者，すなわちそのほとんどを労働者としているからこそ，おのずと限界を持つものであることを示しておきたい。

II　対消費者貸付と資本主義生産の必然的な連関

1　資本主義生産と対消費者貸付成立の関連性

　対消費者貸付と資本主義生産の相関関係は以下のとおりである[3]。先進資本主義国における生産は，必然的に耐久消費財の生産に特化していくという傾向を有している。ところが，自動車に代表される耐久消費財は，日常の，たとえば食品などの消費材とは異なり1単位当たりの価値が大きく，一般的な労働者層の1ヵ月単位の賃金ではこの価値実現行為に参加することに困難がともなうという特徴を有している。そこでこうした耐久消費財の価値実現のために必要とされるのが，分割払いや支払いの先送りを可能にする消費者信用である。サブプライムショック発生の第一の根本的な要素はここにある。すなわち，このような対消費者貸付の成立と拡大は，それなしには価値の実現がはかれず，それでいて生産性の上昇が著しい耐久消費財生産に適合する巨大市場を必要とする先進資本主義国のいわば宿命なのである。

　それは，自動車などの耐久消費財に限らず，住宅という商品についてもいえるのであって，住宅という1単位当たりの価値がきわめて大きな消費財の価値を実現するためには，住宅ローンが必要不可欠となる。ただし，住宅は，政策当局にとってはもうひとつのきわめて重要な意味を持つ。住宅の購入には家具・家事用品などもろもろの耐久消費財の購入の必要が生じる。つまり，住宅の購入が増大すれば，付随して広範な種類の消費財への需要の拡大につながり，経済環境の全体的な好転が期待できるというわけである。だからこそ，ITバブル崩壊後の景気低迷を打開するために，アメリカ政府はサブプライムローンの浸透によって住宅市場の活性化をはかろうとしたのである。とはいえ，それも，最終的には，国民の将来所得の安定性に依拠するものでしかない。アメリカの労働者は，現実には将来所得の不安定性に加え，家計は固定的支出に圧迫されており，実際には債務返済の余地が残されていなかった。そのような状況では債務不履行に陥る可能性はもともとかなり高かったのである[4]。

　サブプライム問題とは，信用供与の契約が成立した段階で価値が実現したと思われていた「住宅」という商品について，実際にはその一部あるいは全部の

価値が実現されてはいなかったということを示したということ，つまり，その住宅は，実は商品としては成立しえなかったものであったことが事後的に確認されたという事実を露呈したことにほかならない。サブプライムローンが焦げ付いたとき，そこから投資が一気に引き揚げられたということは，住宅という商品の価値実現にかかわる建設産業，ディベロッパー，銀行，家具・家事用品を生産する企業，そして価値実現に信頼をおいてきた投資家たちが，この事実を事後的に確認することになったことを示しているのである。

2 耐久消費財の出現と消費者信用拡大の必然性
——「浪費神話」との決別

耐久消費財の生産拡大には消費者信用の発展が必要不可欠である。

耐久消費財は，通常，商品1単位当たりの価値が賃金に比して大きく，したがって，一括払いでそれを購入できる層は限られている。貯蓄を考慮に入れなければ，大量生産をともなう耐久消費財の生産に適合する厚い購買層を獲得するためには，その価値を分割して消費に組み込みつつ，最終的に価値が実現できるシステムをつくりだすことが必要となる。こうして，資本主義生産には必然的に対消費者貸付が組み込まれることになる。

一方，こうして消費者信用が消費のシステムに組み入れられることによって，製造業はますます生産を拡大できるようになる。ところが，製造業はいわゆるサービス[5]産業に比べて機械化を進めやすい。つまり資本の有機的構成の高度化を進めやすい。したがって，サービス産業に比べれば，製造業は，より多くの相対的過剰人口を創出しやすい。

また，なかでもいわゆる対消費者サービス労働は消費地に固着する性格を有するため，その分野の雇用は国内にとどまる傾向にある。ところが，製造業は生産過程の海外移転を進めやすいために国内の雇用を削減する方向に動き，こうして労働者は国内の労働市場から排斥されることとなる。労働市場から排斥されれば，労働者が消費者として消費市場に存在することは不可能となる。消費者信用が供与される消費者のほとんどは，同時に製造業の労働者でもあるのだから，所得を断ち切られれば，必然的に返済のための源資を失う可能性に直面することになる。

つまり，工業化が進んだ国では，その結果生み出される大量の耐久消費財の価値実現を，工業化が進んだがゆえに，ますます不安定になっている労働者の将来所得に依存しなければならないという矛盾に直面することになるのである。サブプライム問題の本質は，まさに工業化を進めてきた資本主義の宿命たる過剰生産を確認するものにほかならない[6]。また，対消費者サービス自体が労働者の所得に依拠しているものであるため，製造業労働者が減少すれば，おのずとこの分野においても雇用の減少や賃金のさらなる切下げが生じることとなるので，国内の製造業の衰退はサービス業労働者の労働環境をも同時に悪化させていく。

資本主義経済が有するこの特徴は，企業活動への規制強化や社会福祉などの政策的対応によって緩和されるか，あるいは一時的に覆い隠されるのであるが，アメリカでは，新自由主義的政策のもとでその特徴がより露骨な状態で表れただけの話である。対消費者貸付の拡大は資本主義生産そのものが生み出したものであり，その存在は資本主義経済には必然的なものであって，アメリカ人の浪費癖などといった国民性に起源をもつものではないのである[7]。

3 アメリカの持つ固有の内部矛盾

アメリカでは，資本主義経済が抱える共通の問題がより鮮明な形で露呈される一方で，アメリカ固有の条件がこの問題をさらに深化させることになる。固有の条件とはアメリカのみが有する国際通貨国特権である。アメリカは，この国際通貨国特権によって，どれほど多くの輸入を抱え込んでも，それを最終決済することなく経常収支の赤字を累積し続けることができる。このことは，二つの点でアメリカ経済を支えている。

第一に，アメリカは，この国際通貨国特権によって生産ラインを賃金コストの安価な海外へと移転させ，経常収支の赤字という天井を意識することなく，海外で生産された低廉な商品を輸入することが可能である。これは，海外に直接進出したアメリカ国籍の企業に低廉な原材料や部品調達を可能にして利潤をつくりだすとともに，海外の生産拠点で生産された最終消費財をアメリカという巨大な市場に向けて逆輸入させることによる利潤の獲得をも可能にする。

第二に，安価な輸入品の際限なき輸入は，グローバル化のもとでの賃金コス

図 2-1 アメリカの製造業労働者の時給と個人消費支出の対前年同月比増減率の推移（1980〜2010年）

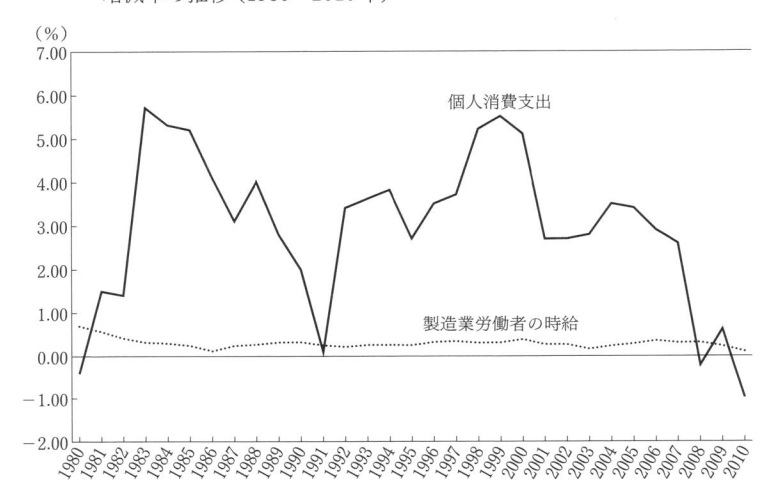

出所：製造業労働者の賃金については Bureau of Labor Statistics, 個人消費支出については Department of Commerce, Bureau of Economic Analysis.

ト引下げ競争のなかにあって，自国の労働者に海外の安い労働コストとの競合を甘受させる条件として有効である。なぜならば，賃金の引下げが行われても，輸入される安価な消費財によって，ある程度まで生活を維持することが可能となるからである。すなわち，アメリカの資本は廉価な輸入品が労働力の再生産費用を引き下げる力として働くという効果を最大限活用することができるということである。

実際に，このことはアメリカの賃金コストを抑制するための条件づくりに大いに貢献してきた。労働生産性が上昇していく一方で賃金（時給）はほぼ横ばい状態に推移してきたことがその証左のひとつである（図 2-1）。

労働者との力関係において圧倒的に勝利を収めた企業は，自国内の労働コストをますます削減することに向かうが，それはそれほどの困難をともなうこともなく実現できるのである。こうして，労働コストの削減を一定程度まで受入れさせる環境を労働者に担保する最終消費財の輸入はますます拡大することとなる。実際に，アメリカの輸入浸透率（import penetration）は OECD 諸国のなか

でも低いほうに位置しているが、その数値は年々高まっている。アメリカの輸入浸透率は、1992年には8.0％であったが、サブプライム問題が表出する直前の2006～2007年に14.2％のピークをつけ、サブプライムショックで数値は多少下落したものの、2010年には12.6％まで回復している。

このことは、アメリカ国内の製造業にとっては、国内に流入する低コストで生産された大量の商品との競争に脅かされることを意味する。安い商品を際限なく輸入できるアメリカは、一方では競争相手の商品を輸入し続け、もう一方ではそれらの商品の脅威に脅かされて、さらに賃金の抑制をはかろうとする[8]。

しかしながら、労働者たちはすでにこの低賃金と将来所得の不安定性に耐えられない状態にまで追い詰められている。これまで家計の赤字をなんとか補塡してきたものは対消費者貸付であり、その膨張がこれらの輸入を可能にしてきたのだが、サブプライムショックを機にクレジットクランチ（金融崩壊）といった事態が生じ、雇用の不安定性が極限にまで高まるやいなや、そうした生活の条件が一気に瓦解することになるのである。

III サブプライムショック後のアメリカの個人消費の現状をどうみるか

1 GDP比でみた個人消費支出の上昇
―― アメリカ経済を牽引する個人消費

サブプライムショックがアメリカ全体を覆った2008年後半、GDPは第3四半期に14兆5467億ドルのピークをつけた後、第4四半期には14兆3473億ドルへと落ち込み、その後、低迷を続けている。2009年第2四半期時点のGDPは14兆1498億ドルとなっている。

一方、個人消費支出は2008年第4四半期で10兆98億ドルと、08年第3四半期より2193億ドル減少したものの、2009年第3四半期には再び10兆ドル台を越え増加し続けている。

このように、GDPを支える個人消費の役割は以前と同じ程度か、むしろ高まっており、GDPに占める個人消費支出の割合は2009年の第3四半期には過去最高の71.1％と、サブプライムショック以後にこれまでのピークに達してい

る。その後，同年の第4四半期に一度70.8％まで減少するが，2010年第1四半期には再び71.0％と2009年第3四半期の水準に次ぐ高さを記録している（第1章の図1-6を参照）。

2　貯蓄率の上昇と消費行動の変化

　個人の資産価値は，サブプライムショックによって大きく減少した。たとえば，アメリカの世帯が保有する資産は，2007年中頃のピーク時に比べ，2009年3月には15％，13兆ドルの損失を生じている。所得に対する資産の比率（the wealth-income ratio）は，1990年代前半のレベルへと後退している。これを金額でみると，2009年5月時点の配当所得はマイナス73億ドル，続く6月も同じくマイナス73億ドルとなっている。

　また，貯蓄率（可処分所得に占める貯蓄額）については，2007年第4四半期には1.5％と，ほぼゼロに近い数字であったものが，2009年第2四半期には5％へと急上昇している。とはいえ，1980年代初頭の9～10％を超える貯蓄率からすれば，この数字もまだその半分程度である。

　サブプライムショック後の貯蓄率の変化を，アメリカの中間層における消費動向の顕著な変化ととらえる主張は多い。たしかに金額としては貯蓄額は伸びてはいるが，サブプライムショックを挟み，長期的な傾向をみてみると，1980年代から増減はあるものの低下傾向を示しており，個人消費支出の急速な伸びと比べると，明らかに大きなギャップがみてとれる（図2-2）。現に，2009年第2四半期までいったん上昇を続けた全世帯平均の貯蓄率もそれ以後再び下降をみせている。

　また，現時点では「全世帯」の貯蓄率のみ公表されているが，これを階層別に推計しなおしたものが図2-3である。これによれば，第Ⅰ・Ⅱ分位の家計は赤字を抱えており，貯蓄率はそれぞれマイナス94％，マイナス14％と，貯蓄率が低いどころか，第Ⅰ分位の世帯においては，所得額に匹敵する赤字額を抱えていることがわかる。結局，貯蓄が発生するのは第Ⅲ分位以上であり，貯蓄率も所得とともに上昇し，第Ⅲ分位で6％，第Ⅳ分位で18％，第Ⅴ分位で36％となっている。

　2008年版センサスをみても，たとえば，貧困世帯の家計収支赤字額は2007

第 2 章　サブプライムショック後のアメリカにおける消費動向　55

図 2-2　アメリカの貯蓄率の推移（1980〜2012年）

出所：U. S. Department of Commerce, Bureau of Economic Analysis.
注：National Income and Product Accounts (NIPA) Table による。
　　NIPAの貯蓄率は（可処分所得―消費支出）／可処分所得

図 2-3　アメリカの所得階層別の年収と年間支出
　　　　（2007年）

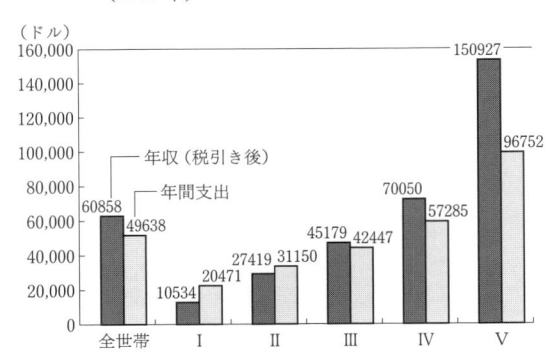

（ドル）

- 年収（税引き後）
- 年間支出

階層	年収（税引き後）	年間支出
全世帯	60858	49638
I	10534	20471
II	27419	31150
III	45179	42447
IV	70050	57285
V	150927	96752

出所：Bureau of Labor Statistics Consumer Expenditure Survey 2007 Database より作成。

年の8523ドルから2008年には9102ドルへと増大しており，低所得者層にとくに多い「シングルマザーの世帯」[9]では，家計収支赤字額が9638ドルと「男の世帯主」の世帯と比べると996ドル赤字額が多い。

　貯蓄率の上昇も，結局は，住宅その他の投資先を失ったために，手元に資金をため込んでいる第Ⅴ分位を中心とする変化にすぎない。したがって，現状ではこの貯蓄率の5％台への回復をもってアメリカにおける中間層の消費行動が大きな変化をみせているとは考えにくい。なぜなら，第Ⅰ～Ⅲ分位の階層では，貯蓄率が増える要素はきわめて限定的か，ないに等しいからであり，節約できるとすれば，それは第Ⅳ～Ⅴ分位の階層に絞られるからである。

Ⅳ　アメリカ経済の対消費者貸付への依存体質は不変

1　GDPの最大構成部分としての消費支出

　サブプライムショックは，製造業および建設業など大量の雇用の場を提供してきた産業に多大な負荷をかけ，雇用全体を大きく落ち込ませることになった

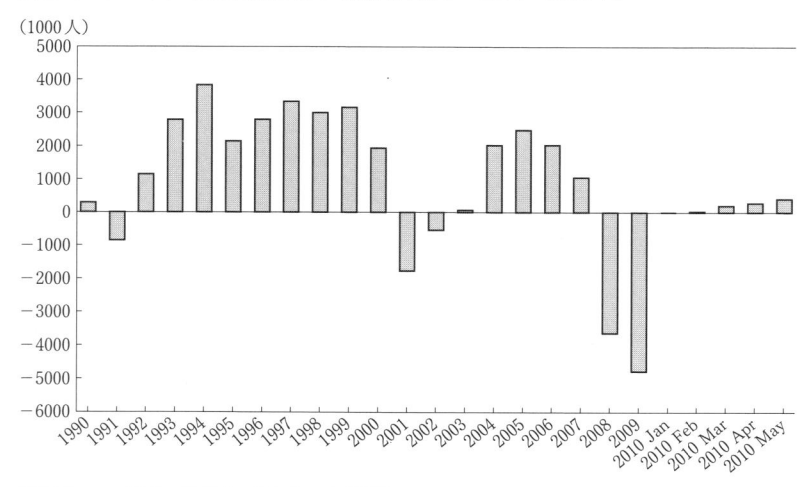

図2-4　アメリカの被雇用者数の増減（対前年：1990〜2010年）

出所：Bureau of Labor Statistics, Data Baseより作成。
注：対象は非農業従事者。

(図 2-4)。

これまでアメリカ経済を牽引してきた旺盛な消費需要も，雇用が失われていくなかで落ち込みをみせた。それでも，前述したように，アメリカのGDPに占める消費支出の比率は変わらず大きく，その割合は2008年平均で70.1％とピークに達した後，2009年第1四半期は70.4％，第2四半期も70.6％と上昇を続けている。もちろん，これは消費支出が増大したのではなく，GDPの落ち込みが消費支出の落ち込みを上回ったことによるものであることは疑いがない。しかし，サブプライムショックによってGDPおよび消費支出が一時的に減退したとはいえ，アメリカ経済がこれまでずっとGDPの7割を構成する消費支出に依存してきたこと，サブプライムショック後も同じく消費の強さに依存していることもまた事実である。

2　消費を支える対消費者貸付
——モーゲージローンと消費者信用

将来所得への不安が増大するなかで消費支出を継続的に拡大していくためには，消費者信用とモーゲージローンの存在が欠かせない。

通常，住宅の市場価格が上昇したとしても，その価値上昇分を実現するためには実際には住宅の売却を必要とする。ところが，マイホームの所有者は，所有する住宅価格の上昇によって，あたかも富が増大したかのような錯覚に陥る。景気回復を促進したい政府からすれば，住宅価格の上昇によって，国民が「マネーの幻覚に頼りながら，マイホームの所有者たちが自らの記録的な債務に対して近視眼的な見方でいる」ことが期待できる[10]。ただし，それも，国民がこのマネーの幻覚を現実のものと思い込むかどうかにかかっている。

日本では，モーゲージローンは通常，住宅を購入するためのローンであると理解されるが，アメリカのモーゲージローンは，住宅不動産を担保として市場価格の上昇分を他の消費財購入や他の債務返済へとつなげることができるシステムとなっている。これは，住宅市場価格の上昇を国内需要の実際的な機動力へと転換させるためのものであるが，それ自体は住宅信用という債務であるにもかかわらず，自動車ローンのような他の債務を返済するためのツールとしての役割を併せ持つものである[11]。また，モーゲージローンそのものの返済につ

表 2-1 アメリカにおける家計債務の対前年比
(単位:％)

年	合計	住宅信用	消費者信用
1974	8.9	9.8	4.6
1975	8.4	9.5	3.8
1976	11.3	12.6	10.6
1977	15.6	16.6	15.5
1978	16.9	17.5	17.5
1979	15.4	16.4	13.9
1980	8.5	10.9	1.0
1981	7.6	7.2	5.5
1982	5.6	4.8	5.0
1983	11.1	10.2	12.1
1984	12.6	11.4	18.4
1985	16.1	14.6	15.9
1986	11.5	13.7	9.1
1987	10.4	13.4	4.8
1988	9.9	11.8	6.7
1989	9.3	10.9	6.3
1990	6.9	8.7	1.9
1991	5.1	6.9	-1.1
1992	5.3	6.4	1.1
1993	6.0	5.5	7.4
1994	7.6	5.6	15.2
1995	6.8	4.8	14.4
1996	6.9	6.2	9.0
1997	5.8	6.1	5.5
1998	7.8	8.0	7.2
1999	8.4	9.4	7.8
2000	9.1	8.7	11.4
2001	9.6	10.5	8.7
2002	10.8	13.3	5.7
2003	11.6	14.3	5.2
2004	11.1	13.6	5.5
2005	11.0	13.2	4.3
2006	10.1	11.0	4.5
2007	6.6	6.7	5.5
2008	0.4	-0.5	1.7
2009Q1	-1.1	0	-3.5

出所:FRB Flow of Fund Accounts, 2009年3月12日発表分より作成。

いても,自らの住宅価格の上昇分で返済を行うという手法がとられている。こうなると,モーゲージローンは,持ち家の取得という目的を超えて,クレジットカードが有する消費者金融の機能による(使用目的を問われない)フリーキャッシュの入手や,レストランで食事をしたり,衣料品を購入したりする際に用いるクレジットカードの販売信用と同じ機能を果たす,対消費者貸付の一種にすぎなくなる。かつては,住宅取得を目的とするモーゲージローンと,日常的な購買行動を支える消費者信用とが,それぞれ独立したツールとして存在していたにもかかわらず,いまや,その独立した関係性は消滅し,消費者信用の利子率が相対的にモーゲージローンの金利より高ければ,消費者信用からモーゲージローンへと移行し,また,どちらか一方に税制改革など,新しい減税政策が実施されれば,もう一方へと移っていくという相互連関を有する関係へと変貌していくことになる。

この独立性の消滅と相互連関性の表出の様子は,表2-1に表れている。

1980年代前半は，消費者信用とモーゲージローン（表中では住宅信用）の変動はほぼ一致しており，両者は，互いを代替することもなく，棲み分けを行っていたことがわかる。しかし，1980年代後半になると，この棲み分けが崩壊していく。90年代以降，消費者信用が増大するときにはモーゲージローンが落ち込み，逆にモーゲージローンが上昇するときには消費者信用は縮小していくという図式がみられるようになる。ここには，モーゲージローンの拡大と家計の債務化を促進する税制改革（1981年のERTA 81と1986年のTRA 86）が影響していることはいうまでもない[12]。

　この81年の税制改革のなかでも，とくに，ACRS（加速度償却）とITC（投資税額控除）は，アメリカの不動産投資にかかる税率を実質的にマイナスとしたことで，住宅市場を投機対象とすることを促進するとともに，その他の証券投資を拡大させる契機を提供することとなった[13]。

　そのモーゲージローンの伸びも，1978年には対前年比17.5％，1985年には14.6％，そしてサブプライムショックの契機となった住宅バブルのピーク時の2003年には14.3％の上昇をみたものの，この年をピークとして下降に転じ，リーマンショックを経験した2008年にはマイナス0.5％を記録した。

　一方，消費者信用についても同様に，2008年第3四半期をピークに減少に転じ，2009年第1四半期には初めてマイナス3.5％を記録した。このような動きは二つの経路から生じていると考えられる。第一の経路は，住宅価格の急落による返済の滞りによるものである。第二の経路は，サブプライム問題が生じる以前から継続していた雇用の喪失がもたらした根本的な生活条件の問題である。すなわち，消費者信用の唯一の担保であるはずの将来所得の不安定性という，サブプライムローン問題に限定されない消費者信用固有の問題である。この第二の経路については後述することとし，まずは第一の経路についてみてみよう。

3　消費者信用収縮の要因
(1) 住宅価格の急落——モーゲージローンとの連動から生じる問題

　主要10都市の住宅市場価格を示すS&P／ケース−シラー住宅価格指数（10大都市圏指数）によれば，住宅価格は2006年6月にピークに達した後，下降

図 2-5　S&P／ケース‐シラー住宅価格指数（10大都市圏指数）

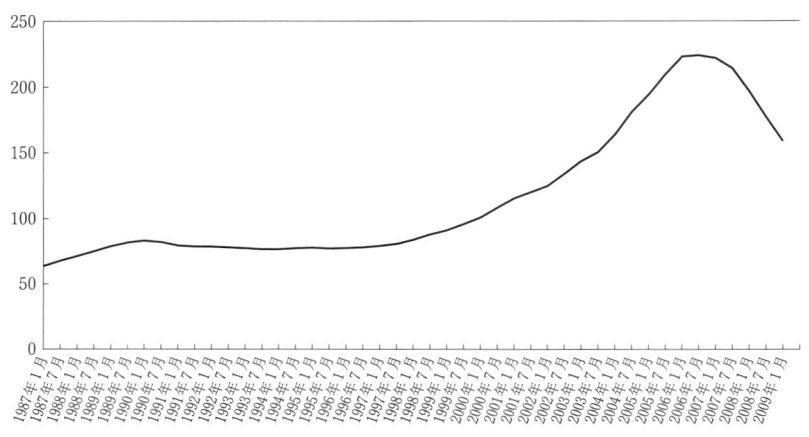

出所：S&P/Case-Shiller Home Price Indices. S & P HP, http://www2.standardandpoors.com（アクセス 2009 年 8 月 15 日）

注：S&P／ケース‐シラー住宅価格指数とは、アメリカのスタンダード・アンド・プアーズ（S&P）が毎月公表しているアメリカの住宅価格指数。1980年代にKarl E. CaseとRobert J. Shillerによって開発された（S&P HPより）。10大都市圏とは以下のとおりである。ボストン、シカゴ、デンバー、ラスベガス、ロスアンゼルス、マイアミ、ニューヨーク、サンディエゴ、サンフランシスコ、ワシントンDC。

を示し、2009年3月にはピーク時から68％も下落するという事態に陥った（図 2-5）。これで、これまで、住宅市場の上昇に依拠していたモーゲージローンの返済も、消費者信用の返済も、値上がり益が期待できずに返済不能に陥るリスクが高まった。住宅価格の値上がり益に依拠しつつ債務を抱えてきた国民は返済を滞らせ、返済のための借入を増やすことができない状態に陥ったのである。銀行は、貸し付けた債権が不良債権化することで、BIS規制のもとで、需要があっても貸付を増大させることができない状態に陥ることになる。

　危機感を抱いた金融機関側は、これ以上貸倒れを生じさせないために、貸出条件の厳格化をはかることとなる。アメリカの中央銀行FRBのアンケート調査によれば、サブプライム問題が露呈した2008年後半から、「貸出要件をより厳格化させる」と答える貸付担当者が急増し、その割合は、2008年第4四半期にはプライムローンで約7割、サブプライムローンにいたっては100％に達している。一方、消費者信用についても、2007年頃から「貸付条件を厳しくする」と答える担当者が急速に増えている。2008年の第1四半期の調査ではわず

か9.7％にすぎなかった回答が，第2四半期には一気に32.4％にまで増大している。その後，第3四半期には66.6％，2009年に入ってからも58〜59％と高止まりしたままであった[14]。

モーゲージローンの不良債権化は金融機関の貸し渋りに結びつき，返済に窮して融資を求める国民を窮地に追いやることになった。こうして，不良債権が貸し渋りをもたらし，貸し渋りがますます多くの不良債権を生み出すという悪循環が生じることになった。このことは，両信用の急落をもたらした。2008年に入ると消費者信用の伸び率は一気に反転して，2009年第1四半期にはマイナス4％へと急落したのである。

ただし，このまま減少を続けていくかにみえた消費者信用とモーゲージローンであったが，消費者信用は減少を続けているものの，モーゲージローンに関しては，2009年第1四半期にはわずかながら増加に転じている。また，さきにあげたFRBのアンケート調査の最新版（August 17, 2009）によれば，貸付要件を厳格に保つと答える貸付担当者は多いものの，前回調査と比べるとその割合は減少傾向にある。結局は，アメリカの経済構造は対消費者貸付なくしては成り立たないのである。したがって，アメリカの消費が，このまま対消費者貸付への依存から完全に脱却し，所得を天井とする消費へと収斂するとは考えにくい。

(2)消費者信用残高の減少は家計を債務超過から脱出させられる契機となるのか

アメリカの2008年末時点の家計債務残高をみると，モーゲージローン残高は2009年第1四半期に初めて減少に転じている。この期の残高は10兆4618億ドルと，2008年第4四半期の10兆4631億ドルから13億ドルの減少を見せた。これは，これまでの急激な伸びからすれば，伸び方が停滞している程度の，いわば横ばい状態といえよう。そもそもモーゲージローンを減らすためには，持ち家を処分するか，もしくはまとめて返済を行うかして，残高を減少させるしかない。しかし，住宅市場に活気がない状況下では住宅の処分にも時間がかかるうえに，住宅は生活の基礎要件であるため，売却は避けようとするのが普通である。また，消費者信用については，同期間（2008年第4四半期から2009

図 2-6 アメリカの可処分所得に占める債務返済比率の推移（2004～2009 年）

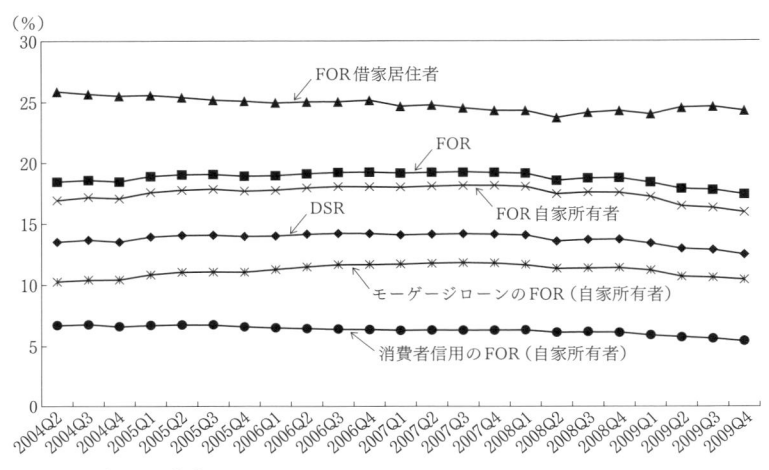

出所：FRB データより作成。
注：DSR（Debt Service Ratio）：家計債務返済（元本返済＋金利支払）/可処分所得
　　FOR（Financial Obligation Ratio）：金融債務比率（元利支払＋自動車リース代，借家賃貸料，火災保険，固定資産税等を含む/可処分所得），広義の債務負担率。

年第 1 四半期まで）のモーゲージローンの減少幅と比べると，かなり大きく 226 億ドルの減少となっている。モーゲージローンに比べて相対的には返済期間が短いことがさらなる借入の抑制，すなわち消費者信用の残高の減少へとつながっているものと考えられる。

　それでは，このような消費者信用の残高が減少したことで，家計債務の負担はどのように変化したのであろうか。FRB 発表の広義の債務負担率を示す FOR（Financial Obligation Ratio）を用いて可処分所得に占める債務負担の大きさを見てみよう（図 2-6）。

　これによれば，消費者信用，モーゲージローンを含む家計債務の負担率は，可処分所得が伸び悩むなかではほとんど動きがなく，高い割合で推移している。顕著なのは，可処分所得の 20％以上が債務の返済に充てられている「借家居住者」の深刻な債務状況である。これは，借家居住者の所得水準が，自家所有者世帯と比べて相対的に低いことによるものでもあるが，自家所有者の返済負担と比べてもかなりの負担率である。オバマ政権では，モーゲージローンがこれ

以上の債務不履行をきたさないための政策対応として、2007年、"The Mortgage Forgiveness Debt Relief Act and Debt Cancellation" を打ち出した。これは免除された債務分に本来課せられるはずの税を一定の条件のもとで免除するというもので、2007年から3年間の時限立法であったが、2013年現在、失効せず延長を繰り返している。しかし、この借家居住者については、モーゲージローン破綻の救済策ではカバーできない。さらに、差し押さえの増大でプライム層までもが家を失うなかで、元の自家所有者が借家住まいとなれば、ますます借家居住者は増大する。そうなれば、20%を超えるFORを有する世帯は次々と債務不履行に陥ることになろう。住宅市場の近年の回復も一部の地域に限られており、住まいとするための住宅の売行きはそれほど改善しているとはいえない状況である[15]。このようにみてくると、今後も家計の返済負担率はそれほど変わらずに推移していくものと思われる。

(3) 将来所得の不安定性の増大

オバマ政権のもとで、サブプライムショック後の政府対応の一環として大規模な公的資金注入が行われた。このことによって、自動車需要の一時的な回復や、政府発表によれば、100万人の雇用の創出がみられた。それでも、2009年8月の失業率は9.7%と、1982～83年当時の失業率に匹敵する高さにとどまった。これを州ごとに見てみると、さらに事態は深刻の度を増していることがわかる。2009年7月のアメリカ全体の失業率は9.7%であったが、うち、カリフォルニア (11.9%)、フロリダ (10.7%)、ジョージア (10.3%)、カンザス (7.4%)、ネバダ (12.5%)、ロードアイランド (12.7%) では、それぞれ統計を取り始めてから、失業率が史上最高を記録したのである。

また、Census Bureau の年次報告書によれば、2007年には12.5%であった貧困率は2008年には13.2%、2010年には15.1%へと上昇した。2009年に比べ、白人 (非ヒスパニック) で9.9%、アジア人で約1割、ヒスパニックと黒人世帯で2割強の世帯が貧困線以下の生活を強いられている (前章の図1-8参照)。

また、2010年の無保険者の数は全人口の16.3%に当たる4690万人に上っている。2007年と比べると、民間の保険でカバーされている人口は2001年以降減少傾向にあり、逆に公的保険対象者は増加している。

破産件数も増大しており，その数は新しい破産法の適用後最多を記録している。オバマ政権のもとで行われている政策対応は，たしかに，アメリカの自動車産業とその経営者を救済し，破産と差し押さえに直面していた債務者の一部を救済するという一時的な効果はあるかもしれないが，アメリカの家計を圧迫する最大の要因である医療サービス関連支出の抑制を可能にする，医療・社会福祉の充実という難問を解決しないかぎり，これらの数字に表れているアメリカ社会のリスクを解消することはできない。そして，これらの所得の不安定な階層が増大すれば，それだけさらに対消費者貸付の焦げ付きは今後も増大することになる。さらに，同じ理由で，アメリカの多くの消費者層が破産のリスクを抱えつつも，信用供与に依存する生活から脱却するだけの余裕をもちえないでいる。それこそが，アメリカが抱えるサブプライムショック後も変わらない消費構造を規定することになる。

V　まとめ

対消費者貸付（モーゲージローンならびに消費者信用）は，グローバル経済のもと，企業の対労働者圧力が高まるなかで，きわめて不安定な将来所得にその返済基盤を置いている。もちろん，この傾向は，いまに始まったことではなく，ながらくアメリカ経済が内包するリスクを深刻化させる要因であり続けている。それでも，これまではミニマムペイメントシステムなどのツールを用いて，債務の返済を細く長く引き伸ばし，加えて，あるときは税制改正によって，またあるときは大幅な利下げの実行によって，なんとか抑止を効かせることが可能であった。だからこそ，この過程で多くのアメリカ国民がつねに破産の危機を感じつつ，消費をし続けることがかろうじてできていたのである。しかし，2007-08年のサブプライム問題によって，長年にわたって債務不履行のリスクを先延ばしし続けてきたミニマムペイメントシステムや，モーゲージローンのリファイナンスによるキャッシュアウト，あるいはモーゲージローンを消費者信用と連動させるシステムのツケが，一気に表面化することになった。

もし，サブプライムショックが，アメリカの消費構造を変える要素になりうるとすれば，それは，これまでの新自由主義的政策をあらため，社会保障の充

実をはかり，これまであまりに余裕がなさすぎた低所得者層から中所得者層にいたるまでの階層の，広義の可処分所得を増やすことであり，雇用を安定的に確保すること以外にはない。しかし，そのどちらもがきわめて一時的，限定的な効果にとどまる現段階の政策的対応では，消費行動の基本的な変化が生じるだけのゆとりはアメリカの平均的家計には存在していない。したがって，消費者はこれまでどおりの消費を続けるほかないであろう。

1) 拙稿「アメリカの消費からみたサブプライムローン問題の本質――アメリカにおける過消費構造と家計債務（モーゲージローンと消費者信用）の現状」『季刊 経済理論』第46巻第1号，2009年。本書第1章。
2) 井村喜代子『世界的金融危機の構図』勁草書房，2010年，54ページ。
3) クレジットなどの消費者信用とは別に，住宅購入にともなう信用供与は消費者信用とは別に住宅信用（モーゲージローン）と呼ばれ，日米ともに消費者信用とは区別されている。したがって，ここではこの用法にもとづき，それぞれを消費者信用，モーゲージローンと区別して用い，さらにこの両者を併せて表現する場合には「対消費者貸付」とする。
4) S&Pによれば，アメリカのモーゲージローン全体の規模は10兆6000億ドル，そのうちサブプライムローンは1割程度である。残り9割を占めるプライムローンはこれまではそれほど延滞率が上昇することはなかったが，2009年4～6月期の3ヵ月間で，この，健全と目されていたプライムローンの延滞率が13.8％へと急増している。同じ期間を取り出してみると，サブプライムローンの延滞率は前期比4.2％増，プライム層とサブプライム層の中間に位置するAlt-Aは3.2％増となっている。こうしてみてくると，すでにプライム層といえども住宅市場価格の低迷と雇用情勢の悪化など，経済全般の数値が思わしくないなかで破綻の危機に瀕しているということになる。
5) サービスについての詳細な分析は第2部第6章および第7章で行う。
6) 「欲望の充足ではなく利潤の生産が資本の目的なのだから，また，資本がもの目的を達成するのは，ただ生産量を生産規模に適合させる方法によるだけでそれとは逆の方法によるのではないから，資本主義的基礎の上での局限された消費の大きさと，絶えずこの内在的な制限を越えようとする生産とのあいだには，絶えず分裂が生じざるをえないのである。」(K. Marx, *Das Kapital*, II, MEW, Bd. 25a, S. 267.『資本論』第3巻，大月書店，321ページ）
7) 姉歯，前掲論文，34-37ページ。本書24-27ページ。

8) アメリカの輸入浸透率（Import Penetration）が低い原因は，第一に農業生産物の自給率がきわめて高いことにある。
9) U. S. Census Bureau, "Income, Poverty, and Health Insurance Coverage in the United States: 2010" によれば，poverty line（貧困線）以下の世帯のうち，シングルマザーの世帯は31.6％を占め，構成要素中では最大となっている。
10) Graham Turner, *The Credit Crunch: Housing Bubbles, Globalisation and the Worldwide Economic Crisis*, London: Plute Press, 2009（姉歯曉・渡辺雅男訳『クレジットクランチ 金融崩壊』昭和堂，2010年）4 ページ。
11) 姉歯，前掲論文。本書第 1 章。
12) 当時，レーガン政権は，貯蓄を投資に振り向け，国内産業への設備投資を促進させることで生産性を高め，日本や西ドイツに大きく遅れをとっていたアメリカの製造業の国際競争力を高めようと考えていた。しかし，70年代にはすでに先進資本主義国のなかでも最低水準にまで落ち込んでいたアメリカの貯蓄率は，ERTA 81施行時には一層低下し，「家計貯蓄率」でみると，74年前後にいったん 9 ％程度まで上昇したのを最後に 5～8 ％程度まで落ち込んでいる。
13) Eric M. Engen と William G. Gale の研究によれば，モーゲージローンが持ち家の価格に占める割合は，1980年には27.5％であったものが，1986年になると31.6％，1994年には42.8％へと増加している。Eric M. Engen & William G. Gale, "Tax-Preferred Assets and Debt and the Tax Reform Act of 1986", *National Tax Journal*, 49: 3, September 1996, pp. 331–339.
14) FRB, *Senior Loan Officer Opinion Survey on Bank Lending Practices*, 隔年版。http://www.federalreserve.gov/boarddocs/snloansurvey/（アクセス 2010 年 6 月 8 日）
15) 『朝日新聞』2013年 5 月 6 日付。

第3章 アメリカ経済と消費者信用
―― その歴史的変遷 ――

はじめに

　アメリカにおける消費支出はGDPの8割を占める。その旺盛な消費を消費者信用が支え,アメリカ経済を牽引する役割を担ってきたことは疑いのないところである。2008年の金融危機にさいしても,住宅価格の上昇がオートローン,学資ローン,クレジットカード債務といった消費者信用の返済可能性と密接に結びついていることが明らかになった[1]。同時に,ゼロ金利で客を集めたあとで金利が上昇するクレジットカード業界の欺瞞性や,ミニマムペイメントシステムによって債務の繰り延べを繰り返し,多重多額債務者へと転落する借金漬けの消費者像は,消費者信用の「略奪的」側面を強調することとなった。

　そもそも,消費者信用は大量生産・大量消費体制とともに発展してきたものであり,耐久消費財のための市場拡大をその基本的機能としてきた。それでは消費者信用の成立期と金融危機を経験した現在とを比べたとき,消費者信用の基本的な機能に変化はないのであろうか。この問題意識のもと,アメリカ経済の動きと連動した消費者信用の役割の変化を検証することが本章の課題である。

　そこで,消費者信用の生成期として1920年代前後からニューディール期を経て1970年代までを一区切りとし,つづいて,急速な伸長をみた1980年代以降の消費者信用の役割について検証を行うこととする。

Ⅰ　一般概念としての消費者信用の本質および成立条件

　消費者信用について,簡単にその本質規定を行っておこう。
　消費者信用は,債権債務関係という一種の社会関係であって,価値が一時譲渡され,一定期日後,利子をともなって還流するという利子生み資本の形態を

とる。利子生み資本は，一時譲渡される一定価値額が，「実際に貨幣として存在するか商品として存在するかにはかかわらない」[2]。ちなみに，一時譲渡される価値額が貨幣形態をとる場合が貨幣信用であり，商品売買にともなって商品形態をとる場合が商業信用[3]である。したがって，消費者信用の本質を一言で表せば，消費者信用とは，「第三者に譲り渡し，それを流通に投じ，それを・・・・・・・資本として商品にする」[4]ことで価値増殖を行う利子生み資本であり，最終消費部面で商品の価値実現を促進する機能を果たすものである。消費者信用は，消費財の形態で価値の一時譲渡と一定期間後の利子をともなっての還流という，利子生み資本の運動形態をとる[5]。また，消費者信用は，あとで詳述するように，商品資本および貨幣資本の蓄積を背景として，この両資本の要請にもとづいて成立したものである。

1　消費者信用の成立条件 その1
──耐久消費財の出現と大量生産体制の確立

　消費者信用は，生産と消費の矛盾を一時的に隠蔽するものである。そして，この場合，政府の移転支出や公信用と同じく，消費者の現在の所得制限を一時的とはいえ突破できるため，賃金を上昇させることなく，一時的にではあるが消費者が占有できる生産物価値量を増大させることができる[6]。供与された消費者信用が，一定期間後に無事還流するかぎりにおいて，技術革新がもたらす大量生産体制のもとで，その供給に見合う需要を生み出すことが可能になる。

　実際，消費者信用は，技術革新が進み，耐久消費財の生産に拍車がかかった時期に，それと並行して成立・発展を遂げている。この耐久消費財という商品の1単位当たり価値の大きさが，その普及に際して分割払いという消費者信用のシステムの成立を要求する。そもそも耐久消費財は1商品当たりの価値が大きく，分割払いのシステムなしに購入できる消費者層は限定されてしまう。たとえば，1週間あるいは1ヵ月間という賃金支払い分では，1単位当たりの価値額が大きい耐久消費財を購入することは困難である。商品資本循環において商品価値の実現が遅れることは，投下資本の回収を遅らせることとなり，したがってそれは，資本循環の速度を，すなわち資本の回転数を減少させる。一方，技術革新によって生産規模の拡大と資本の回転数の増大は加速度的なものとな

り，生産と有効需要との乖離が生じるという危険性はますます高まっていく。このような耐久消費財という1単位当たりの価値額が大きな商品の増大に対して，消費者信用は価値をいったん分割したうえで，一定期間をかけてその価値を実現させていく機会を与えるわけである。それは，耐久消費財の製造業にとって生産拡大とさらなる資本蓄積のために必要不可欠なシステムであった[7]。

　ただし，利子生み資本は，その信用としての性格上，個別資本でみた場合の一時的な，あるいは一見するとそう見える「価値実現」と，社会総資本レベルでみた場合の価値実現とのあいだに乖離が生じる可能性を内包している。すなわち，利子生み資本は，貸し付けた信用が利子をともなって還流するまでに「時間差」を生じさせるのである。それは，消費者信用（狭い意味では販売信用）の機能である商品販売＝商品の価値実現たる目的からすれば，商品の価値は実現されたように見えるため，通常の商品売買によって商品が資本循環から消滅した時と同様の結果をもたらすことになる。それはさらなる生産拡大の契機をもたらし，個別資本でみれば資本蓄積を促進することになる。しかし，信用貸付が行われてからそれが還流するまでのこの時間差は，社会総資本としてみた場合には，商品価値の実現の不確実性を深化させることとなる。

2　消費者信用の成立条件　その2
——貨幣資本の蓄積と新たな利子取得機会の獲得

　大量生産体制が確立し資本蓄積が進むと，銀行には貸付可能な貨幣資本がこれまで以上に蓄積されることになる。ところが，大量生産による資本蓄積の結果，これまでの銀行にとっての貸付先であった生産資本は商業信用を取り結び，その支払期限がくるまでに必要であった準備資本を十分確保できているため，手形割引を受ける必要も，新たな設備投資のための資金を借り入れる必要もなくなる。そうなれば，銀行は新たな貸付先を見つけなければならない。こうして，銀行はこれまでの企業中心の貸付から消費者に対する信用供与へとそのシフトを強めていくことになる。

　貸付先を消費者層へ拡大していくことは，消費者信用成立当初に増大を続けていた労働者層の拡大する消費市場を対象とすることであり，消費者という不特定多数に向けて，金融機関が貸付の対象を無限大に拡げることを可能とさせ

る。とくに，大恐慌を機に金本位制を離脱したアメリカでは，銀行券が金とのリンクを外されているために，借入側の需要が生じれば銀行券の発行を増大させていくことが可能となる。大恐慌後には，ニューディール政策のTVAに代表される大規模な公共投資と，続いて起こった第二次世界大戦により，アメリカ経済は一気に好況へと転換することとなる。こうした一連の経済環境の変化のもとで，生産はますます拡大し，したがって，これに見合う消費市場の規模を拡大させねばならなかったのであるから，管理通貨制度への移行は，消費者信用を必要とする生産資本にとってきわめて好都合だったのである。

大量生産体制と資本間競争に加えて，絶え間ない技術革新とそのための固定資本投資が求められるなかで，消費者信用成立当初のように，生産資本が自ら消費者に対して信用供与を行うことは，準備資本の縮小を受け入れざるをえない。したがって，彼らが耐久消費財の生産拡大に相応するだけの信用を与え続けることには無理がある。それを代替するものが，信用創造を可能とする商業銀行に代表される金融機関である。こうして，両者，すなわち生産資本と金融資本の思惑が一致したところで消費者信用発展の基礎が確立される。

II　アメリカの消費者信用成立期におけるその機能

1　商品資本の蓄積と消費の限界

アメリカでは，1900年代に入ると戦時需要を引き継ぐ形で重工業全般の技術革新が進み，1920年代には，フォードシステムに代表される自動車生産を軸とした大量生産の技術的基礎がつくりあげられることとなる。矢吹氏によれば，この1920年代には，すでにレーヨン，アルミニウムからラジオまで，あらゆる開発済みの新製品が大量生産可能な状況にあった。とくにフォードシステムによる大量生産と独占の進行は，自動車産業を軸とするアメリカの産業構造の基礎をつくりあげた[8]。こうして，大量生産に見合うだけの大量消費の場を確保する必要性が生じ，割賦販売システムが導入されたのである[9]。このころの割賦販売（消費者信用の一形態）の担い手は，主としてノンバンクのファイナンスカンパニー（販売金融会社）であった。販売金融会社が自動車販売の割賦証書の買い取りを開始すると，「1915年には895千台と63％の売れ行きの増

加となり，翌16年には1,525千台と実に70％の売れ行きの増加を示した」[10] のである。消費者信用が自動車の市場確保にいかに欠かせない要素であったかがわかる。

2　貸付可能貨幣資本の蓄積

　上記のように，1920年代までは，消費者信用供与の中核的機関は販売金融会社であった。ただし，販売金融会社は信用創造を行いえないため，その貸付資金を商業銀行に大きく依存していた。その意味では，商業銀行はすでに間接的に消費者信用の信用供与を行っていたことになる。しかし，大量生産体制と労働者層の増大による消費市場の拡大によって，産業資本内部に利潤が蓄積されていったことで，大手製造業における資金の内部調達が可能となった[11]。産業資本による資金需要が先細りになった商業銀行は，新たな貸付先を消費者信用に求め，潤沢な資金をここに投入することになった。このように信用創造が可能な商業銀行が消費者層にその貸付先を見出したことで，アメリカにおける消費者信用はさらに成長していった。

　アメリカの消費者信用は好景気を背景に成長しただけでなく，大恐慌の発生と，その後の景気回復によってもさらにその成長を加速させている。アメリカの商業銀行は恐慌に陥る過程での設備投資の全般的な落ち込みによって，これまでの産業資本向け金融からの転換をよりいっそう促進することを余儀なくされ，勢いその貸付先として消費者信用を重視するようになったからである。ニューディール政策によってアメリカが景気回復を遂げ，再び自動車産業をはじめとする産業資本による生産拡大が加速化すると，後述するように，大量の賃労働者が生み出されるとともに，自動車をはじめとする耐久消費財のための消費市場の拡大が必要となり，商業銀行の消費者信用に果たす役割はますます大きくなっていった。

3　対企業貸付の減少

　商業銀行を取り巻く環境の変化はそれだけにとどまらなかった。商業銀行が消費者という，集団としては巨大ではあるが，産業資本向け貸付に比べるときわめてリスクの高い相手に貸付を行う決断をするうえで，1933年に成立した

銀行法グラス・スティーガル法（Glass-Steagall Act）が果たした役割は無視できないものがある。

商業銀行による商業貸付は，1921年には証券担保貸付を「倍近くも上まわっていた」にもかかわらず，29年には1.3倍まで伸びが鈍化し，1930年になると1.1倍に落ち込んでいる[12]。一方，1920年代を通じて証券担保貸付のほうは増加の一途をたどっているのである。グラス・スティーガル法が施行されるまでのあいだに，短期融資に占める商業貸付の割合は1921年の74.1％から1932年には59.3％へと減少している。一方，証券担保貸付は25.9％から40.7％（ピークは1930年の47.3％）へと増加しているのである[13]。しかし，大恐慌を機にこの状況は一変する。大恐慌時，証券価格の暴落によって破綻に追い込まれる商業銀行が相次いだことから，グラス・スティーガル法が施行され，金融と証券のあいだに壁が設けられたことで，商業銀行は生き残りをかけて消費者信用への直接的な関与の度合いを高め，間もなくノンバンクを押さえて消費者信用の最大の担い手となった。ただし，商業銀行が消費者信用を拡大させるためには，もうひとつの条件が整うことが必要であった。

4　労働者層の消費者への組み入れ
(1) 生産性上昇と格差の拡大

1910〜20年代，アメリカではますます独占が進行し，フォードシステムに代表されるように製造業の生産能力は加速度的に高まった。その成果は一握りの独占企業に支配され，それらの個別資本間による国内市場を巡る競争は激化し，あわせてアメリカ国外への資本投資も活発化していった。ガルブレイス（J. K. Galbraith）によれば，1920年代，労働生産性は急速かつ着実に上昇していくが，賃金も物価水準も生産高の上昇に比べれば横ばい状態であったため，資本家は労働コストを低く抑えることが可能であった。そうして，利潤のほとんどは資本財への投資に使われることとなり，それがさらに資本蓄積を進展させる原資となった。こうして，この時期，急速に拡大を続ける消費者層内部では，持てる者と持たざる者とのあいだでの所得格差がますます顕著になったのである[14]。

一方で，自動車の生産能力は著しく上昇している。1926年には430万1000

台であった自動車生産は29年には535万8000台を記録するまでに成長した。資本にとっては，これだけの生産能力の上昇を吸収できる有効需要を生み出すことが急務であり，そのためには，どうしても一般の労働者層の需要を取り込む必要があった。

当時のアメリカでは，第二次大戦後と比較すると未だ国内市場への依存度は高く，製造業労働者層の厚さを保持しなければならなかった。そのため，対外投資を顕著に拡大させていくことと同時に，国内市場の保持も必要不可欠なものであった。

当時の生産力の上昇と，消費する側に生じた格差の拡大について，ガイスト（Charles R. Geisst）は次のように描写している。「不動産や証券のような有形・無形の資産を占有していた富裕層は常に高い生活水準を享受することができていたが，一方で，労働者階級は給与でつなぎ，それにごくわずかな貯蓄と財産を所有するのみであった」[15]。したがって，生産力の上昇によって増え続ける商品と有効需要とのあいだにある格差を埋め合わせるために，分割払いというシステムすなわち消費者信用をとり入れていく必要があった。

こうして「1929年の大恐慌前には約6000万人のアメリカ人が70億ドルの消費者債務を保有するまでになっていた。これは，1人当たり117ドル，年間所得の8％にあたる」[16]。消費者信用の拡大は，労働者の将来所得が安定であるという前提を担保として，本来であれば過剰であるはずの商品の価値実現を一時的に可能にさせた。図3-1によれば，1929年からその後の大恐慌を挟んで，個人消費支出における耐久消費財に対する支出額の推移と消費者信用の残高とがほぼ等しく推移していることがわかる。

社会総資本としては価値の実現は一時的なものであっても，商業銀行が対消費者債権を代位することで債権を肩代わりしてもらった産業資本からすれば，債権を移譲した時点ですでに商品価値は実現されている。したがって，個別資本からみれば「たとえどれほど生産能力を拡大しても，生産された商品をすべて買い尽くすだけの購買力を，人民がいつももっている」[17]し，「基礎産業――石炭，石油，鉄鋼，ゴムなど――は（中略）製造工業が，生産されるいっさいの原料を吸収する能力を持っていてくれるものと信じて，前進した」[18]のである。そして，それが過剰生産を引き起こすこととなる。

図 3-1 アメリカの消費支出額と消費者信用残高の推移(1929～1939年)

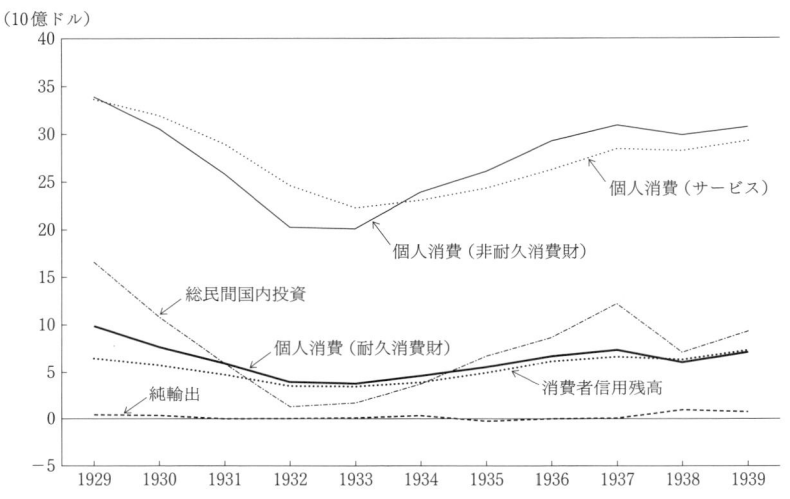

(10億ドル)

グラフ中のラベル:
- 個人消費(サービス)
- 個人消費(非耐久消費財)
- 総民間国内投資
- 個人消費(耐久消費財)
- 消費者信用残高
- 純輸出

出所:「消費者信用」については,U. S. Bureau of Census, *Historical Statistics of the United States: Cononial Times to 1957* (Washington, DC: 1960), Charles R. Geisst, *Collateral Damaged the Marketing of Consumer Debt to America*, NY: Bloomberg Press, 2009, p. 219, Appendix 1, その他の数値については BEA, NIPA Data による。
注:1931年から1934年まで大きく落ち込んでいるのは,大恐慌による。

　消費者信用によって商品を販売した場合,本当に商品価値が実現されたかどうかが確認できるのは貸し付けた信用が一定期間後に利子をともなって全額還流した時点となる。しかし,それまでの数ヵ月間から数年間のあいだに生産が止まることはない。したがって,消費者信用の拡大は投資拡大,生産規模拡大につながることになるが,それは過剰生産を引き起こす可能性をはらんでいる。アメリカでは,こうして生じた過剰になるはずであった投資や生産と現実の最終消費との不均衡が,やがて1929年の大恐慌という形で一気に表面化することになる。

(2)大量の貧困な労働者層の存在と「消費のための一般的条件」の欠如
　1920年代末のアメリカの家計支出のかなりの部分が,非耐久消費財やサービス消費に費やされていたことからみても,実際には,当時の労働者が労働力の再生産を行ううえでの基本的諸条件を充たすためにはきわめて多くの支出を

必要としていたことがわかる。

　フーヴァーは，大統領選で"A chicken in every pot and a car in every garage"（「どんな鍋にも鶏肉を，どこのガレージにも車を」）とのスローガンを掲げて勝利をおさめるが（1929年3月），当時の労働者の平均的な年収は，まさに日々の食料や雑貨の購入で精いっぱいの状態だった。大多数の労働者がやっと生活していくだけの賃金に甘んじていなければならなかった当時，消費者信用なしには，自動車はもとより，価値額がより小さな耐久消費財を手に入れることさえ，彼らにとってはきわめて困難なことであった。当時は，まだ国内の生産規模が拡張していた段階にあったことから，製造業が多くの労働者層を吸収する力をもってはいた。しかし，激化する独占企業間の競争のなかで，労働者層の賃金は，そのままであれば彼らのニーズに有効性をもたせられることなど考えられないほど低く抑えられていた。

　このような状況では，まずは賃金の上昇と並んで，労働力の再生産のためのファンダメンタルズの育成が急務であった。ところが，当時緊急に充実すべき社会資本は，直接的生産過程の充実を急務としていた産業基盤のための社会資本に限定され，病院，保育施設，介護施設，生活道路など，生活に関係する社会資本の整備は後回しとされた。それは，労働者の都市集中による共同的な消費拡大の必要性が増大していく状況に逆行するものであった。このようななかで，大量生産に見合うだけの大量消費市場を生み出すためには，消費者信用の割賦機能によって商品価値を分割し，少額ずつを家計支出に組み入れていくことが必要不可欠であった。ただし，それは，返済の原資となる将来所得が確実であるという可能性に依存しているものであることから，のちに恐慌という形で確認されるように，最終的な価値実現が約束されるものではなかったことはいうまでもない。

　以上の本来的な消費者信用の機能である「耐久消費財の価値実現」と「金融資本の利子取得機会の提供」に加えて，大恐慌以前のアメリカにおける消費者信用が果たしていた機能は以下のようにまとめることができよう。まず，生産のための一般的条件である社会資本を独占大企業の要望を受けて構築する一方で，消費のための一般的条件たる「社会資本の圧倒的な不足」が必需的消費への支出増をもたらす。それは大量生産が必要とする有効需要と「労働力の再生

産以下への賃金の抑制」下で生み出される実際の有効需要との乖離をさらに拡大することとなる。この乖離からくる過剰生産のリスクを個別資本レベルで解消するために，そして社会総資本レベルではそれを先送りするために，消費者信用が必要とされたのである。

Ⅲ 大恐慌以降の消費環境とニューディール政策

1 消費からみたニューディール政策の効果と限界

恐慌前の消費市場では，需要（ニーズ）はたしかにつくりだされ，消費者信用が部分的には個別資本レベルでニーズの実現を一時的にではあるが可能にした。しかし，結局，社会総資本レベルでは，そのニーズが有効需要に結びついたものではなかったことが大恐慌によって明らかになった。恐慌前，製造業の躍進は労働者層の著しい増大をもたらしたが，それ以降10年余り続く大恐慌とその回復過程で，労働者層の増大も頭打ちとなり，結局，1930年からの10年間にわたって，ほぼ毎年のように800万人を超える失業者が生み出された[19]。

資本にとっては，労働者層による圧倒的規模での消費拡大が必要ではあったが，それは個別企業による対応ではなく，全企業に及ぶものでなければならなかった。したがってそのような状況のもとにおいては，国内市場に依存するアメリカの企業はいくらかの妥協を受け入れざるをえなかったと考えるべきであろう。

当時，労働賃金があまりに低く抑えられていたことに加え，都市部に集中する労働者の労働力の再生産に必要とされる社会的共同消費のための一般条件は，あまりにも不足していた。この時代は，自由貿易を標榜しつつも国内の製造業は未だ成長段階にあったため，労働者の労働力再生産に必要不可欠な社会的共同消費を担う社会資本の整備を無視することはできなかった。

くわえて，周知のとおり，大恐慌後の社会不安の高まりや激しさを増す労働運動を背景に，ルーズヴェルト（Franklin D. Roosevelt）が大統領選に勝利すると，ニューディル政策のもとで数多くの公共事業や社会福祉制度の充実，労働運動を後押しする政策が実行に移され，そのことが社会的共同消費手段の充実をもたらすことになった。

図3-2 アメリカの製造業労働者数の推移（1929〜2009年）

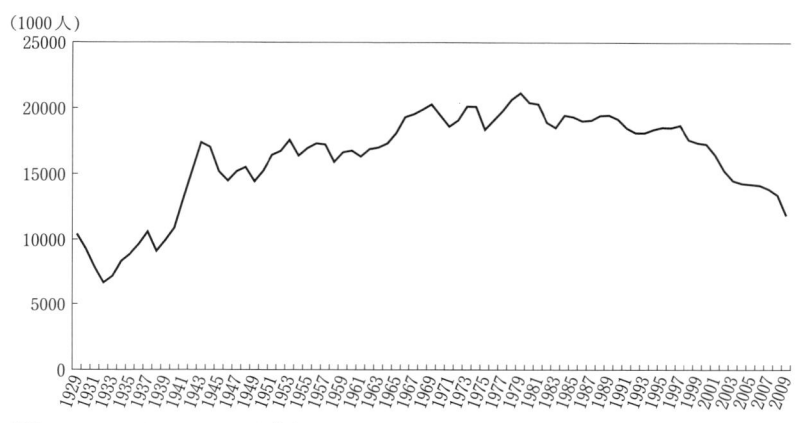

出所：Bureau of Labor Statistics より作成。

　また，いわゆる家族主義の残存（コミュニティも含む）が社会資本の不足を一定程度は補塡する役割を果たしたはずである。しかし，それも資本主義の深化によるコミュニティの崩壊と家族の解体，資本に都合のよいかぎりでのそれらの再編，企業間競争の激化，景気後退などで徐々に後退していくこととなる。こうして，家族やコミュニティ，企業の代わりに生活上のリスクを軽減するための新たな担い手として，国家が前面に登場せざるをえなくなったのである[20]。こうした当時の生活・労働条件からくる生産能力と有効需要との乖離の調整がニューディール政策のもとで行われたのである。

　以上のように，公共事業による雇用増加，労働者の権利拡大と交渉権の付与による賃金を含む労働条件の改善，医療・福祉制度の確立，また，金融規制を行うことで投機による経済破綻を回避しながら，直接的生産を支えるための社会資本の整備を行うことは，未だに国内市場に大きく依拠する当時の資本主義経済回復のために不可欠な条件整備であり，資本蓄積をさらに推し進めるための手段であった。もちろん，ニューディール政策は，資本主義経済がもたらす破壊的作用を一定程度は緩和させたとしても，根本的な解決につながるものではなかった。実際には，製造業労働者の雇用は図3-2からも明らかなように，恐慌後に10％程度上昇するが，そのあと1937年をピークに再び落ち込んだ。

結局，製造業の回復が一気に加速することになったのは，第二次世界大戦の勃発と戦時の大規模な軍事支出であった。したがって，ニューディール政策は大恐慌の打撃から一気に回復する特効薬にはならなかったのである。

2 ニューディール政策が育成した消費者信用拡大の諸条件

このような経済運営は，消費者信用に対して以下のような影響を与えることとなった。当時，有効需要をつくりだすことで景気回復をはかろうとするニューディール政策のもとでは，金利規制は行われたものの，消費者信用の貸付そのものに対する量的な規制は行われなかった[21]。その結果，グラス・スティーガル法によって方向転換を余儀なくされた。商業銀行が消費者信用の直接的で主要な供与者として一気にその参入度合いを高め，商業銀行の有する信用創造機能が，消費者信用の金融資本としての側面を成熟させていった。これが消費者信用の発展を確たるものとしたのである。こうして，現在の経済危機につながる対消費者貸付全体の肥大化への布石が敷かれることとなった。その意味で，消費者信用そのもののシステムづくりは1920年代から本格化し，このニューディール期に完成したと言っても過言ではない。

また，消費者信用が労働者に全面的に受け入れられる条件である「将来所得の確実性」の強化や雇用の拡大，社会保障制度などが，この時期に不十分ながら確立して，消費そのものを拡大させるシステムの素地がつくられたといえよう。そしてそれは，戦後の好景気のなかで一気に開花することとなる。これらの要素は，アメリカ資本の資本蓄積に必要不可欠なものであった。

IV 第二次世界大戦以降の消費者信用

1 アメリカの繁栄と消費者信用の拡大

戦時中の軍事支出の急増は，恐慌以降も立ち直る機会を得られなかった製造業に活力を与えた。フル稼働する生産ラインが恐慌で失われた雇用を取り戻し，さらに新たな雇用を生み出した[22]。1938年までに146万人も減少した製造業労働者数は39年から回復をみせ始め，1941年には製造業労働者数は一気に226万人もの増加をみせ，1941年から43年にかけては622万人あまりの雇用

図 3-3　アメリカにおける消費者信用の拡大：消費者信用残高／可処分所得の割合の推移（1929～2011年）

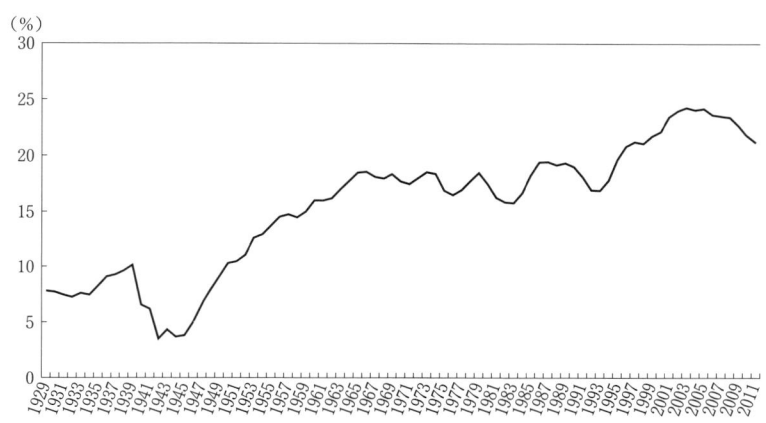

出所：消費者信用についてはFRB，可処分所得についてはBEA，NIPA。なお，これらの統計によって把握できない一部の消費者信用に関する数値については，以下を利用した。The Cyclical Timing of Consumer Credit, 1920-67, The National Bureau of Economic Research, 1971, p. 20.

が創出された。さらに戦後，耐久消費財が大量に普及し始めると，それにあわせて消費者信用がさらに拡大していくこととなる。

　第二次世界大戦以前には，二度にわたる景気の落ち込みもあり，可処分所得に対する消費者信用残高の比率が10％を超えたのは一度だけで，1941年には戦時インフレ回避のための規制が行われたこともあり，戦時体制下で消費者信用が大きく伸長することはなかった。しかし，1950年にはこの比率は10％を超え，55年には14％に上昇し，1960年代前半の「偉大な社会」の実現に向けた社会保障制度の拡充と冷戦構造のなかでの軍事支出の増大が再び雇用を増大させると，数字は一気に18％にまで跳ね上がっていく（図3-3参照）。

　すなわち，このときの消費者信用の伸びはアメリカの戦後の繁栄を背景に，いわば消費者信用が当初から有していた「耐久消費財の価値実現」機能によるものであり，消費者信用を利用する労働者階級の雇用増大と所得上昇の影響によるものと考えられる。そして，その機能が存分に発揮されることになったのも，1920年代からの好景気と大恐慌を経て，商業銀行という信用創造が可能な金融機関が消費者信用の供与者の中核となっていったことにある。さらには，

当時のアメリカの製造業が有していた圧倒的な競争力とジョンソン政権による「偉大な社会」がもたらした「将来所得の安定性」への期待も大きな役割を果たしたと考えられる。

再び図 3-3 に立ち戻ってみると，消費者信用が可処分所得に占める割合は，1960年代からは16％から18％のあいだで推移している。それが80年代後半になると19％前後に上昇し，いったん17％まで下がったのち，97年頃からは急上昇して20％を超え，さらに，サブプライム問題が表面化するまでのあいだに24％まで上昇し，現在でも23％前後で推移している。

60年代と同様，80年代から90年代を経て現在にいたるまで，自動車を中心として耐久消費財の価値実現や利子取得機会の提供といった消費者信用に求められている基本的な機能は変わらない。しかし，80年代以降の消費者信用の拡大はそれ以前とは明らかに異なっている。この点に注目しながら，以下では80年代以降のアメリカ経済に特徴的な消費者信用拡大の要素を明らかにしたい。まず消費者信用の受信者である労働者を取り巻く環境の変化から見ていくこととしよう。

2　国内経済の再編成と国内消費基盤の下支え
(1) 金ドル交換停止と国内経済基盤の再編成

1970年代の金ドル交換停止によって，アメリカはドル債務の最終決済を必要としなくなった。このことは，アメリカにとっては生産基盤の海外へのアウトソーシングと製品のアメリカ国内への逆輸入が金によって制限されることがなくなったことを意味する。70年代の資本逃避に対する国内経済の再編について，パニッチ（Leo Panitch）とギンディン（Sam Gindin）は「アメリカ国家の自主的な構造調整プログラム」[23]であったと指摘する。さらに「それに続く経済再編の中で，アメリカの労働者はさらに力をそがれ，他方ヨーロッパと比べて一層大きな競争力や柔軟性がアメリカの資本に対して与えられ，非効率な企業は追放された。これは70年代には抑えられていたプロセスである。生き残った企業は社内の再編を行い，コストの安い，専門特化したサプライヤーに業務を委託し，南部諸州の都市部に次々と移転し，他社との統合に踏み切った。これらすべては，アメリカ経済の中で進む資本の再配置の一部であった」[24]とし

ている。

　もちろん，この経済再編を成し遂げる政策的強制力は新自由主義によって与えられたものであるが，80年代の労働環境と消費の変化は，アメリカの「経済再編」の過程で起こったものと理解される。こうして，規制が取り払われ，より自由に活動できるようになった資本は，これまで獲得されてきたさまざまな労働運動の成果を露骨な形で労働者から引き剥がしていく。

　同時に，労働者階級の構成部分の中の，高賃金を得ていた階層の仕事は，製造業の本体から外部化されてさらに低廉で専門的な企業に，単純労働は低賃金労働力を求めて発展途上国の現地雇用に取って代わられた。さらに，労働市場全体がフレキシビリティという名の不安定雇用に取って代わられた。

　また，低賃金国で生産された製品を際限なく輸入できることによって労働力の再生産費を引き下げることが可能になった。このことは，アメリカにとってもうひとつの利点をもたらすことになる。すなわち，アメリカの多国籍企業が海外で生産した製品を逆輸入し，ドル散布を続けることでアメリカは国際通貨国としての地位を保つことができる[25]。

　ただし，この連関が良好に保たれるためには，アメリカの消費市場が世界中で生産される製品の最終消費地となっていなければならないが，いまや生産基盤の海外移転や再編成が加速し，国内で消費の中核を形成する労働者層がその購買力を維持し続けるだけの賃金水準を確保できなくなっている。

　しかし，企業間競争のなかではさらなる賃金引下げが要求される。そして，その際に労働力の再生産費以下にまで賃金を引き下げることを労働者たちに受け入れさせるための緩衝手段となるものが，消費者信用である。したがって，消費者信用は，つねに過剰となる危険性を内包する製品の最終消費地としてのアメリカの地位を維持するための手段なのである。

(2) オフショアリングの進展と国内における経済のサービス化

　前述したように，アメリカは，早くから企業の多国籍化やそれにともなう国内企業の再編を行いつつ現在にいたっている。とくに，多くの企業が国内では生き残りをかけて競争力強化とコスト削減に向けて企業内部で処理していたさまざまな業務を外部化し，廉価に処理を行える専門企業に業務をゆだねるよう

になった。また，単純労働の分野は低賃金国へと生産ラインを移したことで，国内から多くの工場が消滅することとなった。

　なお，ここで注意しておきたいことは，それはアメリカが「脱工業社会」へと転換したことでも「サービス化社会」になったことを意味するものでもないということである。第6，7章で明らかにするように，それは直接的生産過程における分業の一形態にすぎない。

　直接的生産過程が海外に移転することによって，アメリカ国内には指令機構である親会社や比較的高度のスキルが必要とされるプロトタイプのデザインや広告・宣伝，マーケティング部門などが残される。しかも，かつてはアメリカの経済発展の原動力であった製造業の企業内部で行われていた管理事務や技術開発，商品開発（デザインなども含まれる）が外部化されることで，製造業からサービス業への労働力シフトがもたらされる。このように，直接的生産過程から分業によって自立化した労働のことを，ウォーカー（R. A. Walker）は pre-production labor（生産に先行する労働：デザイン・技術開発など）および post-production labor（生産後の追加的労働：広告・宣伝，顧客情報管理など）と規定したが，これらの労働は，ますます激化する競争に対処するために，その重要性をさらに高めていくこととなる[26]。これらは，いずれも生産企業から外部化され，専門化されていく過程で「生産過程における社会的分業の展開にともなって，直接的生産過程から空間的にも時間的にも離れている」[27] 業務であり，それが「経済のサービス化」と呼ばれる状況の主要な要素となっているのである。結果として，1980～90年代には，この「経済のサービス化」といわれる現象が顕在化する。そして，90年代には，情報，流通，金融などの「サービス」業に早くから特化した経済運営を行ったことで，アメリカはこの分野での絶対的ともいえる競争力の強さを獲得することができたのである。ただし，この変化は，アメリカ製造業の企業としての衰退を意味するものではない。いわば，国境を越えた企業内分業体制の進展を反映するものであって，製造業のグローバルな展開とより一層の資本蓄積の進展を示すものである。

　宮崎義一氏によれば，第一次世界大戦前のイギリスを中心とした対外投資が証券投資であったことと比べると，第二次世界大戦後のアメリカの多国籍企業の対外直接投資の向かう先は製造業，それも高度な技術を必要とする産業に集

図3-4 アメリカにおける研究開発費投資額の推移（1989〜1998年）

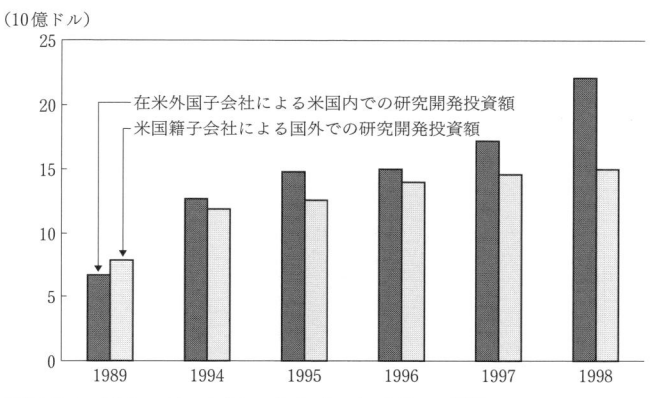

(10億ドル)
凡例：
- 在米外国子会社による米国内での研究開発投資額
- 米国籍子会社による国外での研究開発投資額

出所：National Science Board, *Science & Engineering Indicator*, 2002.

中している。イギリスが目指した「原料独占」から，いまやアメリカが目指す「技術独占」へ，すなわち「植民地」から「先進国」へのベクトルの転換である[28]。

それは，パニッチとギンディンが指摘するように他の資本主義諸国とのネットワークの構築を意味する。「イギリスの非公式帝国が十九世紀までに実現できなかった（夢想だにしなかった）ことをアメリカの非公式帝国が今や成し遂げた。すなわち，他の資本主義列強をアメリカの庇護のもとで効果的な協調体制へと組み入れることに成功したのである」[29]。こうしてアメリカは，製造業の直接的生産過程そのものは海外に移転させ，技術開発や管理機能，企業内外の情報管理・操作を担う情報技術に関する産業分野を国内に残しながらその競争力の向上に政策を特化させている。

その結果，アメリカは，技術開発や情報技術などの成果を独占的に所有することが可能となり，現在では海外から資本を受け入れると同時に，アメリカにとっての輸出産品としての研究・開発の重要性を高めるにいたっている。実際，外国企業がアメリカ国内で投じる研究開発費はアメリカ国籍の子会社が外国で投じる研究開発費を抜いて増大している。（図3-4参照）。

このような高度な知識集約型産業への特化は，少数の高賃金の労働者の雇用を創出しはするが，実際には，高度な知識集約型労働よりも，メンテナンスや

清掃，キーパンチャー，コールセンターや事務処理等の単純で比較的低賃金の労働力の雇用が，被雇用者全体に対する比重を高めていくことにつながるものである。こうして，労働者は，比較的高賃金を得てはいるものの，つねに労働コスト削減の危機にさらされる高度知識・技術集約的な労働力と，低賃金で，つねに発展途上国や旧東欧諸国などの移行経済諸国の労働者との競争にさらされる不熟練労働力への二極化を余儀なくされる。

　もちろん，この両極の労働者はその層を固定化させているわけではなく，多くの場合，高賃金の階層から低賃金で単純な労働へと転落していくことになる。それは，多国籍企業本体の指揮・命令を担う事業管理部門においても同じことである。

　「一部の企業は，研究・開発業務を海外に委託しはじめている。つまり，創造および革新のアウトソーシングである。そして，いまアメリカでもっとも成長いちじるしい職種の一覧を眺めれば，この国はいまに，モップとトレー，シャベルと簡易トイレ，それにレジスターだらけになるように思えてくる」[30]。

(3)「サービス」業における低賃金労働者の創出

　レジ打ち，清掃，ビルのメンテナンスなどの労働は，そのいずれもがいわゆる「サービス」部門に分類されている。これらの労働をはじめとして，販売業や保険業，不動産業や外食産業などの個人消費にかかわる「サービス」部門の労働者の多くは低賃金で不安定な雇用であって，高賃金で安定的な雇用の場が確保されている労働者層はほんの一部にすぎない。

　2012年現在，アメリカの非正規雇用が労働者全体に占める比率は約25％である。彼らの雇用が不安定なものであることはもちろんであるが，たとえフルタイムであったとしても，アメリカの場合には，そのことが安定した雇用を意味するものではなく，多くの労働者が複数の職に従事する以外に生活を維持できない状況に置かれていることは周知のとおりである[31]。加えて，消費者信用の一種である学資ローンを利用して大学で学位を取っても，その支出分を回収できるめどが立たない労働者も増加している。MITの調査によれば，1980年代以降，アメリカの労働市場はきわめて熟練度の高い専門的知識を有する高賃金の労働者か，低賃金で熟練度の低い労働に従事する労働者層の二極分解をき

たしており，学位を持つ低賃金・単純労働者の比率は，1980年から2005年のあいだに19.9%から23.6%へと上昇している[32]。

製造業における正規労働者層がその力を失い，海外の低賃金・長時間労働との競争を強いられ，低賃金に甘んじなければならない環境は，低賃金でも労働力の再生産を可能にする手段である海外からの廉価な消費財の購入をますます促進させることとなろう[33]。しかし，国内で生産された商品を購入せざるをえないヘルスケアなどの必需的なサービス商品や財については，安い輸入品によって代替させることはできない。また，自動車や全自動食器洗浄機などの一見ぜいたく品とも思える耐久消費財も，共働きや複数の仕事を掛け持ちしなければならないアメリカの労働者にとっては，その生活を維持するためのいわば必需品となっている[34]。したがって，これらの商品に対するニーズはますます高まるのであり，一時的にでもこれらのニーズを満たすために，彼らは消費者信用を利用せざるをえない。ここに，労働者の貧困が耐久消費財へのニーズとつながり，そのニーズを満たすために，賃金では不足する部分を消費者信用が補塡するという構図ができあがる。

資本主義経済のもとでの「消費のための一般的条件」は，同時に労働力の再生産のための一般的条件でもある。社会的存在としての人間にとって必要とされる「消費のための一般的条件」は，それぞれ労働者が集団で生活することから必要とされる生活道路や上下水道，公共住宅，健康な労働力や技術革新に見合った労働力を持続的に供給するための公立病院や公立学校，労働力不足を補うために女性労働者の創出を保障するための育児・介護施設などがそれにあたる。そのいずれも，素材的には社会的存在としての人間が集団生活を行ううえでは必須となるものであるが，それは歴史的には労働力の再生産のための一般的条件の形成を意味する。そしてそれは，本来であれば個別資本が可変資本の一部として資本投下を行わなくてはならないものであるが，「消費のための一般的条件」として資本の外部に置かれることで可変資本の節約になる。

いわゆる「偉大な社会」のもとで産業基盤および生活関連の「一般的条件」の充実が求められ，一定の整備が進められたことは，国内に生産基盤の多くがまだ存在し，労働力の再生産を妨げるものを排除する必要があったからにほかならない。したがって，そのような政策は決して新自由主義的政策と対立的なも

のではなく，ニューディール政策から1970年代までは，資本の深化＝過剰生産のリスクの増大を多少なりとも先送りできるという意味で，過剰生産リスクの回避には有効なものであった。同時に，労働者の賃金を引き上げ，消費のための一般的条件を整えるという意味で，このことが消費市場の拡大に一役買ったのである。

　その一方で，第二次世界大戦後の「戦時特需の終了」とともに，戦時経済で達成された完全雇用の仕組みは崩壊し，余剰となった労働力と生産設備がスクラップ化された。しかし，それも1980年代に入って新自由主義的政策が前面に押し出されると，「生産と消費のための一般的条件」は，公的管理・運営からはずされ，資本によって代替されるようになる。

　それまで「消費のための一般的条件」が担ってきた社会的共同消費のための一般的条件が解体して，私的所有に置き換えられると，今度は商品として労働力の再生産費に組み入れられ，大きな負担となって家計にのしかかってくることになる。さらにその「消費のための一般的条件」を手に入れられないとすれば，労働力の再生産に支障をきたすこととなる。したがって，労働力の再生産のために必需的な消費であれば，負債を抱えてもなおそれらの商品（財・サービス）を手に入れなければならない。こうして消費者信用は，「消費のための一般的条件」の解体とその商品化が進められる状況のもとで，「消費のための一般的条件」を代替する必需的な消費を満たすための商品を入手する手段となったのである。

(4)「消費のための一般的条件」の解体と対消費者サービス商品の価値実現のための消費者信用の必要性

　製造業が主として必要としてきた直接的生産のための一般的条件は，直接的生産過程が海外へと移転していく状況下では不要なものとなる。たとえば，港湾設備や高速道路，貨物，重化学工業コンビナートなどがそれにあたる。日本でいえば，貨物基地が民間に払い下げられ，劇団のテントやデパートなどの商業施設に転換するなどの変化と同じである。前述したように，直接的生産過程が国外移転しても親会社の指揮命令系統は国内に残る。したがって，それらの事業を一括して請け負う対事業所サービス業は一定の大きさまで拡大するので

あるが，これらのサービス業の多くは，かつて直接的生産過程で必要とされた土地に固着する巨大な固定施設や広大な土地は必要としない。したがって，独占大企業が必要としなくなった国営の鉄道や貨物基地，埋立地，町の広場や公共住宅など，これらの一般的条件は，通常はきわめて安く民間の企業に払い下げられることで資本の一部となり，利潤を生み出すために使用される。それが民営化である。では，どのように使用されるのか。かつては税金を使って国が土地を買い上げ，固定施設をつくり，それを使用するのは製造業や製造業で生産された製品の輸送を請け負う流通業であった。ところが，いまや生産過程が縮小されているので，利潤を求めて資本が向かう先はサービス業，それも主として対消費者サービスとなる。それでも国内に残った資本は，その狭小化する消費市場をめざして殺到することになり，結果的には，対消費者サービス業に吸収される雇用が増加することになる。

こうして，最終消費に依存する商業施設やレジャー施設が次々と建設され，少ない利潤をめぐって熾烈な競争を繰り広げることになる。しかし，こうした対消費者サービス業の多くは労働集約型産業であり，利潤の極大化を目指すサービス業の内部では賃下げ圧力が高まる傾向にある。しかも，実際にこれらのサービス業ではその雇用のほとんどを低賃金の不熟練・不安定労働が占めているのである。

たとえば，2009年5月時点における製造業の"Architecture and Engineering Occupations"（建築および機械技術者）のなかでは最大の集団を形成する"Mechanical Engineers"（機械技術者）の時給の中央値は33.37ドルとなっている。一方，サービス業について一例をあげれば"Grocery Stores"（食料雑貨業従事者）の"Office and Administrative Support Occupations"（事務・管理従事者）のなかで最大の労働者層を抱える"Stock Clerks and Order Fillers"（在庫管理・発注事務従事者）の時給の中央値は9.65ドル，"Sales and Related Occupations"（販売等従事者）中の"Cashiers"（レジ係）で8.72ドル，"Cooks, Fast Food"（ファスト・フード店のコック）9.51ドルと，サービス業では一部の管理労働者や専門知識提供者を除き，その賃金は製造業労働者の3分の1以下である[35]。

このように，かつては生産のための一般的条件として存在していたインフラがショッピング・モールや遊園地などのいわゆる「サービス業」に姿を変えて

消費を煽る。その一方で、これらの「サービス」業は、大量の低賃金・不安定雇用を創出する。

　また、教育や医療などの必需的な消費も必要となる。しかも、資本によって商品化されたこれらの商品は、なんとしても購入しなければならない。この問題を一時的に解決する手段が消費者信用なのである。1980年代以降の消費者信用が果たしている機能は、こうしてみると1920年代と変わらない。「低賃金」と「消費のための一般的条件」の欠如を埋め合わせ、当座の労働力の再生産を可能にさせているものが消費者信用の機能だからである。さらに、雇用の不安定性の増大は、企業の正規労働者を基準に組み立てられていた福祉制度を崩壊させ、最後のセーフティネットとなりうるコミュニティや家族は、すでに崩壊状態にある。それは、現在のアメリカの労働者階級を労働力の再生産が不可能な状態へと追い詰め、さらに消費者信用から逃れられない状況をつくりだすのである。

まとめ

　消費者信用は、製造業による「耐久消費財の大量生産」と「金融資本の蓄積」という二大成立条件を背景に、両資本の過剰すなわち「過剰生産」と「過剰投資」を解決するために生み出されたものである。ただし、それも利子をともなった元本が、一定期間後に還流してくることを前提としており、このことが成し遂げられたかどうかは、後日確認されることとなる。

　とくに、大恐慌以前のアメリカでは、労働者の力もきわめて弱く、「消費のための一般的条件」も乏しく、有効需要を十分につくりだせる環境にはなかった。そのため、そこでの消費者信用の拡大の要因は、現在と類似している。すなわち「消費のための一般的条件の欠如」と「賃金の労働力の再生産費以下への切下げ」である。そのような状況下では、大量生産体制にすでに足を踏み入れ、ますます国内市場の拡大を要求する資本にとっては、ある程度の労働者との妥協や「消費のための一般的条件」の充実を受け入れざるをえなかったのである。

　また、初期の消費者信用は、主としてノンバンクである販売金融会社が担い

手であったため，その拡大は限定的なものとならざるをえなかった。しかし，消費者信用の普及は，耐久消費財を中心とする製造業の資本蓄積を急速に進め，それはまた商業銀行の消費者信用への直接的な関与を導くこととなる。商業銀行の信用創造は消費者信用のさらなる拡大をもたらすことになるのであるが，その流れを決定づけたものは大恐慌後に行われたニューディール政策とグラス・スティーガル法の制定であった。

　戦後になると，製造業のさらなる発展を背景とした労働者層，すなわち消費者層の増大と将来所得の安定性への期待の高まりを背景に，消費者信用は比較的安定的に推移していく。この時期の消費者信用は，「耐久消費財の価値実現」と戦後のアメリカにおける資本蓄積のさらなる発展という機能を果たす。そして，これを利子生み資本の側から見れば，貸付可能な貨幣資本の蓄積と金ドル交換停止を背景に，天井知らずに信用創造を拡大できる条件ができあがったことを基礎として，金融資本に「利子取得機会を与える」という機能を果たしている。

　戦後から70年代までのアメリカでは，有効需要の創出と生産過程および消費過程の一般的条件たる社会資本の充実が進められることになるが，70年代の金ドル交換停止やグローバリゼーションの著しい進展によって，製造業における生産ラインの海外移転，生産に先行する労働や生産後の追加的労働の外部化が進行する。それは，対事業所サービス業における一部の高賃金労働者層の創出と圧倒的多数の低賃金労働者を生み出すことになる。

　また，こうしたサービス化の動きは，製造業の海外への生産基盤の移転に加えて，生産基盤で必要とされていた社会資本の解体とその民間への払い下げをともなう対消費者サービスの増加がもたらしたものでもある。そうして創出された対消費者サービス業の雇用は，かつて製造業で強力な労働運動を展開した正規労働者とは異なった，きわめて低賃金で不安定な労働者層を増大させたのである。

　しかし，国内に残存する資本にとっては，こうして生まれたサービス業に活路を見出さねばならない。そのことがますます労働者への圧力を強め，賃金の引下げ圧力となって労働者にのしかかるのであるが，彼らの労働力の再生産のための一般的条件は，すでに新自由主義政策のもとで失われてしまっている。

これらの問題，すなわち労働力の再生産が不可能となるような低賃金と「消費のための一般的条件」の喪失によって生じた，新たな必需的な消費支出とのあいだを埋め合わせるための手段が消費者信用なのである。すなわち，1980年代以降の消費者信用の拡大は，大恐慌直前の「消費のための一般的条件」の欠如と「労働力を維持することさえ困難な低賃金」による消費者信用の拡大に非常によく似た様相を呈しているのである。

1）　本書第1章を参照。
2）　K. Marx, *Das Kapital*, MEW, Bd. 25, S. 350（邦訳『資本論』第3巻，大月書店，422ページ）．
3）　「商業信用」は，機能資本家が相互に商品形態で価値の一時譲渡を行う相互的な債権債務関係であるが，消費者信用の場合は一方的な債券債務関係である。したがって，本章で「商業信用」という語句を用いる場合，相互性を捨象した一方的な債権債務関係を意味する。なお，「商業信用」からこのように相互性のみを捨象した範疇を，山田喜志夫氏は「掛売信用」と呼んだが，本章で用いる「商業信用」とは，山田氏の言う「掛売信用」の意味で使用する。山田喜志夫『現代貨幣論──信用創造・ドル体制・為替相場』青木書店，1999年，第1章を参照。
4）　K. Marx, *a. a. O.,* S. 356（邦訳，429ページ）．
5）　本書第2章を参照。
6）　この点について，ジェームズ・オコンナーは「労働者とサラリアート（給与生活者─姉歯）は，総生産物のなかで直接賃金やサラリー額に表示されるよりも大きな分け前を獲得できるようになった。何故かと言えば，消費者信用，住宅抵当信用，付加給付にくわえて，『社会信用』とでも言うべきもの，つまり国家が財政赤字を払ってまで所得移転，社会サービスや集団的消費施設を賄うことに，体制全体が依存するようになってきたからである」としている（James O'Conner, *Accumulation Crisis,* New York: Basil Blackwell, 1984. 佐々木雅幸・青木郁夫ほか訳『経済危機とアメリカ社会』御茶の水書房，1988年，118ページ）。オコンナーは，さらに「周知のように，消費者信用は，一方での労働者とサラリアートが賃金とサラリーで購入しうる商品量と，他方での生産された総価値量との分離を克服する。すなわち，消費者信用は（政府移転支出や公的信用と同様に）労働者に，賃金とサラリー支払額が許す以上に，生産された総価値のうちより大きな量の獲得を許すのである」と述べ，公信用と消費者信用が果たす機能の共通性を示している（同上，219ページ）。

7） たとえば，阿部真也氏は，現代資本主義の展開において過剰に商品が累積し，それに対して販売信用が一種の販売促進の「特効薬」として利用されるとともに，累積して行き場のない過剰な銀行の資金（貸付貨幣資本）が「新たな利殖の場として」消費者にねらいを定めたとしている（阿部真也「消費者信用」，川合一郎編『金融論を学ぶ』有斐閣選書，1976年所収）。

また，深町郁彌氏も同様に，過剰生産物に対する「市場創造」，「有効需要創出」の手段として，販売信用が資本の要請に基づいて成立・発展したとしており，その背景には「貨幣資本の過剰蓄積が前提されなければならない」と述べておられる（深町郁彌「消費者信用の展開」，森下二次也監修『商業の経済理論』ミネルヴァ書房，1976年所収）。

川合一郎氏も，「一方では遊休資金に利殖機会を開拓し，他方では産業資本のために過剰商品の販路を開拓して利潤の実現を助ける」ために販売信用の確立が必要であったとしておられる（川合一郎「現代資本主義の信用機構」，川口弘・川合一郎編『金融論講座』第3巻，有斐閣，1971年所収）。

8） 矢吹敏雄「アメリカの繁栄と割賦信用」『駒澤大學商経学部研究紀要』通号24号，1966年3月号，48ページ。

9） 矢吹氏によれば，大恐慌直前の絶頂期である1929年の時点でも，労働者1人当たりの平均年収は，当時の最低所得者（矢吹氏によれば「最低生活者」）層である2000ドル以下であった（同上，51-52ページ）。しかも，その階層は全世帯の6割にも上っていたのである。したがって，フォードが生産し始めたことから比べれば，自動車の販売価格を3分の1程度まで引き下げることが可能になっても，1単位当たりの価値額が大きな自動車という耐久消費財に対して現金取引によって価値を一時に実現しようとすることはきわめて困難である。さらに，元来資本主義のもとでは生産は消費をあらかじめ用意しているわけではないので，このような事態は当然の帰結である。

10） 同上，51-54ページ。

11） たとえば，1930年当時，USスティール社は設備投資資金の96％分を内部資金で調達するまでになっていた。さらに，それが約40年を経て，IBMを例にとれば，企業の内部資金は「設備投資資金をはるかに超過し，その余剰が，IBM社の場合，1976年1年間だけで自社株式購入資金の大半をカバーするに足る巨額に達している」（宮崎義一『転換期の資本主義』NHKブックス，1983年，224ページ）。

12） 西川純子「商業銀行と企業金融——1920年代アメリカの場合」『土地制度史学』第15巻第3巻，1973年，27ページ。

13） 同上，27-28ページ，表1および表2参照。

14) 1913年からの長期的なジニ係数の推移については，本田浩邦「アメリカにおける所得格差の長期的変化」，萩原伸次郎・中本悟編『現代アメリカ経済——アメリカン・グローバリゼーションの構造』日本評論社，2005年，151-153ページを参照。
15) Charles R. Geisst, *Collateral Damaged The Marketing of Consumer Debt to America*, New York: Bloomberg Press, 2009, p. 36.
16) *Ibid*., pp. 39-41.
17) J. R. Campbell, *Some Economic Illusions in the Labour Movement*, London: Lawrence & Wishart Ltd., 1959. 中林賢二郎訳『新資本主義の幻想——労働運動の諸問題』合同出版社，1959年，82ページ。
18) 同上。
19) John Kenneth Galbraith, *The Great Crash 1929*. 村井章子訳『大暴落1929』日経BP, 2008年を参照。
20) 渡辺雅男『市民社会と福祉国家——現代を読み解く社会科学の方法』昭和堂，2007年，および Gøsta Esping-Andersen, *Social Foundations of Postindustrial Economics*, New York: Oxford University Press, 1999. 渡辺雅男・渡辺景子訳『ポスト工業経済の社会的基礎』桜井書店，2000年を参照。
21) 消費者信用の貸付そのものに対する規制は，結局インフレ対策として第二次世界大戦時に行われた1941年のものが最初である。それ以降の消費者信用規制もインフレ抑制を目的に行われたものである。
22) 吉田健三「財政思想の変化と財政政策の展開——ニューディール政策から1990年代の財政黒字まで」，中本悟編『アメリカン・グローバリズム——水平な競争と拡大する格差』日本経済評論社，2007年を参照。
23) Leo Panitch and Sam Gindin, *Global Capitalism And American Empire*, London: Merlin Press, 2004. 渡辺雅男訳『アメリカ帝国主義とはなにか』こぶし書房，2004年，73ページ。
24) 同上，75ページ。
25) 本書第4章を参照。
26) この点について，ウォーカーは，いわゆるサービス経済化については分業の進展という観点で検証することが可能であるとし，①pre-production labor（生産に先行する労働）やpost-production labor（生産後の追加的労働）の伸長と拡大，②管理労働の外部化（アウトソーシング）・専門化，③通信（＝情報）の必要性の拡大，④トップ・マネージメント組織の運用拡大を挙げている（R. A. Walker, "Is there a service economy?: the changing capitalist division of labor", *Science &*

Society, Spring 1985)。
27) 山田喜志夫『現代経済の分析視角――マルクス経済学のエッセンス』桜井書店，2011年，100ページ。
28) 宮崎義一『転換期の資本主義』日本放送出版協会，1982年，158-163ページ参照。
29) Panitch and Gindin, *op. cit.* 渡辺訳，49ページ。
30) Barbara Ehrenreich, *This Land is Their Land,* New York: Metropolitan Books, 2008. 中島由華訳『スーパーリッチとスーパープアの国，アメリカ――格差社会アメリカのとんでもない現実』河出書房新社，2009年，86ページ。
31) 仲野組子『アメリカの非正規雇用――リストラ先進国の労働実態』桜井書店，2000年。アメリカの労働者の労働と生活の実態については，堤未果氏による一連のルポルタージュが詳しい。
32) David Autor, "The middle-age, middle-income squeeze", *MIT TechTalk,* Vol. 53, No. 18, 11th march, 2009. http://web.mit.edu/newsoffice/2009/techtalk53-18.pdf 参照（アクセス2010年7月8日）。
33) ロバート・ポーリンは，アメリカをはじめとする豊かな国の消費者たちが「搾取工場礼賛者たちの懇願にもかかわらず，搾取工場的条件で生産された製品を購入しない強い選好を表明している」としているが，そのようなオルタナティブを許されない階層が増大しているなかで，それは搾取工場的条件で生産された低廉な商品の輸入量に影響力を与えるまでには至らないであろう（Robert Polin, *Contours of Descent,* London: Verso. 佐藤良一・芳賀健一訳『失墜するアメリカ経済――ネオリベラル政策とその代替策』日本経済評論社，2008年，193-194ページ。
34) Elizabeth Warren and Amelia Warren Tyagi, *The Two-Income Trap: Why Middle-Class Parents are Going Broke,* New York: Basic Books, 2004を参照。
35) Bureau of Labor Statistics, *Occupational Employment Statistics,* May 2009 National Industry-Specific Occupational Employment and Wage Estimates. http://www.bls.gov/oes/current/naics4_445100.htm#51-0000（アクセス2011年7月10日）。

第4章　アメリカ経済における「過消費」構造と国際通貨国特権
―― 日米貿易構造を手がかりに ――

はじめに

　アメリカの経常収支赤字は，周知のとおりレーガン政権下の1983年から急速にその額を拡大させ，91年にはいったん黒字に転じるものの再び赤字に転落，ブッシュ政権下で赤字額はまたもや急拡大を始め，2006年には8006億2100万ドルと過去最大の赤字を記録している。これは，アメリカのGDPの6％にあたる額である（図4-1）。

　アフリカ諸国や南米・中南米・アジアの貧しい国々をはるかに凌駕する借金大国であるはずのアメリカでは，その一方で個人消費が堅調な伸びを見せてい

図4-1　アメリカの経常収支の推移（1960～2011年）

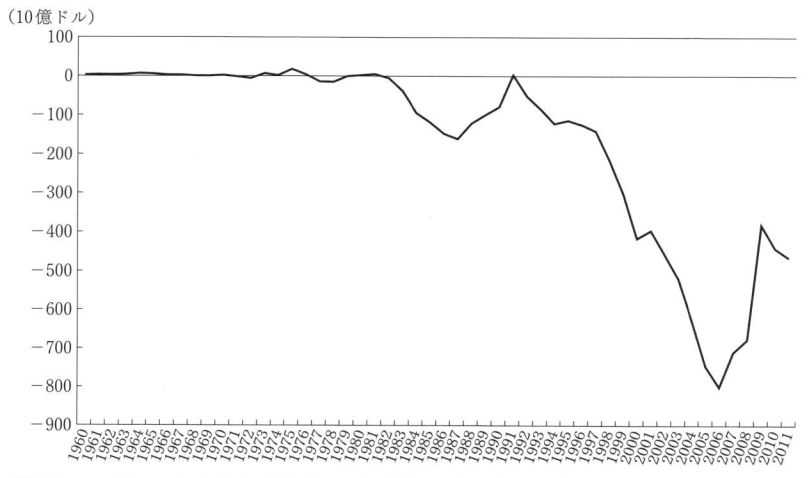

出所：Bureau of Economic Analysis, U. S. International Transactions Accounts Data, 2012 Table 1. "U. S. International Transactions".

る。これまで，この個人消費の堅調な伸びこそが1990年代のアメリカの好景気を支えたとされてきた。たしかにアメリカの『経済白書2000 (*Economic Report of the President 2000*)』によれば，1999年の実質消費支出は年率5.4％の上昇を記録しており，7年連続の実質消費支出の増加がアメリカ経済全体を押し上げている[1]。

　しかし，アメリカ経済を牽引し世界のGDPの2割を占めるといわれるアメリカの消費市場は，後述するように巨額の家計債務に支えられており，アメリカは対外的には経常収支赤字を累積させつつ対内的には家計に多額の債務を累積させながら，世界経済の中心に位置している。

　このようなアメリカの現状を踏まえ，本章では，借金を重ねながら消費を続ける「過消費」を可能にしているものがアメリカの国際通貨国特権によるものであり，同時にアメリカが国際通貨国特権を保持し続けるためにもこの「過消費」が必要不可欠であることを明らかにしたいと考える。

　まず，国際通貨国特権をもつアメリカの特殊性と，後述するリュエフ (J. Rueff) の言う「友好的圧力」としての消費市場の維持の必要性について考察する。次に，アメリカの個人消費と巨額の家計債務について，モーゲージローン，とりわけホームエクイティローンおよび消費者信用という主たる家計債務を取り上げて論じる。そのうえで，アメリカは経常収支赤字を累積させつつ非国際通貨国との経済関係の上にドル体制を成立させているのであるが，そのようにアメリカの市場に依拠し，アメリカの国際通貨国特権を支える日本との関係を例にとりながら，対米黒字国とアメリカの「過消費」との関連性について検証する。

　なお，本章で「過消費」という用語を用いる際には，「本来であれば所得の壁の存在が理由で消費されないはずの商品が所得の壁を超えて消費される状態」を想定している。

I　アメリカの個人消費と家計の現実

　前述したように，1990年代の，いわゆる「ニューエコノミー」と呼ばれた経済成長率の持続的な上昇をもたらしたものが，個人消費の持続的な拡大である

図 4-2 アメリカにおける賃金・可処分所得の対前年上昇率ならびに失業率の推移（1976〜2006年）

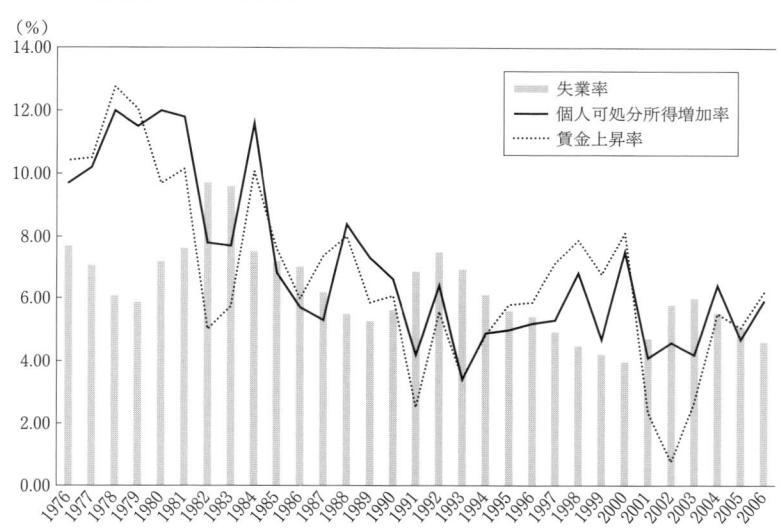

出所：U. S. Department of Commerce, BEA "Table 2.1. Personal Income and Its Disposition Historical Data" より作成。
注：失業率については，各年の平均値を算出。その他の数値については，対前年増加率。

とされている。しかし，一方でアメリカの経済を支えてきた製造業では雇用が減少し，とくに1999年の1年間で24万8000人の雇用が失われている[2]。また，1990年代のアメリカの家計状態は図4-2からもわかるように，賃金上昇率，可処分所得の伸び率ともにほぼ横ばいないし低水準にとどまっている。とくに景気回復期の前半だけをみると，失業率はむしろ上昇傾向にあり，後半にいたるまでは顕著な低下も見られない。

『フォーリンアフェアーズ（*Foreign Affairs*）』誌上でニューエコノミー論を展開したウェバー（S. Weber）によれば，むしろそのように賃金が上昇しなかったことこそがニューエコノミーの要素のひとつとなったとされる。ウェバーは「インフレなき成長」を可能にした要因のひとつに，失業率が低下していたにもかかわらず賃金上昇が抑えられていたことがあると指摘している。ウェバーは，さらに「この1993年から1996年の期間で，非農業部門における週平均賃金の上昇率は，各年とも2％台から3％弱と，少なくともこの15年間につい

ては，むしろ低下するか無視できる程度の上昇にとどまっている」とも指摘する[3]。

また『フォーチュン（*Fortune*）』トップ500社は，1996年までの15年間で正社員を30％以上減らしてきており，非正規雇用への切り替えを進めている。同時に「派遣労働」の利用が増大している[4]。

II　アメリカ経済を支え続ける国際通貨国特権

1　国際通貨国アメリカの特殊性

「ニューエコノミー」終焉後のアメリカ経済をみれば，IT投資ブームも一過性のものであり，雇用環境は不安定性を増し，賃金水準も低迷していることは明白である。それではこれまで長きにわたってアメリカ経済を支えてきたものは何か？

通常，累積債務を抱える発展途上国が対外債務の決済を行おうとすれば，自国産品を輸出すること，さらに他国からの借金でドルを手に入れることが必要である。もちろん，主たる輸出品目が一次産品である発展途上国が順調に対外債務を返済できるだけのドルを手に入れるのは容易ではない。累積債務を放置せざるをえない状況でIMFと世界銀行の構造調整制度（SAPs）のコンディショナリティーを受け入れざるをえなくなった90年代初頭のアジア・アフリカ諸国をみれば明らかなように，ドルを手に入れようにも，高額な輸出商品をもたないこれらの累積債務国では，「国営企業の『民営化』，公共部門の大量解雇による政府の規模とコストの縮小，基本的な社会サービスと基本的な食糧に対する補助金のカット，貿易上の障壁の撤廃など」[5]の要求に応えなければならなくなる。非国際通貨国である通常の累積債務国では，際限なく債務を累積させたり，その債務を無視し続けることはできない。

一方，アメリカは，同じく巨額の累積債務を抱える国でありながら，その赤字決済については非国際通貨国とは異なる。アメリカは，1971年の金ドル交換停止以前は債権国からの要求に対応する部分についてのみ金で決済を行い，残りについては債務決済を行う方法をとっていたが，金ドル交換停止以降，借金のすべてを債務決済しているのである。「国際収支赤字の場合も，アメリカ

の銀行の信用創造によって創出された居住者の預金が海外に流出するのではなく，アメリカの銀行組織の内部で非居住者の預金に振り替えられるだけであって，アメリカの銀行組織の内部を居住者口座から非居住者口座へ預金が移動するに過ぎない」[6]。

南の累積債務に苦しむ国々をはるかに凌駕する借金経済大国であるはずのアメリカは，この国際通貨国特権によって借金返済を必要とせず世界経済の中心に居座ることができるのである。

2 非国際通貨国に対する「友好的圧力」
——アメリカ国内の巨大な消費市場

通常，貿易赤字が拡大すれば，赤字国の通貨は減価して，それが輸入には不利に，輸出には有利に働くことになるはずである。しかし，米国市場への依存度の高い日本にとっては，ドルの減価はなんとしてでも避けなければならない事態である。実際，日本では，プラザ合意を受けての協調利下げによって株価や地価の上昇をまねき，バブル経済を生じさせる一因となった。また，対米黒字を減らすための円高ドル安政策によって産業の空洞化や不良債権問題が発生している。しかし，当のアメリカは，第1章で明らかにしたように，借金の埋め合わせをする必要のない国際通貨国特権のために受け取り側の国々がドルへの信頼を失わないかぎり借金財政を続けることが可能である。それは，アメリカが他の債務国とは異なり，対外債務を積み増ししながらもひたすら国内の消費需要を拡大し続けられることを意味する。

「国際収支の長期赤字が，アメリカの国民経済において財政赤字や家計の赤字（消費者信用の膨張）など，一般的には国内過剰消費（負債経済）を，したがって国内市場の拡大を許容するのである。換言すれば，アメリカにとっては国際収支の制約が事実上存在しないのに等しいのであって，このためアメリカは需要拡大政策を容易に採用できたのである。これに対して，周辺国（非国際通貨国）は，いうまでもなく自国の銀行の信用創造によってドルを創出できないので，基本的には輸出によってドル債権を入手するしかない。したがって，周辺国は国際収支赤字を原則として長期間継続できない」[7]。

ただし，リュエフが警告するように「ドル残高はアメリカ国際収支の赤字の

結果,ますます増大し続けるので,いつかは保有国が,ドル残高はもうたくさんだといい出す日の来るのは目に見えているのである。そうなった場合,現在,ドル残高を保有している国にさらにこれをもち続けるよう強制している『友好的』圧力がはたして通用するかどうかに,ドルの交換性の存続いかんのすべてがかかるということになる」[8]。そうならないためには,アメリカがドル保有国に対する圧力を失わないことが肝要である。

アメリカが国際通貨国特権を失わないために必要な「友好的圧力」を日米関係で表せば,次のようになろう。日本の製造業にとっては,アメリカは大量の製品を安定的に売りさばける巨大な市場であり,同時に,農産物から航空機にいたるまで日本経済の根幹にかかわる品目を供給してくれる相手である。これこそがリュエフがいうところの,日本に対するアメリカからの「友好的圧力」であろう[9]。日本をはじめとする非通貨国に対する「友好的圧力」を失わないためにも,アメリカは旺盛な消費購買力をなんとしても維持し続けなければならないのである。

それでは,賃金の低迷と不安定雇用が増大するアメリカにおいて,その消費購買力を支えているものはいかなるものであろうか。以下では,アメリカの旺盛な消費を支えていると考えられるアメリカのもうひとつの借金である家計債務について考察を加えることとする。

Ⅲ 個人消費の拡大を支えるホームエクイティローンの増大

ここでは,アメリカがその旺盛な消費購買力を維持するための道具であるモーゲージローン(とくにホームエクイティローン)と消費者信用に焦点をあてながら,アメリカが,国家財政のうえでは国際通貨国特権を利用して対外的な債務の最終決済を繰り延べする一方で,国民経済のうえでは,国民が家計内債務を累積させながら「過消費」を続けている状況を考察していくこととする。

90年代以降のアメリカ経済を牽引し続ける「浪費」というにふさわしいほどの「過消費」がどのようにして定着したのか,そこに消費者向け信用供与がどのような役割を果たしているのかを見てみよう。

第 4 章　アメリカ経済における「過消費」構造と国際通貨国特権　**101**

1　資産価値の上昇期待による消費の拡大

　アメリカの個人消費が好調である理由のひとつとしてあげられるものは「金融資産」と「不動産価格」の上昇から生じている資産効果である。図 4-3 は、アメリカの家計部門における不動産資産および金融資産の値上がり益の推移を同時期の個人消費の増加額と比較したものである。ここからは、1980年代と比べ90年代では明らかに個人消費の伸びと不動産資産および金融資産の伸びが連動しており、とりわけ個人消費と金融資産との相関関係が強くなっていることが読み取れる。

　この金融資産の中身は、株式の「直接保有」が1998年で28％、確定拠出型年金401KやIRA（Individual Retirement Account：個人退職勘定）などを通じての株式の「間接保有」が22％となっており、このことからは家計における金融資産の多くの部分が株式市場にゆだねられていることがわかる[10]。なかでも、こうした株式の「直接」「間接」保有については、2001年で50％を超えて拡大しており、家計部門における株式保有率の拡大は株価が上昇するかぎりにおいて個人消費の拡大をもたらすこととなった。さらに、この図からは株式を含む金融

図 4-3　アメリカの家計部門における不動産および金融資産の値上がり益の推移と個人消費増加額（1976〜2006年）

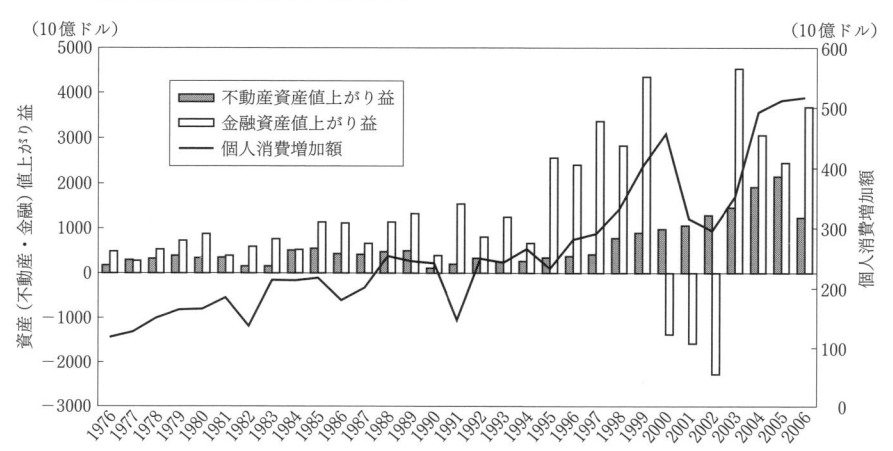

出所：「不動産資産」および「金融資産」についてはFRB Flow of Funds Accounts各年版、「個人消費増加額」についてはBEA NIPA "Table 2.1. Personal Income and Its Disposition Historical Data" より作成。
注：「金融資産」については非営利団体および農家世帯を含む数値である。

資産価値が落ち込んだとしても，その落ち込みを不動産資産の値上がり益が補填するという状況が見て取れる。この二つの資産価値の上昇は家計に重くのしかかっているはずの債務を一定程度緩和し，縮小させることに成功しているといえよう。

ただし，この旺盛な消費購買力は，家計が所有する金融資産の価値がこの時期上昇していることから生じた効果であって，株式や不動産投資からの収益を基礎とした不安定性をともなっていることは明らかである。なぜ，このような投資行動がアメリカ国民の日常生活に組み込まれ定着するようになったのだろうか。次にこの問題について見ていくことにしよう。

2　ホームエクイティローンによる「未実現の利益実現」のシステム

通常，不動産資産の値上がり益は不動産を売却した場合にのみ獲得できるものであり，不動産資産をただ保有しているだけでは値上がり益を手にすることはできない。したがって，不動産価格が上昇したことが，不動産所有者に対して「未実現」の収入を「実現された」収入のように思い込ませることはできても，そうした心理要因だけで消費拡大を恒常化させることはむずかしい。この「未実現」の値上がり益を実質的な消費購買力につなげることを可能にしたものが，個人消費を牽引する第一の要素であるモーゲージローン，とくにホームエクイティローン，すなわち不動産資産価値に相当する多目的ローンの存在であり，その定着・拡大を促した二度にわたる税制改革である。

ここでは詳しくふれないが，アメリカでは，1981年と86年の二度にわたる税制改革[11]によって，最高所得税率の見直し，投資にかかわる規制緩和，優遇税制などを通じて年金資金をミューチュアルファンドなどに預託するIRAや401Kへの個人資金の集中を促進することとなった。こうした政府主導による「マネーゲーム」に国民を巻き込む投資促進策は，その後のアメリカの家計消費・債務構造を決定づけることとなった。また，モーゲージローン自体の利子分に対する税制上の優遇策に加え，利子の税控除がセカンドハウスにまで認められていたために，国民のあいだにますます不動産投資熱が広がっていくこととなる[12]。1985年以降は，とくにモーゲージローンの利子率が低下したこと

でその利用が増大し，モーゲージローンの残高の伸びが債務者の年収の伸びを上回る事態になっている[13]。

さらに，不動産投機熱の拡大とともにホームエクイティローンが家計内債務を拡大させることとなった。ホームエクイティローンとは，現在所有している住宅の資産価値からローンの残高を差し引いた額を担保として新たなローンを組むものであり，使途は自由である。したがって，保有する住宅の資産評価が高まっていけば，その分だけ現金化できる部分が増えるということになる。こうして，アメリカ国民は，保有不動産を売却することなしに自由に消費に回せる流動性資金を手に入れることができるようになったのである。

この住宅価格の上昇がそのまま消費分野にダイレクトにつながる仕組み，すなわち「虚構」を「実体」につなげるシステムがアメリカ経済の好調さを下支えしていることになる。ローレンス・マルキンは，このホームエクイティローンについて次のように語っている。「セカンド・モーゲージ（二番抵当権）による貸し出しが1500億ドルに達しているが，その多くは，明日のための投資にではなく，今日の消費のために使われている（中略）。この貸し出しの持つ，やや怪しげな雰囲気を和らげるため，銀行はその名を『エクイティ・アクセス』といったようなものに変え，二番抵当権とは関係がないかのように見せかけている。『1985年税制改革法』の施行後は，『ホーム・エクイティ・ローン』と，いっそう魅力的な名前が使われている」[14]。

2001年の第1四半期の家計内債務7兆2千億ドルのうちホームエクイティローンを含んだモーゲージローンは70％を占め，家計内債務の最大部分を構成している。ちなみに，ホームエクイティローンの残高は図4-4でもわかるように急速に膨張しており，2001年の第1四半期には6190億ドルを超えた。これは1991年の142％に達する[15]。モーゲージローンの利子率は現在も低減の方向にあり，それとともにホームエクイティローンの借入は増加し，2003年には1兆ドルの大台に達し，2005年時点でその額は1兆4000億ドルを超える。これを家計内債務に占めるモーゲージローン残高でみた場合，2001年1～3月期で66％，2005年4～6月期では72％を占めるまでになっている。

以上のようにホームエクイティローンで借り入れた資金の使途には制限がないうえに，通常のローンと異なり支払利子分について税制上の優遇措置で控除

図 4-4 モーゲージローン利子率の推移と不動産価格，エクイティーローンの推移（1991〜2005年）

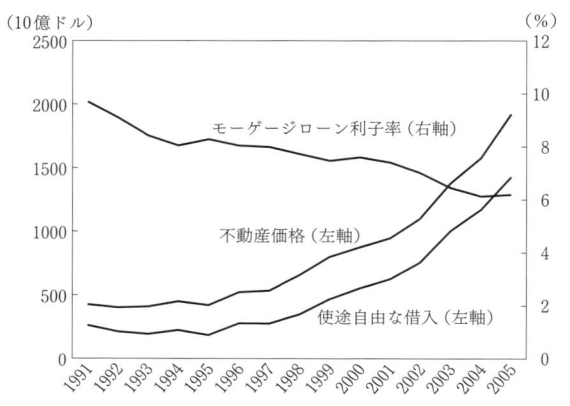

出所：Alan Greenspan and James Kennedy, Sources and Uses of Equity Extracted from Home, *Finance and Economics Discussion Series*, FRB, 2007-20, p. 12-13 および p. 24-25 を参照。モーゲージローン利子率については，FRB Historical Data より作成。
注：「使途自由な借入」はホームエクイティローンを原資とする。

が認められるため，アメリカでは利用者が急増した。しかもホームエクイティローンで借り入れられる額の大きさは市場価格で決定されるため，不動産取引が活発化し取引価格が上昇してくるとその分だけ借金できる金額が増加することになる。さらに，金利の低下を背景に国民の住宅購入への関心も高まり住宅が投資対象になると同時に，税の控除が受けられるという魅力も付与されたために不動産投資が過熱した。不動産市場がバブルの様相を呈するなか，ホームエクイティローンを組む国民も急増し，借入残高が急速に膨張することになり，こうして膨張した家計債務はそのまま消費支出に費やされることとなった[16]。

IV 消費者信用による消費需要拡大策

1 消費者信用市場の拡大と家計内債務の累積

これまでみてきたように，不動産資産価格の上昇がモーゲージローンによる借入可能な金額を増大させることになり，モーゲージローンによってアメリカ国民が手にした「使途自由なマネー」が実体経済の好調さを下支えすることに

つながった。ただし，消費へと向かったこれらの資金により消費は拡大したにせよ，その帰結するところはあくまでも家計の債務である。

さらに，このモーゲージローンが拡大していく1980年代は，同じく家計債務である消費者信用の増加が見られた時期と重なる。消費者信用は，80年代全体を通して年10.3％の伸びとなっており，とくに1980年から86年までの平均だけをとれば，その時期の消費者信用残高は10.8％の伸び率を記録しているのである[17]。周知のように，アメリカは先進資本主義国のなかで最も消費者信用の利用が進んでおり，1人当たりのクレジットカードの所有枚数は3.6枚，2004年末のカードの発行枚数は，すべてのタイプのクレジットカードで11億3550万枚と1991年と比べると72％増加している[18]。まさに世界一の消費者信用大国である[19]。そこで，以下では，アメリカの消費拡大を支えるもうひとつの要素である消費者信用についてみていこう。

2　消費者信用市場における競争の激化と利子率をめぐる動き

FRBも認めているように，銀行系クレジットカードの使用増は1968年以降のアメリカにおける個人消費拡大の重要な牽引役であった。2002年のクレジットカードによる家計内債務残高は1世帯当たり平均5500ドルであり，これは実にGDPの6％分に相当する金額である[20]。

アメリカの消費行動における消費者信用の存在の大きさを決定づけたものは，消費者信用の利子率をめぐる競争と政府による規制緩和政策である。銀行系クレジットカードの利子率は，カード会社同士の競争の激化にともない，1980年代から90年代前半の18〜19％以下へ，そして2011年現在は13.09％まで低下している[21]。これは，「貸金業法改正」以前の日本の平均的なクレジットカードによるキャッシング時の金利と比べても低く，借り手の警戒感を緩和させることにつながった。実際，利子率が自由に設定できるようになりカード会社が一斉に利子率を下げ始めると，利用者はこれまで自らに課していた借入限度額を上げ始め，さらに自分がこれまで借り入れていた総額を過小評価する傾向を見せ始めるようになった[22]。

一方，この利子率引下げ競争の陰に隠れて延滞手数料や会費の引上げが行われることとなり，一度でも延滞した利用者にはその後の返済に支障が出るほど

の高利が課せられることになった。たとえば、2002年のアメリカにおけるカード会社のペナルティー手数料（延滞手数料）は前年比11.4％増となっており、すでにカード会社の収入全体に占めるペナルティー手数料収入が7.9％を占めている[23]。

　また、公的にも高利貸し的な要素を排除するために設定されるべき上限金利規制は緩和される傾向にある。アメリカ連邦最高裁は、1996年6月、クレジットカード会社に対して州を越えて利子率や手数料などに関する規制を行ってはならないという決定を下している。その結果、カード会社は本社が置かれている州の上限金利にのみ規制を受けることになり、その営業範囲が他の州におよぶ場合でも営業が行われる州の法律には縛られないことになった。それゆえ、カード会社が本社を上限金利などに関する規制が一切行われていない州に置いておけば、上限金利が低く規制されている州に支店を置いたとしても、その支店に対してその州独自の規制を適用させることができないこととなった。また、すでにアメリカ政府は銀行系クレジットカードの利子率に関する規制を緩和しており、このことが利子率低減競争を激化させ、その後急速に銀行系クレジットカードの所有と利用を増大させることになったのである。

3　リボルビングの定着と家計内債務の増大

　消費者信用は、その返済方法によって一括返済と分割返済とに分かれ、さらに、分割返済はリボルビングとそれ以外に分かれる。

　図4-5からもわかるように、サブプライム問題が表面化し、クレジットクランチが生じた2009年に一時的に残高が減少するも、再びその額は増大し、2012年現在、消費者信用の残高は2兆7千億ドルを超え、過去最高の水準にある。一方で、2008年まで上昇傾向にあったリボルビングによる貸付は減少し、非リボルビングによる貸付への乗り換えが行われていることがわかる。

　リボルビングは、借入額に関係なく毎月一定金額を返済する方式の消費者信用制度である。毎月返済される定額のミニマムペイメント（最小支払額）以上の債務については翌月以降に繰り越すことになるが、当然そこには金利が上乗せされていくこととなる。分割払いのなかでも、とくにこのリボルビングは毎月の返済金額が一定であるため、借入金額が大きくなっていっても、借り手が返

図 4-5 アメリカにおける消費者信用（リボルビング・非リボルビング）残高の推移（1990〜2012年）

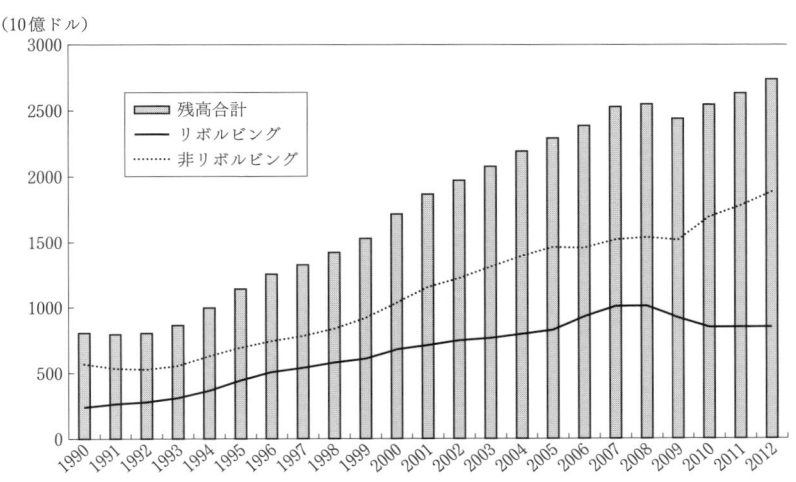

出所：FRB, G-19, Consumer Credit Outstanding (Seasonally adjusted), November 7, 2012.
注：数値は各年12月のみで構成。ただし，2012年のみ，最新値であった9月時点の数値を使用。

済金額に惑わされ借入額を増やしてしまう傾向がある。このリボルビング残高は非リボルビングに比べるとゆっくりとした伸びではあるが，それでも1990年には2300億ドル程度であったものが，2000年には約6800億ドルに，そして2007年には1兆ドルを超えたのである[24]。

顧客を獲得するための利子の低減競争と，その後に待ち構えているペナルティー高利，そしてリボルビングを利用した債務の累積に敏感になることを避けさせる巧みな手法によって，アメリカの家計債務は膨らみ続けている。一部の消費者はこのことに気がついており，FRBが2000年に銀行系カード所有者に対して行った意識調査によれば，調査対象の86％が，クレジットカードの発行が安易にすぎると実感している。また，そうやって安易に発行されるカードの利用はクレジット依存の社会・生活環境をつくりだし，利子支払いで利用者の生活を最終的には圧迫することになるのであるが，調査対象者の約4割が「クレジットカード（を利用すること）がなければ，暮らし向きは今の状態よりはまだましだっただろう」と答えている反面，6割がその意見に否定的であ

る[25]）。FRB発表による2010年のDebt Service Ratio（元利返済額／可処分所得）は，サブプライム危機が表面化する直前の2007年には14％に達していた。金融危機後である2012年第2四半期現在，この比率は11％に下落しているが，同じくFRBでもSCF（Survey of Consumer Finances）によれば，世帯全体の所得額に占める世帯全体の債務返済額は2010年には14.7％と，2007年より上昇している[26]）。

4　消費拡大の裏に存在する投機と利払い

　老後の年金をハイリスクな投資につぎ込む401Kの一般化と，その倫理的支柱である「アメリカ的ライフスタイル＝自立自助」が社会的圧力として国民全体に強要され続けたことなどを背景に，日常的に株取引や先物オプションなどを利用してキャピタルゲインを得るライフスタイルが一般化していった。いまでは，このハイリスクな行動が，中位階層の労働者にとってごく普通の生活防衛手段であり，唯一の老後の保障として自覚されるまでにいたっている。

　さらに，この不動産投機自体が貯蓄率の低さに一定の影響を与えているとの指摘もある。FRBの元議長アラン・グリーンスパンは，不動産資産にリンクしたフリーローンの借入が家計貯蓄率の低下に影響を与えているとして，次のように記している。「1991年から2005年の間にホームエクイティローンによって家計に取り込まれ，個人消費支出に投じられた額は年に660億ドルにのぼる。これは個人消費支出の1％ほどに当たる額である。1998年末から2005年末までのあいだに，NIPA貯蓄率は4.7％低下しているが，モーゲージローン返済額がなければ，その減少は3.25％になっていたはずであり，さらにそれ以外の負債返済額を考慮するならば貯蓄率の低下は2.2％にとどまっていたはずである」[27]）。

　アメリカの国民が抱える家計債務は，これまで見てきたように，その担保を変動が激しくきわめて不安定な不動産を主とする資産価値においている。しかし，サブプライム問題に象徴されるように，そこには政策的につくりだされてきた消費需要の拡大と競争的な消費意欲をあおる企業のマーケティングの限界が見て取れる[28]）。それでも，アメリカ国内の消費は今後も拡大していかねばならない。なぜならば，アメリカが国際通貨国として信任され続けるためにアメ

リカの国内市場は世界の市場のセンターとして位置していなければならず，つねにそのままでは非国際通貨国で行き場を失って過剰とならざるをえない商品の価値実現が行われる場所でなければならないからである。

V 経常収支赤字を許容するアメリカの消費市場

1 アメリカの消費市場と輸入の現状

図4-6は，アメリカの最終消費市場における品目別輸入浸透率を上位9品目ならびに「工業製品全体」について見たものである。アメリカは「腕時計・時計」については約8～9割を，「履き物」についても8割を輸入に頼っている。そのほか「皮革製品」は6割，「陶器・陶磁器類」「衣料」「写真・光学関連」の消費財についても4割前後を海外からの輸入に頼っている（図4-6）。対して，図には表さなかったが，輸入浸透率が低い品目にはアメリカの主要産業である

図4-6 最終消費市場における主要な「最終消費用」輸入品目の輸入浸透率の推移

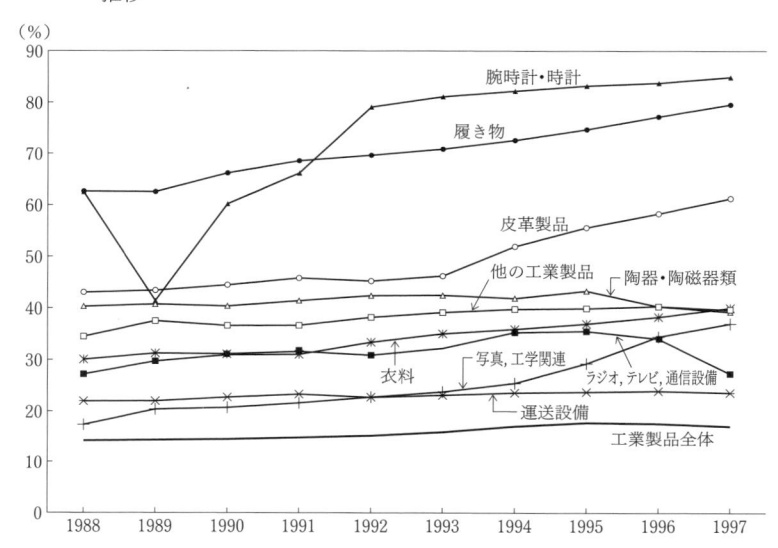

出所：U. S. Department of Commerce, *The Share of Imports from the World in Apparent Consumption of the U. S.* (隔年版).

図 4-7　アメリカ製造業における中間投入，個人消費への投入および輸入財・サービス額（1987〜2011 年）

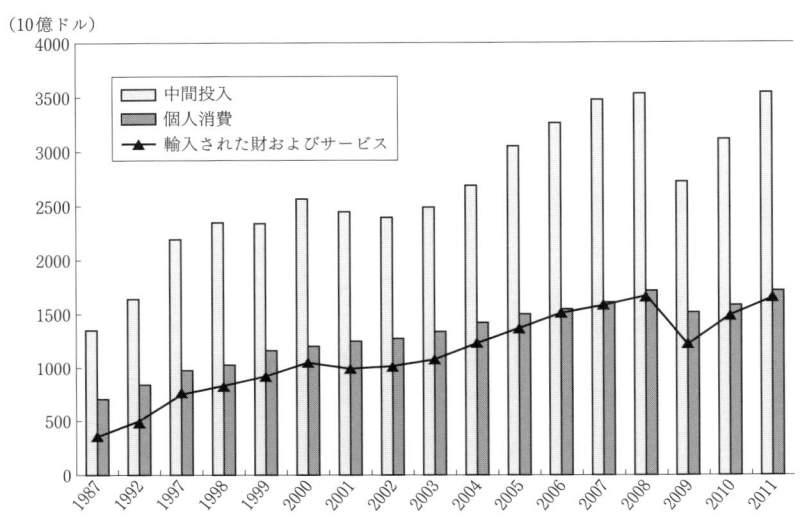

出所：U. S. Department of Commerce, Bureau of Economic Analysis, Interactive Access to Industry Economic Accounts Data 各年データより作成
注：I-OData, The Use of Commodities by Industries after Redefinitions (Producers' Prices) のうち，製造業のみを抽出。

農業関連の「食品」「たばこ」が含まれている。

　また，図 4-7 は，産業連関表を用いて，製造業の産出高を「中間投入＝中間消費」と「個人消費＝最終消費」に分けたうえで，同じく製造業の輸入額を重ねたものである。輸入された財がそのまま「個人消費」に供されるわけではないが，2000 年代以降，とくに「中間投入」が鋭く落ち込んでいる年でも輸入額にはそれほど大きな落ち込みは見られない。むしろ，輸入額は「個人消費」とほぼ変わらない金額で推移している。

　このことは図 4-8 を見ても明らかである。「資本財」と「消費財」それぞれの輸入額の推移に注目すると，2011 年第 2 四半期までは消費財の輸入は資本財を超えて推移しており，リーマンショック後の 2009 年から 10 年にかけて資本財の輸入が大きく落ち込むなかで消費財の輸入はつねに安定して伸びていたことがわかる。

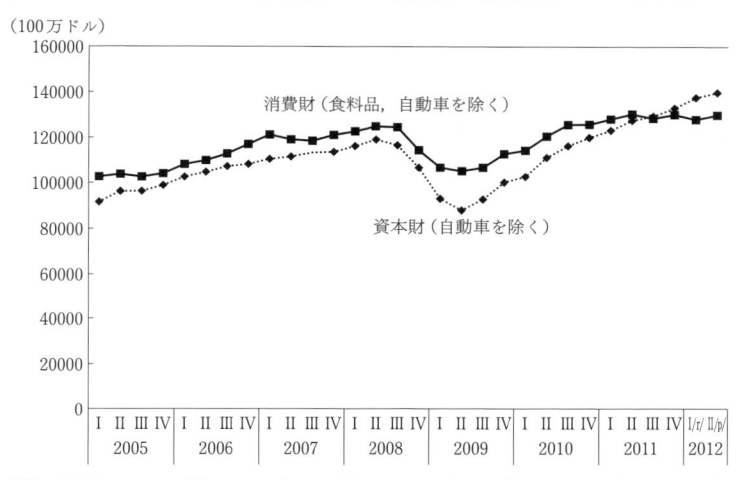

図4-8 アメリカにおける資本財および消費財の輸入額（2005～2012年）

(100万ドル)

出所：U. S. Department of Commerce, Bureau of Economic Analysis, Table 2a. U. S. Trade in Goods より作成。
注：数値は季節調整済み。

2 アメリカ経済の強さと消費の関係

1996年12月，FRBのグリーンスパン議長は，当時の株価の高騰に対して"Irrational Exuberance（根拠なき熱狂）"と発言して話題となった。事実，家計内資産価値の増大を背景に個人消費の拡大が顕著となり，96年までは大量解雇による失業や不安定就業の増加に加え賃金の上昇も見られず，また，国内の設備投資も停滞していたにもかかわらず，個人消費は堅調な推移を見せていた。消費市場を支えたのは海外からの安価な輸入品であった。消費者は，所得の壁を一時的に越えることのできるリボルビング方式のクレジットとモーゲージローンを利用しながら，海外から流入する大量の安い商品を消費し続けた[29]。

また，アメリカでは，早くから企業の多国籍化が進み，製造業の海外生産比率は90年代には25％を超えており，近年ではますます海外子会社や委託生産先からの輸入が増加している。「米国企業の多国籍化，グローバル・アウトソーシングにより，国内の資本財生産の基盤の強化も進む一方，特に東アジアとの間に企業内分業を推進したり，海外委託生産を積極化した結果，資本財輸入が輸出以上に増加し」[30]た。

表 4-1　日米投入構造の比較　　　　　　　　　　　　　　　　（単位：％）

	日本				米国			
	1985年	1990年	1995年	2000年	1985年	1990年	1995年	2000年
中間投入総計	49.46	46.08	44.62	44.62	42.16	40.78	42.55	42.08
自国財	44.38	42.08	41.44	40.85	39.25	37.49	38.78	37.65
輸入財	5.08	4.00	3.18	3.77	2.91	3.29	3.77	4.43

出所：経済産業省調査統計部『平成12年（2000年）日米国際産業連関表のポイント』2005年5月，2ページより抜粋。

　たしかに，中間投入の変化を日米で比較すると，日本では，中間投入全体の減少を反映して中間投入に占める「自国財」の割合も「輸入財」の割合もともに減少している。一方，アメリカに目を転じると，中間投入全体に目立った減少はなく「自国財」の投入量にもそれほどの変化はない。しかし「輸入財」の割合は年々増加傾向にあり，85年には日本の半分ほどの比率であったものが，2000年には日本を追い抜き4％台まで増加している（表4-1参照）。このような傾向を反映して，従来，OECD諸国内では比較的低位に位置するアメリカの輸入依存率が94年の9％から2012年には14.3％へと上昇している。

　通常，非国際通貨国ではグローバル・アウトソーシングや子会社の海外展開によって逆輸入を際限なく拡大することはできない。なぜなら，輸入の拡大は当該国が保有している対米債権である債務がドル預金を上回って増大することになるからである。

　もちろん，より多くの輸入財が利用されるようになったとしても，それはアメリカ企業の衰退を意味するものではない。多国籍企業は，スウィージーが指摘するように「多国籍」なのではなくて，その利潤は厳密に言えば一国的なものである[31]。したがって，グローバル・アウトソーシングが進行していることは多国籍企業の利潤最大化の過程を示すものであり，企業内貿易がグローバルに進行することはアメリカ企業のグローバル化が成功していることを表すものである。自国内に存在する巨大な市場に向けて，海外に展開する子会社から，あるいは下請けとなっている生産国からの輸入を拡大できるのも，対外債務を最終決済する必要のない国際通貨国特権を持つゆえである。

　以上みてきたように，アメリカがその巨大な国内市場を維持することは，国

際通貨国特権を維持することにつながる。同時に、海外からの安価な輸入品は、アメリカ国民の生活を支える要素となる。膨張する経常収支赤字は、アメリカ以外の国々ではその国の通貨価値への信頼を失わせ国家財政の破綻にまでいたる重要事であるが、国際通貨国アメリカではその心配もない。むしろ経常収支赤字を増大させることは、諸外国からの商品の受入れを増大させていることであり世界の再生産の中心に位置していることを世界が追認しているに等しい。

VI アメリカの輸入拡大に依存する日本
──日本の対米依存とアメリカの「過消費」構造──

　アメリカが持つ国際通貨国特権は、ドル債権を受け入れる非国際通貨国がなければ成り立たない。とくに、日本が1971年8月の金ドル交換停止の際も、また1985年のプラザ会議においても、その場にいたどの国よりもアメリカ経済を支えようとしたことは周知の事実である。

　日本は、なぜ国内経済政策を犠牲にしてまでアメリカの経済を支えなければならないのか。日本はアメリカの「過消費」構造とどのようにかかわっているのだろうか。ここでは、日本とアメリカの経済上の相互依存のシステムを土台としたアメリカの「過消費」構造と日本の関係をみてみよう。

1　アメリカの巨大市場と日本

　日米の経済関係の特殊性は、歴史上、他に類を見ないほどの二国間のきわめて密接な関係にある。とくに日本にとってのアメリカの重要性は圧倒的であり、日本からの輸出相手国の第1位はつねにアメリカであった。2009年にはじめて中国がアメリカを抜いて日本の最大の貿易相手国となったが、それでも日本の輸出総額に占める対米輸出額は15.3%と、対中国貿易（19.7%）と並んで、それ以下の国々を圧倒している（表4-2参照）。

　表4-3は2010年の日本の輸入・輸出上位100品目中でアメリカが相手先の第1位を占める品目のみを抜粋したものである。それによれば、日本からの輸出が最も多い品目は「乗用車」「プリンタ等の部品・付属品」「TVカメラ等」から「飛行機・ヘリコプターの部品」にいたる。とくに、「1500 cc超3000 cc以

表 4-2　日本の輸出相手国（上位10ヵ国）　　　　　　　　　　　　　　　　　　（単位：％）

1990年		1995年		2000年		2006年		2009年		2010年		2011年	
米国	31.5	米国	27.3	米国	29.7	米国	22.5	中国	18.9	中国	19.4	中国	19.7
ドイツ	6.2	韓国	7.1	台湾	7.5	中国	14.3	米国	16.1	米国	15.4	米国	15.3
韓国	6.1	台湾	6.5	韓国	6.4	韓国	7.8	韓国	8.1	韓国	8.1	韓国	8.0
台湾	5.4	香港	6.3	中国	6.3	台湾	6.8	台湾	6.3	台湾	6.8	台湾	6.2
香港	4.6	シンガポール	5.2	香港	5.7	香港	5.6	香港	5.5	香港	5.5	香港	5.2

出所：財務省「貿易統計」よりジェトロ国際経済研究課作成。http://www.jetro.go.jp/world/japan/stats/trade/（アクセス 2012年9月6日）。
注：ここでのシェアとは，日本の輸出総額に占める各国向け輸出金額の割合を示す。

下」の乗用車の36.8％，「3000 cc超」の乗用車の46.7％はアメリカに輸出されている[32]。アメリカが最大の輸出相手国となっている品目は工業製品に特化しており，近年中国の重要性が著しく高まっているとはいえ，輸出産業を中心に経済発展を遂げた日本が，アメリカという巨大な市場にどれほど大きく依拠してきたかがわかる。

　自動車産業や家電メーカーを中心とする日本の企業にとって，アメリカの市場はつねに日本製品の大口の買い手であることが望ましい。そして，日本の産業構造が輸出型産業を中心に成り立っていることからしても，日本政府が日本経済の要である製造業の利益を最優先に考え，アメリカの巨大市場を支えていくという状況に当分のあいだ変化は生じないであろう。

　その意味で，アメリカの過消費は，日本にとっても，自国の市場規模を超えた生産能力を維持し，最大利潤を得ていくために必要不可欠な条件である。

2　日本の製造業の生命線を握るアメリカからの対日輸出

　表4-3で，さらに日米の経済関係をみてみよう。
　日本の輸入上位100品目のなかでアメリカが1位となっている品目は14品目である。アメリカからの輸入が大部分を占める品目として，まず目につくのは「播種用以外のとうもろこし」（90％），「豚肉」（70％）などの農産物である。食料自給率が40％を割り込んだ日本にとって，アメリカからの輸入農産物の市場占有率の高さは，食料という文字どおりの生命線をアメリカに掌握されていることを示している。これらの輸入農産物の多くは外食産業や加工産業の原材料として使用されていくものであり，食品工業という製造業にとってアメリ

表 4-3

日本の輸入上位100品目中，アメリカが第1位に位置する品目とその占有率（2010年）

(単位：％)

輸入順位	品目	占有率
8	その他胃腸薬等医薬品	15.00
15	播種用以外のとうもろこし	90.10
21	プロセッサー・コントローラーIC・LSI	30.70
23	豚の枝肉・骨付き以外の肉（冷凍のもの）	26.10
35	メスリン，その他の小麦	59.00
48	ターボジェット・ターボプロペラの部品	79.50
52	飛行機（自重15000kg超）	82.90
53	その他の針・カテーテル・カニューレ等	42.90
58	外科用の機器等	45.80
60	大豆	65.30
62	けい素（けい素の含有量が99.9％以上のもの）	50.30
67	豚の枝肉・骨付き以外の肉（生鮮・冷蔵のもの）	71.60
76	濃縮ウラン，プルトニウム，それらの合金	58.20
91	元素を電子工業用にドープ処理したもの（円盤状，ウェハー状）	20.60

日本の輸出上位100品目中，アメリカが第1位に位置する品目とその占有率（2010年）

輸出順位	品目	占有率
1	乗用車（ガソリンエンジン，1500cc超3000cc以下）	36.80
3	乗用車（ガソリンエンジン，3000cc超）	46.70
7	プリンタ・複写機・ファクシミリの部分品・付属品	27.60
10	メカニカルショベル等（上部構造が360度回転するもの）	19.00
11	半導体デバイスまたは集積回路製造用の機器	24.00
12	テレビジョンカメラ・デジタルカメラ・ビデオカメラレコーダー	23.30
14	乗用車（ガソリンエンジン，1000cc超1500cc以下）	24.00
19	その他の自動車用部品	27.00
21	その他のガソリンエンジンの部品	22.20
24	貨物自動車（ディーゼルエンジン，5トン超20トン以下）	12.10
31	ゴム製乗用車用新品空気タイヤ	26.80
33	半導体製造関連機器の部分品・付属品	35.50
42	その他の飛行機・ヘリコプターの部品	79.80
48	乳剤以外の写真用化学調製品	20.50
49	車輌用ガソリンエンジン（1000cc超）	20.10
54	歯車，歯車伝動機，ボールスクリュー等	22.90
57	自動調整機器の部分品・付属品	27.70
59	駆動軸および非駆動軸ならびにこれらの部分品	22.50
70	写真機・映写機用対物レンズ	24.00
73	ブレーキおよびサーボブレーキならびにこれらの部分品	21.90
77	数値制御式の横旋盤	28.70
79	ターボジェット・ターボプロペラの部品	62.30
80	ファン・気体圧縮機の部品	16.10
81	ゴム製貨物自動車用新品空気タイヤ	15.70
84	ミクロトーム，同部品・付属品	31.70
88	その他胃腸薬等医薬品	36.30
95	船舶用ロータリーエンジン（船外機）	30.80
99	その他のトラクター	51.10

出所：JETRO貿易統計データベース。http://www.jetro.go.jp/cgi-bin/nats/cgi-bin/search.cgi（アクセス2012年10月10日）より作成。

注：「順位」とは，輸入・輸出上位100品目における順位を示している。

カの農産物はなくてはならないものとなっている。

また，日本からのアメリカ向けの輸出品には最終消費財として市場に供される品目が多いが，日本がアメリカから輸入している品目には「けい素」や「ターボジェット・ターボプロペラの部品」など，製造業向けの中間財も多く含まれている。「濃縮ウラン，プルトニウム」などの核燃料も日本はアメリカから

表4-4　産業別生産波及係数

	部門名	日本		米国		日米の波及係数の差（米国－日本）	
		米国	日本	米国	日本	自国	相手国
1	農業	1.7467	0.0096	2.0597	0.0196	0.3130	0.0100
2	林業	1.1993	0.0039	1.6791	0.0023	0.4798	▲0.0016
3	漁業	1.6151	0.0046	1.7190	0.0128	0.1039	0.0082
4	鉱業	1.9102	0.0080	1.4989	0.0089	▲0.4113	0.0009
5	食料品	1.9388	0.0071	2.0764	0.0470	0.1376	0.0399
6	繊維製品	2.0040	0.0162	1.9607	0.0271	▲0.0433	0.0109
7	パルプ・紙・木製品	1.9845	0.0109	1.9617	0.0514	▲0.0228	0.0405
8	出版・印刷	1.9030	0.0074	1.6851	0.0200	▲0.2179	0.0126
9	化学製品	2.0054	0.0231	1.8465	0.0315	▲0.1589	0.0084
10	石油・石炭製品	1.1542	0.0059	1.9092	0.0056	0.7550	▲0.0003
11	プラスチック・ゴム・革製品	1.9708	0.0253	1.8811	0.0323	▲0.0897	0.0070
12	窯業・土石製品	1.9223	0.0113	1.7710	0.0171	▲0.1513	0.0058
13	鉄鋼・同一次製品	1.6888	0.0185	1.8364	0.0103	0.1476	▲0.0082
14	非鉄金属・同製品	1.6713	0.0161	1.8893	0.0369	0.2180	0.0208
15	その他の金属製品	1.9111	0.0141	1.7038	0.0120	▲0.2073	▲0.0021
16	一般機械	1.9100	0.0486	1.8073	0.0356	▲0.1027	▲0.0130
17	電気機械	1.9784	0.0852	1.7076	0.0545	▲0.2708	▲0.0307
18	輸送機械	2.3016	0.0830	2.0213	0.0448	▲0.2803	▲0.0382
19	精密機械	1.9037	0.0417	1.6783	0.0539	▲0.2254	0.0122
20	その他の製造工業製品	2.0277	0.0174	1.7180	0.0259	▲0.3097	0.0085
21	建設	1.9237	0.0115	1.8926	0.0126	▲0.0311	0.0011
22	電力・ガス	1.5657	0.0052	1.7130	0.0076	0.1473	0.0024
23	商業	1.4879	0.0044	1.4796	0.0049	▲0.0083	0.0005
24	金融・保険・不動産	1.3047	0.0031	1.3339	0.0037	0.0292	0.0006
25	運輸	1.5890	0.0121	1.7682	0.0153	0.1792	0.0032
26	サービス	1.6285	0.0065	1.5306	0.0113	▲0.0979	0.0048
27	分類不明・その他	2.4736	0.0064	1.6976	0.0253	▲0.7760	0.0189
	合計	48.7200	0.5071	47.8259	0.6302	▲0.8941	0.1231

出所：経済産業省経済産業政策局調査統計部『平成12年（2000年）日米国際産業連関表による構造分析』2005年5月，20ページ。

輸入している。このいずれもが日本の工業生産には欠かせない要素となっており，その意味でアメリカは日本の工業製品に市場を与えていると同時に日本の工業生産に必要な原材料や製品を提供し，工業生産を支える役割をも果たしている。

このような日米両国の貿易依存度の質的な違いは「生産波及係数」の違いにも表れている。日米の相手国への依存度を「生産波及係数」でみると，自国内に対して生産波及係数が大きいのは日本であり，相手国への生産波及係数が大きいのは米国となっている。さらに細かく産業別の波及係数を見てみると，日本が米国より生産波及係数が大きくなっているのは「鉱業」，「その他の製造工業製品」，「輸送機械」，「電気機械」，「精密機械」等の製造業を上位とし，27部門中17部門を占めている。とくに，アメリカからの生産波及効果が高い部門は製造業に集中している（表4-4参照）。

今後，中国との関係によっては，日米の貿易構造も大きな影響を受けることも考えられようが，以上みてきたように，日本の製造業にとってアメリカの市場は依然として巨大な買い手として重要な存在であり，同時に，日本の製造業における中間投入に必要となるさまざまな原材料や製品を供給する売り手としてもきわめて重要な位置を占めている。したがって，日米両国間に存在する相互依存の関係は，水平的関係ではなく，世界の再生産の中心に君臨するアメリカとそのアメリカの存在なしには自立的な企業活動ができない日本との縦のつながりとして表れる。

3　アメリカの国際通貨国特権と「過消費」構造の関係

図4-9は，これまで見てきたアメリカの「過消費」と国際通貨国特権との関係を，日米経済を中心に示したものである。世界の再生産の中心に位置し，非国際通貨国の預金口座（アメリカからみて非居住者預金口座）が集中するアメリカは，国際通貨国特権を利用して日本を筆頭とする非国際通貨国からそのままでは過剰となっていたかもしれない商品を受け入れることが可能である。ただし，それはアメリカの経常収支赤字を膨張させることにつながる。通常，非国際通貨国ではこの経常収支赤字を際限なく累積させることは不可能であるが，国際通貨国アメリカはこの累積債務をネグレクトできる唯一の国である。むし

118 第1部 浪費という幻想

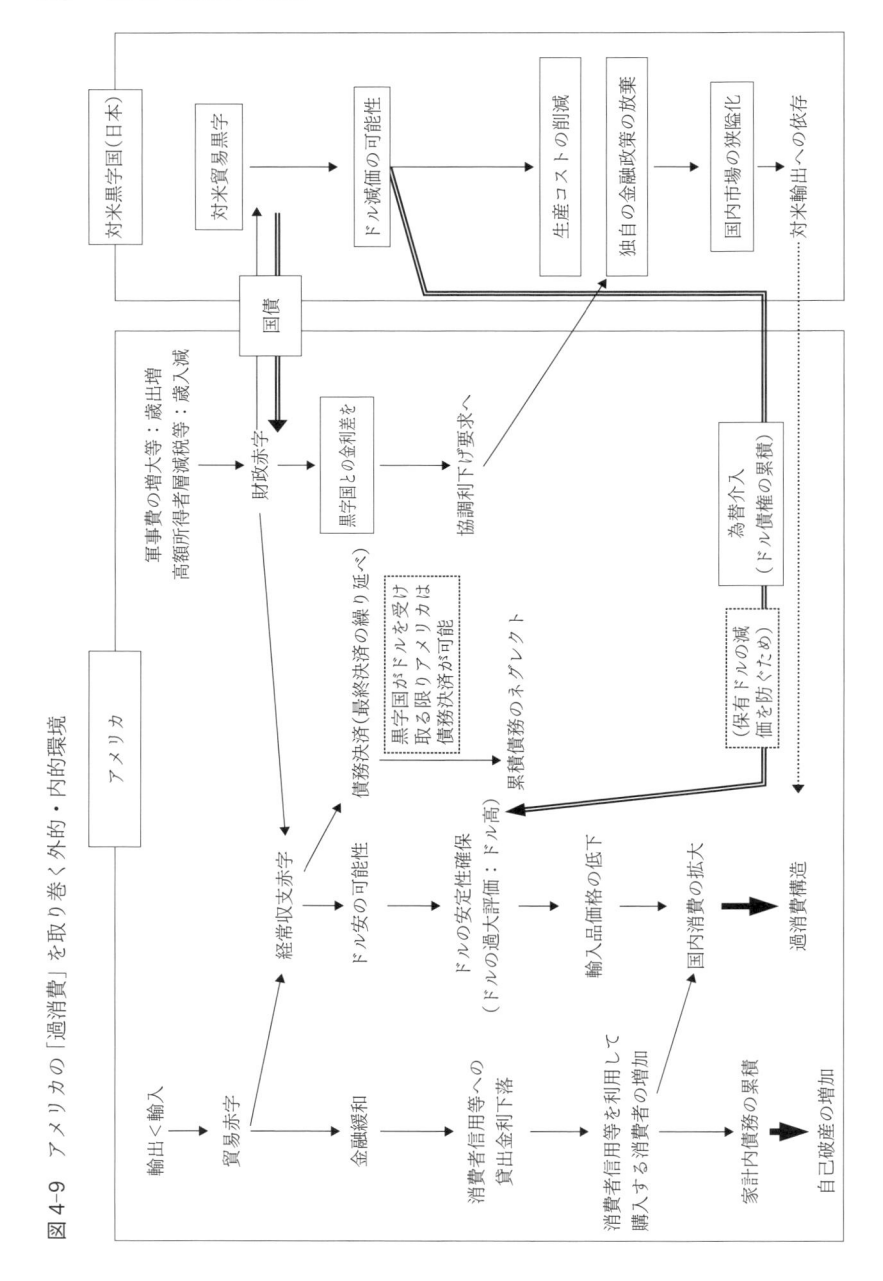

図4-9 アメリカの「過消費」を取り巻く外的・内的環境

対米黒字国（日本）
対米貿易黒字 → ドル減価の可能性 → 生産コストの削減 → 独自の金融政策の放棄 → 国内市場の狭隘化 → 対米輸出への依存

アメリカ

軍事費の増大等：歳出増
高額所得者層減税等：歳入減
→ 財政赤字 → 黒字国との金利差を協調利下げ要求へ

国債

経常収支赤字 → ドル安の可能性 → ドルの安定性確保（ドルの過大評価：ドル高）→ 輸入品価格の低下 → 国内消費の拡大 → 過消費構造

債務決済（最終決済の繰り延べ）
黒字国がドルを受け取る限りアメリカは債務決済が可能
→ 累積債務のネグレクト

為替介入（ドル債権の累積）
（保有ドルの減価を防ぐため）

輸出＜輸入 → 貿易赤字 → 金融緩和 → 消費者信用等への貸出金利下落 → 消費者信用等を利用して購入する消費者の増加 → 家計内債務の累積 → 自己破産の増加

ろ，このアメリカの累積債務に対して保有ドルの減価を防ぐための為替介入が求められるのは，対米黒字国である日本の側である。

　一方，アメリカは，国際通貨国特権を維持し続けるために，世界の再生産のセンターとしての位置を保持していかなければならない。そこで，国外からの輸入を継続的に受け入れるための国内消費需要を維持する必要から，税制改革等を通じて消費者信用やモーゲージローンなどの債務依存構造にアメリカ国民の家計を巻き込む政策がとられる。もちろん，アメリカの不安定な雇用と賃金水準の停滞はつねに借金返済を滞らせるリスクを増大させるが，安価な輸入品が流入することでそのリスクをいくらかでも先送りすることは可能である。いくら輸入超過で対外債務を累積させようと，その借金の取立てがなされない特殊な環境を有するアメリカは破綻をまぬがれることになる。

　こうしてアメリカは，経常収支赤字という対外債務を膨張させながら，対内的には国際通貨国特権を維持するための「過消費」構造をますます助長させていくことになる。アメリカの個人消費は世界のGDPの2割を占めている。この市場を失うことは，対米黒字国である日本の企業にとって死活問題となることは間違いない。アメリカの景気動向につねに左右される日本の経済・金融政策はこのことを如実に表している。

まとめ

　本章では，アメリカにおける「過消費」と国際通貨国特権との関連性について考察した。

　国際通貨国特権を有するアメリカは，世界のGDPの2割を占める消費市場に流入する輸入品を際限なく受け入れることが可能である。これらのアメリカに流入する輸入品は，非国際通貨国において過剰となる可能性があった商品であり，だからこそ，アメリカはリュエフのいうところの「友好的圧力」を発揮することができるのである。

　しかし，アメリカの現在の消費規模は「本来であれば所得の壁の存在が理由で消費されないはずの商品が所得の壁を超えて消費される状態」すなわち「過消費」によって維持されている。この「過消費」を可能にしているものが他に

類を見ないほど巨額の家計債務である。

　アメリカは，国際通貨国特権により対外債務の決済を先送りすることが可能であるが，個別世帯の家計債務については，債務の際限のない繰り延べは不可能である。国民の家計状況を概観すると，貯蓄もなく所得の不安定性も高まっている状況下で現在の債務残高は末期的水準にある。今後の債務拡大を信用供与側と家計がどこまで許容できるのかを予測することは難しいが，たとえば，本章で取り上げたホームエクイティローンを債務者が将来着実に決済できるかどうかは，ひとえに住宅価格の上昇と債務者の将来所得の安定性にかかっている。そのどちらもが現在のアメリカにおいてきわめて不安定なものであることを考えると，サブプライム問題に象徴されるように，段階的に「浪費社会アメリカ」の消費市場が縮小していく可能性は否定できない。

1) Councils for Economic Advisers, *Economic Report of the President 2000*, USGPO, p. 54.
2) アメリカ政府はその原因を輸出の減少によるものと位置づけている。*Ibid.*, p. 59.
3) S. Weber, "The End of the Business Cycle?", *Foreign Affairs*, July/August 1997, pp. 69-70.
4) *OECD Fact Book 2007*によれば，アメリカの2005年の雇用全体に占めるパートタイム労働者の割合は12.8％となっている。日本の非正規雇用は，1990年当時で，すでに19％，2003年には26％に上昇している（http://oecd.p4.siteinternet.com/publications/doifiles/302007011P1G070.xls）。
5) Wayne Ellwood, *The No-nonsense Guide to Globalization*, Oxford: New Internationalist Publications Ltd., 2001. 渡辺雅男・姉歯暁訳『グローバリゼーションとはなにか』こぶし書房，2003年，65ページ。
6) 山田喜志夫『現代貨幣論』青木書店，1999年，142ページ。
7) 同上，142ページ。
8) Jacques Rueff, *Le péché monétaire de l'occident*, Plon, 1971. 長谷川公昭・村瀬満男訳『ドル体制の崩壊』サイマル出版社，1971年，239ページ。
9) もちろん，アメリカから日本政府に対して経常的かつ強力な政治的圧力が加えられていることは，多くの指摘にあるとおりである。たとえば，吉川元忠・関岡

英之『国富消尽』PHP，2006年，参照。しかし，ここでは政治的要因については触れないこととする。

10) ここでの分析は中本悟氏の主張を参考にした。「座談会　混迷のアメリカ」『経済』2003年1月号，26-27ページを参照。

11) 内閣府『政策効果分析レポートNo. 14　海外諸国における抜本的税制改革の事例について』2002年12月，12ページを参照。なお，2002年現在のIRA積立金の控除限度額は3000ドル，夫婦合算であれば6000ドルとなっている。山根公認会計士事務所『アメリカ税務通信』2003年4月号，参照。

12) Eric M. Engen and William G. Gale, "Tax-Preferred Assets and Debt and the Tax Reform Act of 1986", *National Tax Journal*, 49: 3, September 1996, pp. 331-339.

13) 大寺廣幸「米国のクレジットカード，現在，過去，未来」『郵政研月報』2001年1月7日，94-96ページ。

14) Lawrence Malkin, *The Nation Debt*, 1987. ローレンス・マルキン著，野村誠訳『アメリカが破産する日』東洋経済新報社，1988年，62-63ページ。

15) FRB, "The U. S. Flow of Funds Accounts and Their Uses", *Federal Reserve Bulletin*, July 2001, p. 434-436.

16) 「家計は住宅資産の増分に対して6.7％支出を拡大するが，株式資産の増分に対しては4.5％の支出拡大との結果が出た」（UFJ総合研究所調査部「調査レポート　米国の消費を支える住宅の資産効果」2002年5月28日，4ページ）。

17) Engen and Gale, *op. cit.*

18) 原資料：Thomson Financial Media, *Cards and Payments: Card Industry Directory*, various editions (New York: Thomson Financial Media, pp. 14 and 16 in each edition). 出所：FRB, Report to the Congress on Practices of the Consumer Credit Industry in Soliciting and Extending Credit and their Effects on Consumer Debt and Insolvency. July 21, 2006. http://www.federalreserve.gov/boarddocs/rptcongress/bankruptcy/bankruptcybillstudy200606.htm#t3fn3r（アクセス2012年3月17日）

19) クレジットカード発行枚数については『月刊 消費者信用』2007年9月，10ページ。1人当たり所有枚数については，岩崎薫里「アメリカ・クレジット・カード業界における会員維持およびメイン・カード化策」『Business & Economic Review』日本総研，2006年8月，70ページ。

20) Jonathan Zinman, "The Impact of Liquidity on Household Balance Sheets: Micro Responses to a Credit Card Supply Shock", FRB of New York, Jan. 10, 2003, p. 2.

21) FRB, Report to the Congress on the Profitability of Credit Card, Operations of Depository Institutions, June 2012. http://www.federalreserve.gov/publications/

other-reports/files/ccprofit2012.pdf（アクセス2012年11月17日）
22）　Zinman, *op. cit.*, p. 3.
23）　岩崎薫里「米銀のクレジットカード戦略――近年の動向と成果」『Japan Research Review』日本総研，2003年5月，参照。
24）　FRB, Consumer credit historical data. http://www.federalreserve.gov/releases/g19/HIST/cc_hist_mt_levels.html（アクセス2012年11月7日）。2012年現在は，ピーク時の2008年（1兆100億ドル）を経て8520億ドルに減少しているが，消費者信用残高全体は再び増加に転じている。
25）　FRB, "Credit Cards: Use and Consumers attitudes 1970–2000", *Federal Reserve Bulletin*, Sep. 2000, p. 629.
26）　FRB, "Changes in U. S. Family Finances from 2007 to 2010: Evidence from the Survey of Consumer Finances", *Federal Reserve Bulletin*, June 2012, p. 72.
27）　Alan Greenspan and James Kennedy, "Sources and Uses of Equity Extracted from Homes", FRB, *Finance and Economics Discussion Series, 2007-20*, p. 10.
28）　アメリカでは，借り手個人の信用度が個別にチェックされ金利が設定される。たとえば，プライム（優良顧客）層に対しては年8％という場合もあるが，サブプライム（過去の使用実績などに問題がある信用度の低い顧客）層では20％を超える場合もありうる。消費者金融連絡会編『TAPALS白書 2006年版』210ページ。消費者金融連絡会 http://www.tapals.com/archive/hakusyo2006.html（アクセス2007年8月20日）。
29）　FRB, "Recent Changes in U. S. Family Finances: Evidence from the 1998 and 2001 Survey of Consumer Finances", *Federal Reserve Bulletin*, January 2003, pp. 3-5.
30）　米倉茂「米国の経常収支赤字ファイナンスの『謎』」『世界経済評論』2006年4月号，22ページ。
31）　P. M. スウィージー／H. マグドフ著，伊藤誠訳『アメリカ資本主義の危機』TBSブリタニカ，1982年，33-34ページ。
32）　JETROデータベースによる。

第2部　「消費社会」の内実

第5章　消費者信用の一形態としての販売信用
　　　——販売信用の本質・成立条件・機能——

はじめに——消費者信用の分析視角

　日本では，1980年代に入ると，クレジットカードの急速な普及や多重・多額債務者の増加を背景に消費者信用をめぐる議論が高まっていった。30年を経て，再び世界経済に多大な影響を与えることとなったサブプライム問題をとおして，「浪費するアメリカ人」と揶揄されるアメリカ国民の旺盛な消費に注目が集まった。しかし，それ以上に，今回の問題は，消費者信用がアメリカ経済を牽引する役割を果たしているという事実がアメリカ経済の脆弱な一側面を示すこととなった。このような経験は，再度，消費者信用の経済学的意味を確認する必要性をわれわれに喚起することとなった。しかし，これまでの消費者信用の研究には，社会問題としての観点から多重・多額債務者の問題を指摘するもの[1]，あるいは個人情報の集中管理およびその利用にともなう消費者のプライバシーの保護や消費者被害の問題を分析するもの[2] が多いように見受けられる。また，理論分析が行われたとしても，その分析は消費者信用の機能・効果に向けられており，消費者信用という信用関係の本質についての研究は皆無であったと言ってもさしつかえないであろう。

　そこで，本章では，経済学的視点に立った分析視角から，消費者信用において信用関係が成立するにあたっての条件，および消費者信用の機能の分析をとおしてその本質を明らかにしようとするものである。

　なお，ここで扱う消費者信用の範囲は割賦・非割賦方式で行われる販売信用に限定する。消費者信用が消費者の家計におけるあらゆる債務を含むとするならば，当然，住宅ローンや消費者金融（現金そのものの貸付）も含めるべきである。にもかかわらず，信用の本質について分析するにあたって，この二つをあえて除外する。というのは次の理由からである。

126　第2部　「消費社会」の内実

　住宅ローンについては，通常，消費者信用と住宅ローンは別の範疇として取り扱われている。野村重明氏によれば，その根拠としては通常次の3点があげられる。
　（1）消費者信用は消費の目的のために供与される信用であり，会計上，負債とみなされるが，住宅ローンは住宅購入の目的のために供与される信用であることから，会計上，投資とみなされ，債務には分類されない。
　（2）両者は変動要因が異なり，産業循環にも違った影響を与え，「独自の経済的性質をもっている」[3]。
　（3）住宅ローンと消費者信用は信用供与機関が異なり，返済回数・年限も著しく異なる。
　野村氏の(1)の根拠は，生産手段としての設備・建物などの固定資本と個人の持ち家との区別，すなわち，資本流通にかかわるものとそうでないものとを区別する視点を排したもので，これは明らかに誤りである[4]。しかし，住宅ローンの問題を考える際には当然ながら地代論の観点からの分析も必要となる。したがって，家計における債務のうち大きな部分を占める住宅ローンについての分析は重要な課題ではあるが，ここでは，消費者信用の信用関係の性格を抽出するために，ひとまず除外しておくこととする。
　さらに，消費者金融は，信用供与に際してその借入目的を限定しておらず，したがって，商品売買に間接的にはかかわってはいても，直接的な関係を持つものではない。たとえば，消費者金融の借入分を貯蓄に繰り入れようが，賭博に費やそうが，供与側にとっては構わない。いわばフリーキャッシュであるその性格は，むしろ前資本主義的な「高利貸し」的信用供与である。したがって，消費者金融についても，ここでは除外しておくこととする。
　以上の諸点を踏まえつつ，本章では次のように分析を進めたい。最初に，販売信用の諸形態をパターン化し，それぞれの信用関係の分析をもとに販売信用の本質を明らかにする。これまでの研究では，販売信用の本質の解明はまったくと言ってよいほど行われてこなかった。したがって，販売信用の本質を定義したうえで，販売信用についての従来の分類を，ここではあらためて分類し直すこととする。つづいて，販売信用の利子率については，その本質から生じる利子率の性格を明らかにしたい。さらに，本質論をもとに信用供与者，受信者

双方の視点からみた販売信用の成立条件を分析し，そのうえで販売信用の機能・効果を個別的視点および社会的視点とに分けて考察し，販売信用の限界と問題点を現代資本主義論の一環として明らかにしてみたい。

I　販売信用の本質

1　販売信用の諸形態

　ここでは，まず販売信用の諸形態を，A・B・Cの3タイプに分類して図示することとする。これらの分類は『日本の消費者信用統計』（一般社団法人日本クレジット協会発行）の「取引形態別仕組み」にもとづいている。なお，それぞれの形態に関する説明を行う際には，実際に「仕組み」図で用いられている用語をそのまま使用した。

Aタイプ

　Aタイプは，日本やアメリカの大型百貨店をはじめとする独立方式の割賦販売の形態である。信用調査・信用供与・債務取立て等すべての業務は販売店が担い，一定期間後に消費者が販売店に対して債務支払いを行うことで債権債務関係が終了する。

　消費者は，主として消費財である商品（以下，単に商品と略す）を信用で購入

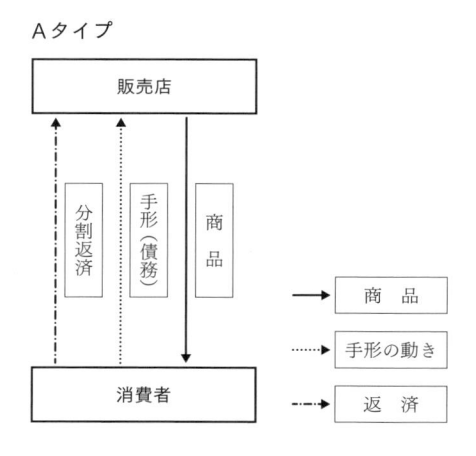

し，販売店と信用関係を結び，商品の代金は一定期間後に消費者から販売店に対して分割払いで返済される。

消費者は，商品の購入に際して販売店に対して手形を振り出し，一定期間後に販売店に対してその商品の代金を利子をともなって返済する。このAタイプでは消費者が手形を振り出す相手と一定期間後の返済の相手は等しく販売店である。一方，販売店は，商品の購入を希望する消費者の将来所得が確実であるという前提にもとづいて，消費者の振り出す手形と引き換えに商品を掛けで販売する。

Bタイプ：割賦購入斡旋（個品方式・カード方式）
割賦販売はその多くがこの形態で行われている。

Bタイプは，Aタイプにおける販売店の機能が分化して，消費者に対する販売店の債権を肩代わりする貨幣取扱資本が参入してきたタイプの割賦販売形態で[5]，対消費者債権を肩代わりする機関は信販会社である。

商品の引き渡しに際して消費者から販売店あてに振り出された手形①が，信販会社に譲渡され（手形②），信販会社は販売店に対してその商品の代金を一括して支払う。手形が販売店から信販会社に移ったことから，消費者は一定期日後に，代金の返済を販売店にではなく信販会社に対して分割して行うことに

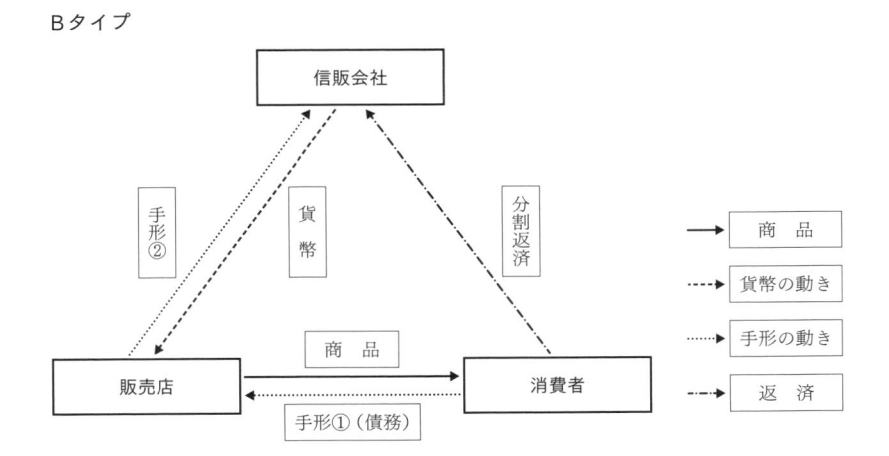

Bタイプ

なる。

　販売店は消費者に対して商品を掛けで販売するが，このとき消費者から振り出された手形を信販会社に譲渡することによって，販売店は消費者による返済が終わる前に信販会社から代金を一括して受け取ることができる。このように信販会社への手形の譲渡と引き換えに代金が支払われるのであるから，販売店にとっては通常の商品販売と変わりがない。したがって，販売店という個別資本のレベルでみれば，この消費者債権の信販会社への譲渡によって商品の価値を実現したことになる。Aタイプの販売店は，商品の販売が第一目的でありながら，商品の掛け売りにともなう代金の回収やその前提となる信用調査といった業務も行い，しかも代金の回収が終了するまでは商品の価値は実現したことにならないのであるが，このBタイプではAタイプの販売店が担っていた業務のうち，信用供与機能を信販会社が代替することで，商品の引き渡しと商品価値の実現とのあいだの期間を大幅に短縮することになる。

　それでは，信用供与形態を代位している信販会社は，販売店や消費者とどのような関係にあるのか。

　まず，信販会社と販売店とのあいだには，販売店の対消費者債権の売買という関係が成り立つ。信販会社はあくまでも消費者の将来所得が確実であるという前提のもとで手形を買い取るのであって，販売店の有する信用に依拠しているのではない。手形譲渡の過程を経ることによって，信販会社は消費者に対する新たな債権者となり，消費者からの債務の方向が販売店から信販会社に振り替えられるのである。

　この信販会社と消費者との関係を一面的にとらえて，これまでは，販売信用は消費者に対する貨幣信用である，という見方が大勢を占めてきた[6]。たしかに，信販会社という個別資本の側からこの信用関係をみた場合には，消費者から返済を受けるのは信販会社であるために，あたかも信販会社による消費者への貨幣貸付であるかのようにみえる。しかし，このような見方は，消費者，販売店，信販会社の三者それぞれの信用関係のうちで，信販会社という窓口からみた場合にのみとらえられる関係にすぎない。全体の構成からみるならば，信販会社が販売店に貨幣を支払い消費者から返済を受けるのは，対消費者債権である手形が販売店から信販会社へと譲渡されることをとおしてであり，販売店

の対消費者債権が信販会社によって代位されたことにほかならない。

Cタイプ：提携ローン

比較的高額な商品を対象として信用の供与関係が取り結ばれるこのCタイプでは，Bタイプの信販会社が担っていた機能が，信販会社と金融機関との二者に分化されている。

まず，消費者が商品を購入するにあたり，信販会社が消費者の信用を保証し，信販会社を通じて金融機関から消費者に対する信用供与が行われる。対消費者債権は，信用関係としてはまず消費者から販売店へ（手形①），つづけて販売店から信販会社に（手形②），さらに金融機関へ（手形③）と譲渡される。信用の供与は金融機関から信販会社を経由して販売店に対して行われるが，返済は，消費者によって，元本に利子を加え分割払いで信販会社を経由して金融機関に対して行われる。ただし，この場合も，代金の回収業務はBタイプと同様に信販会社が担っている。

Bタイプとの相違は，金融機関による消費者への信用供与に加え，貸付資本の還流への信頼にもとづいて信販会社に対しても同時に信用供与が行われる点

Cタイプ

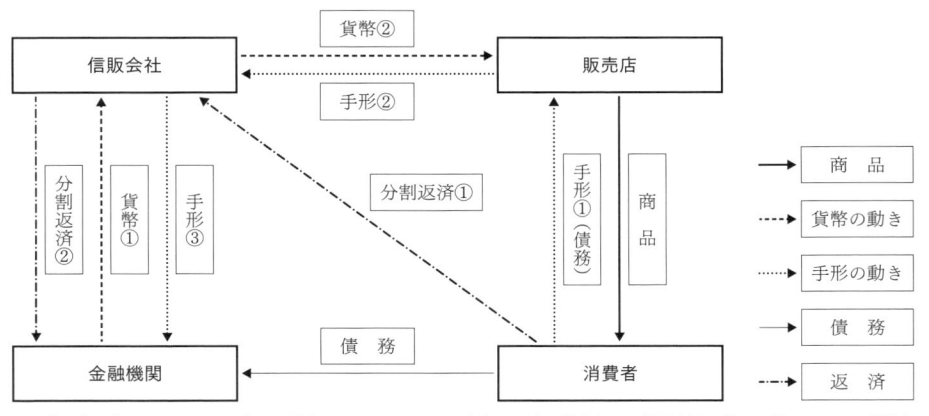

注：①，②，③は，それぞれの動きの順番をあらわしたもの。実際の返済は消費者から信販会社に対して行われるが，信販会社はすでに対消費者債権の譲渡を受けている金融機関による回収業務を代行しているにすぎない。したがって，消費者を起点とする債務の方向は金融機関に対して向いている。

にある。こうして，Cタイプでは，対消費者信用がもつリスクを信販会社による資本流通の過程で生み出される利潤によって担保することが可能となる。

さらに重要なことは，貸し手が信販会社（ノンバンク）だけであった場合と比べて，信用創造が可能な金融機関が直接的に関与することで，政策上の規制さえなければ，借り手の要求に天井なしに応えられるという点である。準備資本をどれだけ準備しておけるかがAタイプにおける販売店，Bタイプにおける信販会社にとっての関心事であったが，Cタイプでは金融機関の参入によって，両者はこの点を乗り越えられるわけである。

このCタイプにおける信用関係は，消費者の側からみればBタイプにおける信用関係と異なるところはない。販売店にとっても，消費者から振り出された手形を金融機関の機能の一部を代行している信販会社に譲渡することによって，代金を一括して受け取ることができるという点で，Bタイプと変わるところはない。

一方，信販会社および金融機関は，Aタイプの販売店，Bタイプの信販会社が有していた信用供与機能が分化して，金融機関もそれを担うことになる。Bタイプでは信販会社だけが貸付資本として機能したが，このCタイプでは，信用創造が可能な金融機関が信用供与機能を担うことによって，信販会社だけの場合と比べて，消費者への信用供与が拡大される可能性が大きくなる。もちろん，その還流が借り手のニーズと借り手の将来所得の安定性に依存していることに変わりはない。

2　販売信用の諸形態の分析

1項で見てきたように販売信用の形態は大きく三つのタイプにまとめることができる。

A・B・Cの3形態の信用供与の担い手は，Aタイプでは販売店であり，Bタイプでは販売店の信用供与機能が分化して信販会社がそれを担うことになる。Cタイプの場合は，信販会社と金融機関が提携して消費者に対する信用を代位することになる。各形態とも二者あるいは三者間の取引関係によって構成されているのであって，後段において「販売信用とは何か」を考察していくためには，この二者ないし三者間の取引関係をそれぞれ検討しておくことが必要なの

である。

　以下，それぞれの信用関係・取引関係について分析していくが，その前に，信用関係の考察の基礎となる「信用とは何か」について簡単に触れておくことにする。まず，信用とはそれ自体「債権債務関係という一種の社会関係」であって，価値が一時譲渡され，一定期日後，利子をともなって還流するという利子生み資本のとる形態であると規定される。

　利子生み資本の運動とは，一時譲渡される一定価値額が「実際に貨幣として存在するか商品として存在するかにかかわらない」[7]のである。そして，この価値額が貨幣形態をとる場合が貨幣信用であり，商品売買にともなって商品形態での価値の一時譲渡が商業信用[8]である。

　したがって，ここでの信用とは，貨幣形態あるいは商品形態をとる一定の価値額を一時譲渡し，一定期日後，利子をともなって還流する利子生み資本の現象形態であると規定される。

　以上を踏まえたうえで販売信用の諸形態の分析を行っていくこととする。

Aタイプ

　消費者は，販売店から手形と交換に掛けで商品を購入する。消費者は一定期間後，販売店に対して代金を支払う。したがってAタイプにおいては，消費者が手形を振り出す相手と返済を行う相手は等しく販売店である。

　販売店は，消費者の振り出す手形と交換に商品を掛け売りするのであるが，それは消費者の将来所得の確実性にもとづくものである。したがって，販売店は消費者の将来所得の確実性に依拠して将来所得の先取りによる貨幣支払約束を消費者と取り結んでいる。

　Aタイプにおける販売店は商品の販売こそを第一目的としているが，その目的を達成するために掛け売りを同時に行わなくてはならない[9]。掛けで商品を消費者に販売することは，消費者とのあいだで信用関係が取り結ばれることを意味する。すなわちAタイプの販売店は，消費者に対して商品の形態をとった価値（商品等価）の一時譲渡と，一定期間後の利子をともなっての回収をともに行うのである。

　さらに，消費者と販売店のあいだには，消費者の将来所得が確実であるとい

う前提に対する信頼にもとづいた貨幣支払約束関係が形成されている。これがAタイプにおいて販売店と消費者とのあいだに取り結ばれる販売信用という取引関係の本質である。

Bタイプ

　消費者からみれば，消費者と販売店との関係は掛けによる商品の購入である。ここで消費者は商品の購入と同時に販売店に債務を負うことになる。

　しかし，消費者の債務は対消費者債権の販売店から信販会社への譲渡という過程を経て信販会社に移るので，一定期日後の代金の支払いは消費者にとっての新たな債権者である信販会社に対して，消費者の所得から行われる。

　販売店は消費者に掛けで商品を販売する。商品の販売と同時に消費者から振り出された手形は信販会社に譲渡され，販売店は信販会社から商品の代金相当分を受け取る。

　消費者と販売店の関係では商品が掛け売買されるのではあるが，消費者からの返済が行われる以前に手形が信販会社に譲渡され，代金が手に入るのであるから，信販会社への手形譲渡が早ければ早いほど販売店にとっては現金販売に近づくことになる。

　Aタイプでは，販売店が商品の掛け売りとそれにともなう信用供与の二つ機能を同時に担っていたのであるが，Bタイプでは，この販売店の機能のうち信用供与機能が分化して信販会社がそれを担うことになり，しかも販売店にとっては現金販売と近い状態となる。販売店にとっての信販会社の存在意義はここにある。

　このように信販会社に対消費者債権を譲渡することによって販売店は商品の販売と価値の実現の時間的ギャップを短縮することができる。すなわちこの過程は，販売店にとっては手形の売買による商品価値の実現過程なのである。

　しかし，ここで留意すべきことは，Bタイプを販売店という個別資本のレベルでみれば，たしかに商品の価値実現はなされるのであるが，社会総資本レベルでは，消費者が商品の代金をすべて支払い終えた段階ではじめてその価値が実現されるという点である。

　このことは，販売信用の膨張がどのような意味をもつかという点と関係して

いる。

　販売店からみれば，たしかに対消費者債権と引き換えに商品の価値が実現しているのであるから，その商品はすでに「売れた」ものとして扱われる。したがって，販売店という個別資本レベルではさらに需要が喚起され，生産の拡大を促すことになる。しかし，社会総資本レベルでみれば，消費者が受け取った商品の代金相当分の債務を新しい債権者である信販会社にすべて払い終わるまでは，商品の価値は実現したことにはならない。無政府的な資本制生産のもとでは，社会総資本レベルで需要が本当に拡大しているのかどうかを正確に判断することはきわめて難しい。したがって，実際には販売店と消費者とのあいだでの商品受け渡しから，消費者が債務を決済するまでの期間に起こりうる，商品納入の遅滞，代金返済の延滞や返済回数の増加，あるいは債務不履行などによる信用関係の綻びや破綻が有効需要の落ち込みに実際に反映するまでには時間的なずれが生じる。すなわち，個別資本における価値の実現と社会総資本における価値の実現とのあいだには時間的なへだたりが生じるのである。

　このように，信用販売は，実際には価値が実現していないとしても個別資本の需要やそれにもとづく生産の拡大を促して，過剰生産をまねく危険をつねにはらんでいるといえよう。第1部で述べたように，信用販売は過剰生産対策として普及したものではあるが，それが逆に過剰生産をますます促進する結果をも生み出すのである。

　Aタイプにおける販売店は商品の販売を第一目的としながら，そのために商品の形態をとった価値の一時譲渡という信用供与機能をも同時に担っていた。

　Bタイプにおける信販会社は，Aタイプの販売店が消費者に対して供与していた信用を代位していると考えられる。それでは，信販会社と販売店および消費者との三者間の関係はいかなるものか。

　まず，信販会社と販売店とのあいだには販売店の対消費者債権の売買という関係が成立する。信販会社は販売店の信用にもとづいて手形を現金化するのではなく，信販会社はあくまでも消費者の将来所得が確実であるという前提に対する信頼にもとづいて消費者が振り出した手形を買い取るのである。その結果，信販会社は消費者に対する債権者となり，消費者からの債務の方向は販売店から信販会社へと切り替わる。

ところで、信販会社と消費者との関係は、図で見ると、当初から信用の供与者と受信者との直接的な関係に帰着するようにみえるが、これはあくまでも商品の販売が前提であり、手形が①→②の過程を経て信販会社に譲渡された結果であることに留意しなければならない。

つまり、Aタイプの販売店の機能から分化した信用供与を代位するのがこのBタイプにおける信販会社なのであり、信販会社はあくまで販売店による消費者に対する商品の掛け売りをとおして信用供与を行うのである。

従来の研究ではこの点が曖昧であった。それは、最終的に信販会社と消費者のあいだで債務の返済が行われる過程だけを取り上げて考察が進められてきたためであり、販売信用を銀行信用が消費者の所得流通に下降して取り結ばれている信用ととらえられてきたことにある。たとえば、浜田康行氏は、販売信用の信用関係について、消費者と販売店の関係では、販売信用は一見掛け売買のように現象するが、実は金融機関（浜田氏の論文では販売会社としてある）が消費者に対して貨幣信用の供与を行っているとされる[10]。

浜田氏をはじめとして、深町氏[11]・川合氏[12]らの、これまでの研究では、金融機関（信販会社）が貨幣を貸し付け、消費者が返済を行うという金融機関の側からの過程だけをみて、信用販売は金融機関による貨幣貸付にあたる、あるいは銀行による貨幣貸付が所得流通にまで下降してきたものとする見解が大勢を占めてきた。

結論からいえば、これらの主張はいずれも販売信用の信用関係を金融機関と消費者とのあいだでのみとらえたために生じた錯誤であると考えられる。たしかに、金融機関という個別資本の視点で信用関係をみた場合、金融機関は販売店に貨幣を貸し付け、消費者が振り出した手形を販売店から買い取ることをとおして債権を消費者から回収している、あるいは消費者に間接的に貨幣を貸し付けているかのようにみえる。しかし、こうした見方は、販売信用の諸形態のなかでもBタイプの、しかも金融機関という窓口からみた場合にのみとらえられる信用関係であって、全体的な信用関係からみれば、Bタイプの信販会社はただAタイプの販売店の機能のうち信用供与機能を代位しているにすぎないことがわかる。

要するに、信販会社は、販売店とのあいだで消費者の振り出した手形の売買

という取引関係を結び，対消費者債権の肩代わりをとおして消費者に商品の形態をとった価値を一時譲渡し，一定期間後に利子をともなった代金を消費者から回収しているのである。

　したがって，Bタイプの販売信用は次のようにまとめることができる。

　Bタイプにおける販売店は，商品の掛け売りによって消費者に対する債権を有する。

　Aタイプにおける販売店は，掛け売りをとおして商品の販売と信用供与・回収をともに行うが，Bタイプでは，このAタイプの販売店の機能のうち信用供与の機能が分化し，それを信販会社が代位している。すなわち，Bタイプでは，Aタイプでの利子生み資本の運動形態と同じく，消費者の将来所得が確実であるという前提にもとづいて，商品の形態をとった価値（商品等価）の一時譲渡が掛け売りをとおして行われ，一定期日後に利子をともなって消費者から返済させる形態をとる。それはまた，Aタイプにおいて販売店が行っていた信用供与の機能がBタイプでは分化し，価値の一時譲渡は販売店と消費者とのあいだで行われ，利子をともなっての価値の還流は信販会社と消費者とのあいだで行われているのである。

　BタイプとAタイプとのあいだの明確な相違点はここにあるが，このようなことが生じるのは，販売店と信販会社とのあいだで対消費者債権の譲渡をとおしての信販会社による債権の肩代わりが行われるからである。

　したがって，Bタイプの販売信用は，Aタイプに信販会社による信用の代位が加わっただけのことであって，結局，全体的にみれば，BタイプはAタイプに帰着する。以上から，これまで通説であった「販売信用＝貨幣信用や銀行信用説」とは異なる結論とならざるをえない。すなわち，販売信用は商業信用とも貨幣信用とも異なる信用供与形態であるといえよう。

　浜田氏のいうような「販売信用を信用関係でとらえるため」には，個別資本の側からみるだけでなく，信用関係の全体的な把握が必要なのである。

Cタイプ

　消費者からみて，商品の掛け買いとその返済という関係は，Bタイプと同様である。消費者は販売店から手形と交換に掛けで商品を購入する。このときの

掛け売買は消費者の将来所得の確実性への信頼にもとづいている。消費者の振り出した手形は，販売店の対信販会社債務の決済のために販売店から信販会社へ，そして金融機関へと譲渡されるのであるから，消費者は債務関係を有する金融機関に対して返済を行うのであるが，図のように信販会社が回収業務を代行しているため，形式上は，消費者は信販会社に対して分割して返済を行うことになる。

　信販会社は，まず，Ｂタイプと同様，Ａタイプの販売店から分化した信用供与機能を担うものとして存在している。

　信販会社は，商品が売り渡され，その代金の回収が円滑に行われて商品の価値が実現されるという信頼をもとに，販売店が有する消費者に対する債権を買い取る。

　ここで消費者が振り出した手形が商品代金の決済手段となるのは，とりもなおさず消費者の将来所得が確実であるという前提にもとづく支払約束が，信販会社と消費者とのあいだで取り結ばれているからである。

　したがって，Ｃタイプにおける信販会社は，その時点では，Ｂタイプと同じくＡタイプの販売店から分化した信用供与機能を代位するものとして存在しており，商品の形態をとった価値（商品等価）を消費者に一時譲渡しているといえよう。また，信販会社が販売店から消費者に対する債権を買い取るに際しては，そこには消費者の将来所得が確実であるという信用関係が前提されている。

　一方，金融機関は，ここでは信販会社に対して信用供与を行っているが，それは信販会社から対消費者債権の譲渡を受けたからである。したがって，金融機関が保有する債権も本質的には商品の形態をとった価値（商品等価）の一時譲渡であり，それが一定期日後に利子をともなって消費者から還流してくるという，利子生み資本の形態をとることに変わりはない。

　以上のように見てくると，Ｃタイプは，Ｂタイプに金融機関と信販会社の関係が加わっただけのことであって，その本質はＢタイプに帰着する。

　一方，Ｂタイプは，Ａタイプにおける販売店の信用供与機能が分化し，消費者に対する信用供与機能を信販会社が代位しているだけであって，その本質はＡタイプに帰着する。

したがって、販売信用の本質は、消費者の将来所得が確実であることを前提とした、商品の形態をとった価値（商品等価）の一時譲渡と一定期日後の利子をともなうその還流にこそあるのである。

3　販売信用と商業信用の相違

さて、A・B・Cいずれの形態における信用販売においても、販売店は消費者が振り出した手形と交換で商品を掛けで販売する。これは、販売店は消費者の将来所得が確実であるという前提にもとづいて消費者の将来所得を先取りした貨幣支払約束を取り結ぶことを意味する。

この販売信用における販売店と消費者との信用関係は、形態としては機能資本家どうしが取り結ぶ商業信用と類似している。それでは販売信用と商業信用との相違点はどこにあるのであろうか。

両者の決定的な違いは、商業信用では受信側が機能資本家であるのに対して、販売信用では消費者であるという点である。この、受信者の違いが販売信用と商業信用の相違点の基礎となっている。

第一に、商業信用は資本流通における機能資本家どうしの債権債務関係である。したがって、商業信用は、基本的には資本の還流に立脚している。

これに対して、販売信用は、所得流通における消費者に対する機能資本家の一方的債権債務関係である[13]。したがって、販売信用は資本の還流に基礎を置いておらず、消費者の将来所得にのみその基礎を置くものである。

第二に、商業信用の対象となる商品は生産手段および消費財であるのに対し、販売信用が取り扱うものはもっぱら消費財である。

第三に、商業信用では掛けで入手した生産手段を生産に投下することで新たに生じる剰余価値部分から利子分を返済するか、あるいは商業資本が掛けで仕入れた生産手段や消費財を販売して商業利潤を生み出し、ここから利子分を返済することになるが、販売信用では、消費者によって購入された商品は日常の生活のなかで消費されつくしてしまう。したがって、販売信用は剰余価値の取得とは無関係なのであって、利子分を含めた商品の代金は将来にわたる所得のなかから返済されなければならない[14]。販売信用とは、消費者の将来所得の先取りを行う信用関係である。

第四に，商業信用では，資本の還流が滞って利潤が生じず，その返済が不可能となった場合でも，生産物という物的担保があり，また企業が有する準備資本がある。しかし，消費者の将来所得に基礎をおいて信用供与を行う販売信用においては，消費者自身の所得が滞った場合には，消費者が有する貯蓄から返済してもらうか，さもなければ商品そのものを引き揚げて代金の回収をはかるしかないのである。確固たる物的担保のない消費者に対して，その人的信用を基礎に信用供与を行うという点が，次に述べるように，企業という組織全体に対する信用供与と比べて利子が高いことの一原因となっている。

　以上が，販売信用と商業信用の相違点である。

　しかしながら，商業信用は，売り手である機能資本家Aが買い手である機能資本家Bに対して，自分の商品を販売することを第一義的な目的として取り結ぶ信用関係である。販売信用における販売者と消費者との関係においても，販売者は利子の取得を目的とするのではなく，商品の販売を目的として販売信用という信用関係を結ぶ。このように，商品の販売を目的に信用関係を結ぶという点においては，共通点が見いだせる。

4　販売信用の利子について

(1) 各形態における利子の発生

　販売信用の利子率が，銀行信用と比較して非常に高いことは周知の事実である。利子の高さの原因がどこにあるのかについて，前項の分析をもとに検討していくことがここでの課題であるが，その前にさきに分類したA・B・Cの各タイプについて，それぞれの関係のなかのどこで利子が発生するかについてみておきたい。

　Aタイプ

　Aタイプは，販売店が商品販売とそれにともなう信用供与を行っているので，すでに商品の代金のなかに利子分が含まれていると考えられる。

　Aタイプにおいて販売される商品の価格は信用価格であるから，現金価格を差し引いた分が利子である。

　Bタイプ

　Bタイプは，商品が消費者に販売される時点で，商品の価格にはすでに利子

表 5-1 金融機関の業態別貸付金利(2011年3月末)

業　態	業者数	消費者向け貸付				
		残高(億円)	構成比(％)	金利(％)	うち無担保残高(億円)	金利(％)
消費者向け無担保貸金業者	639	35,739	37.4	17.97	32,642	18.29
大手	9	32,032	33.5	18.20	29,042	18.55
大手以外	630	3,707	3.9	15.96	3,600	16.17
消費者向け有担保貸金業者	140	1,617	1.7	5.06	51	16.67
消費者向け住宅向貸金業者	46	5,811	6.1	3.56	22	2.75
事業者向け貸金業者	794	2,664	2.8	5.58	682	12.52
手形割引業者	120	6	0.0	10.53	4	10.68
クレジットカード会社	138	13,959	14.6	15.59	13,553	15.97
信販会社	109	31,181	32.6	14.93	29,928	15.41
流通・メーカー系会社	29	412	0.4	4.55	98	12.75
建設・不動産業者	90	261	0.3	8.79	9	6.93
質屋	36	14	0.0	16.13	8	16.95
リース会社	70	3,848	4.0	2.39	51	4.24
日賦貸金業者	10	0	0.0	0.00	0	0.00
非営利特例対象法人	13	1	0.0	2.99	1	2.99
合　計	2,234	95,519	100.0	15.50	77,055	16.02

出所：金融庁HP, http://www.fsa.go.jp/status/kasikin/20111021/index.html（アクセス日2012年9月27日）
注：1）貸金業者から提出された業務報告書にもとづき作成。「金利」は「平均約定金利」である。
　　2）「消費者向け無担保貸金業者」の「大手」とは、貸付残高500億円超の業者である。
　　3）業者数は、業務報告書提出業者（2501）のうち、貸付残高のない業者（267）を除いたものである。

分が含まれていると見ることができる。というのは，信販会社が販売店から消費者が振り出した手形を買い取るときには，販売店に対しては手形の額面から利子分を差し引いた額を支払うのであるから，消費者が手形を振り出すときには，すでにその額面には利子分が含まれていると考えられるからである。

　しかし，信販会社が実際に利子分を手に入れるのは，消費者が代金を支払うことによってである。

Cタイプ

　Cタイプも同様である。商品を消費者に販売する契約を販売店が結ぶ時点で，すでにその価格には利子分がプラスされる。

　すなわち，消費者が商品を購入する際には，その販売価格には，すでに金融機関の収入となる利子分が含まれている。

　なお，この場合でも，利子が金融機関の手元に入るのは，消費者からの支払

第5章 消費者信用の一形態としての販売信用

事業者向け貸付			合計		
残高(億円)	構成比(%)	金利(%)	残高(億円)	構成比(%)	金利(%)
861	0.5	10.62	36,600	14.0	17.80
682	0.4	11.03	32,714	12.5	18.05
179	0.1	9.07	3,886	1.5	15.64
243	0.1	5.47	1,861	0.7	5.12
471	0.3	6.50	6,282	2.4	3.78
112,610	68.2	1.64	115,275	44.2	1.73
608	0.4	9.11	615	0.2	9.13
4,857	2.9	2.04	18,817	7.2	12.09
7,351	4.4	2.45	38,532	14.8	12.55
7,147	4.3	1.06	7,559	2.9	1.25
2,107	1.3	4.12	2,368	0.9	4.64
75	0.0	8.70	90	0.0	9.91
28,882	17.5	3.37	32,730	12.6	3.25
2	0.0	18.90	2	0.0	18.90
6	0.0	2.17	7	0.0	2.33
165,225	100.0	3.96	260,745	100.0	6.63

いが行われることによってである。

これまで見てきたように信用販売において発生する利子は，一見すると商業信用にともなう利子と変わらないようにみえるが，実際はどうであろうか。

Aタイプの販売店にとっては利子の取得が第一目的ではないが，利子の受取手である。

B，Cタイプの，信販会社や金融機関にとっては利子の取得が第一目的であり，かつ利子の受取り手でもある。

ところで，販売信用の機能・成立条件については次節において詳しく述べるが，金融機関が消費者信用に進出した目的が過剰貨幣資本の新たな貸付先の開拓であったことからすれば，その利子率は商業信用と同じく銀行信用における利子率を前提していると考えられる。とはいえ，消費者信用における利子はきわめて高率に設定されている。その要因は何か。

(2)販売信用の高利の原因

まず，表5-1にもとづいて，対消費者貸付と対事業者貸付との金利の差を確認してみよう。

「消費者向け貸付」を主とする「消費者向け無担保貸金業者」の平均約定金利は約18％であるのに対して，「事業者向け貸付」が約7割を占める「事業者向け貸金業者」の平均約定金利は1.64％となっている。このように，販売信用を含む消費者信用の信用供与にかかる利子率が，銀行信用など他の信用と比較して非常に高い原因を大きく分けてみると次の二点にまとめられよう。

図 5-1　金融機関の営業貸付金利息収入と営業費用の割合
　　　　（2007～09年度）

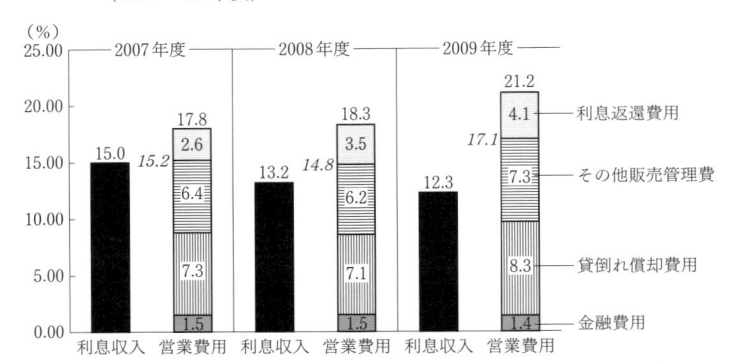

（%）
2007年度：利息収入 15.0、営業費用 17.8（15.2）— 利息返還費用 2.6、その他販売管理費 6.4、貸倒れ償却費用 7.3、金融費用 1.5
2008年度：利息収入 13.2、営業費用 18.3（14.8）— 利息返還費用 3.5、その他販売管理費 6.2、貸倒れ償却費用 7.1、金融費用 1.5
2009年度：利息収入 12.3、営業費用 21.2（17.1）— 利息返還費用 4.1、その他販売管理費 7.3、貸倒れ償却費用 8.3、金融費用 1.4

出所：日本貸金業協会『貸金業者の経営実態等に関するアンケート調査』報告，2010年11月19日，19ページ。
注：日本貸金業協会による「経営実態等に関するアンケート調査（調査期間：2010年8月30日～9月27日）」にもとづく数値。調査対象2359社のうち調査票回収数は1036社，回答数は259社である。

ⓐ想定される貸倒れリスクの高さ
ⓑ営業費用の高さ（小口の貸付に対する信用調査などに投下する資本の相対的大きさ）

この二つの要因について，さらに詳細にみておこう。

ⓐ想定される貸倒れリスクの高さ

　これは，対消費者貸付である消費者信用では担保をとらずに，債権の回収の根拠を消費者の将来所得に依拠していることから生じる，貸倒れリスクの高さである。図5-1で貸倒れ償却費用が営業貸付残高に占める比率を見ると，2007年度で7.3％，2008年度で7.1％，2009年度で8.3％となっている。また，債務不履行にはいたっていないものの，6ヵ月以上返済が滞っている「延滞債権」額が信用供与額に占める割合は，販売信用のなかのクレジットカードの場合だけでみると2008年で0.4％，2009年で0.5％と低い（表5-2）。しかし，日銀によれば，2009年度の住宅信用の貸倒れ率は0.4％と，クレジットカードによる販売信用の延滞率と変わらないものの，それ自体が金融庁による検査の必要性と融資基準の見直しを銀行に迫るほどに高率であると受け止められている[15]）。したがって，この数字は無視できないものがある。そのほかの延滞率は，

表 5-2 販売信用および消費者金融の信用供与額と延滞債権額（2008, 2009年）

（単位：100万円）

	2008年			2009年		
	延滞債権額 ①	信用供与額 ②	①／②	延滞債権額 ①	信用供与額 ②	①／②
販売信用						
クレジットカード（販売信用）	59820	14378693	0.4	70411	14437882	0.5
個品（個品斡旋，自社信用販売）	21759	953411	2.3	23594	911780	2.6
提携ローン	―	―	―	―	―	―
ローン提携販売	0	0	0	0	0	0
小計	81579	15332104	0.5	94005	15349662	0.6
消費者金融						
クレジットカード・キャッシング	96395	1554743	6.2	96786	1211227	8.0
融資専用カードによる貸付	113565	451892	25.1	115115	334825	34.4
その他の融資	3923	40085	9.8	2710	30555	8.9
小計	213883	2046720	10.5	214611	1576607	13.6
合計	295462	17378824	1.7	308616	16926269	1.8

出所：日本クレジット協会『日本の消費者信用統計』平成23年版。
注：1）延滞債権額は，6ヵ月以上にわたり約定支払期日以来以降の未入金が発生している（一部入金も含まれる）状況にある金額をいい，期日未到来分も含まれる。
　　2）数値はそれぞれ，信用供与額と延滞債権額または信用供与残高と延滞債権額の両方に記入のあった社の数値を集計したもの。
　　3）記入社数が2社以下のところは公表せず。

　個品斡旋等の「個品」で2.3％，消費者金融ではクレジットカードキャッシングで6.2％，融資専用カードによる貸付（販売信用の機能を持たず，キャッシング機能のみを有するカードによって信用供与を行うもの）の場合には34.4％と著しく高い（表5-2）。2007年度の住宅信用の貸倒れ率が0.03％であったことからみても，このように，消費者信用の貸倒れ率は通常の住宅信用の場合と比べても著しく高いといえよう。

　販売信用を含む消費者信用の場合，受信者は消費者であり，そのほとんどが労働者である。したがって，彼らの所得が将来にわたって安定していること，すなわち，労働力が継続的に販売可能であることが信用供与の前提となる。消費者信用が基本的に無担保貸付であるという意味はここにある。したがって，所得が滞った場合の返済は商品の回収か，過去の所得である貯蓄などによるほかはない。ただし，現物の商品は，すでに一度は販売されたものであるから，回収したとしても新たに商品として販売することはきわめて難しい。さらに重

表 5-3 業態別貸付件数，1件当たり平均貸付残高（2008年3月末）

業態	業者数	消費者向け貸付				
		件数（件）	残高（億円）	1件当たり平均貸付残高（千円）	うち無担保件数（件）	うち無担保残高（億円）
消費者向け無担保貸金業者	2,360	16,092,805	87,857	546	15,936,012	81,715
大手	19	13,211,084	80,648	610	13,068,155	74,701
大手以外	2,341	2,870,150	7,177	250	2,856,286	6,981
消費者向け有担保貸金業者	384	65,622	1,426	2,173	35,564	108
消費者向け住宅向け貸金業者	96	70,118	6,862	9,786	4,209	57
事業者向け貸金業者	1,442	803,385	5,876	731	780,674	2,035
手形割引業者	252	2,969	18	606	1,913	12
クレジットカード会社	150	16,039,767	22,156	138	16,029,713	21,566
信販会社	129	34,473,474	48,311	140	34,457,428	47,080
流通・メーカー系会社	87	275,211	775	282	274,972	767
建設・不動産業者	288	38,748	772	1,992	30,645	97
質屋	81	13,165	40	304	5,042	13
リース会社	110	124,579	5,092	4,087	85,029	241
日賦貸金業者	285	—	—	—	—	—
合計	5,664	67,999,843	179,191	264	67,641,201	153,695

出典：金融庁『貸金業関係統計資料集』。
注：1）貸金業者から提出された業務報告書にもとづき作成。
　　2）業者数は，業務報告書提出業者（7,455）のうち，貸付残高のない業者（1,791）を除いたものである。
　　3）「消費者向け無担保貸金業者」の「大手」とは，貸付残高が500億円超の業者である。
　　4）「件数」は各業者分を単純合計したもの（述べ数）。件数の捉え方は各業者の契約形態や債権管理方法等に
　　5）貸付残高は，億円未満を切り捨てている。

要なのは，さきにあげたAタイプを除いて，消費者が商品を手に入れた時点で振り出された手形は即時に金融機関に譲渡されており，債権の回収を行うのは金融機関だという点である。金融機関が商品を回収し，それを販売して債権の回収を行うとは考えにくい[16]。

　商業信用の場合は，機能資本家は商業信用によって手に入れた資本財を，剰余価値を生み出すことを目的として生産に投下するのであって，信用関係を形成する動機はそこに存在している。その生産物がたとえ価値を実現できずに資本の還流が滞った場合でも，工場や社屋，土地などの資産，生産物それ自体や原材料などを債務返済の一部とすることができる。

　また，商業信用の場合は譲渡された資本財が新たに生み出す価値のなかから

第5章 消費者信用の一形態としての販売信用　145

	事業者向け貸付			合計	
1件当たり平均貸付残高（千円）	件数（件）	残高（億円）	1件当たり平均貸付残高（千円）	件数（件）	残高（億円）
513	92,034	1,802	1,958	16,184,839	89,659
572	48,017	1,184	2,466	13,259,101	81,832
244	44,017	617	1,402	2,914,167	7,795
304	3,668	226	6,161	69,290	1,653
1,354	241	129	53,527	70,359	6,992
261	430,234	172,670	40,134	1,233,619	178,547
627	82,311	1,578	1,917	85,280	1,597
135	9,989	4,177	41,816	16,049,756	26,334
137	24,031	7,198	29,953	34,497,505	55,509
279	1,621	3,269	201,666	276,832	4,044
317	13,047	4,959	38,009	51,795	5,731
258	1,494	101	6,760	14,659	141
283	31,599	39,451	124,849	156,178	44,543
―	37,576	142	378	37,576	142
227	727,845	235,707	32,384	68,727,688	414,898

よるため，1件当たり平均貸付残高等について，業態間の単純な比較はできない。

利子を支払う形態をとるが，販売信用を含む消費者信用は所得流通にかかわる信用であるため，本来，剰余価値を生み出すことはない。さらに，よほどのことがないかぎり所得が次の月にいきなり増加することは考えられず，したがって，受信時と変わらぬ所得水準のもとで返済を続けるはずである。しかも，消費者信用の上位を占める借入理由が「生活費」であることからも明らかなように，多くの債務者は余裕のないなかで借入を行っており，したがって，返済も同じく余裕のない家計のなかでやりくりせざるをえない。消費者信用がもつ根本的なリスクの高さは，消費者の将来所得の確実性だけが信用供与の要件であるという不確実性の高さにあるのである。

　また，ここに示した消費者信用の特性は，ⓑの営業費用の高さにもつながるものである。

　ⓑ営業費用の高さ

　銀行信用の場合には，通常は大口の貸付を行うため，貸付単位当たりの事務手続など諸経費は低くてすむが，販売信用をはじめとする消費者信用では，その多くの貸付が小口であるため，単位当たりの諸経費が高くつかざるをえない。表5-3は業態別にみた1件当たりの平均貸付残高を，「消費者向け」と「事業

表 5-4 アメリカにおける消費者割賦金融機関と商業銀行の貸付残高に対する営業費用の比率（1930〜1940年）　　　　　　　　　　　　　　　　　　　　　　　（単位：％）

サンプル	1930	1931	1932	1933	1934	1935	1936	1937	1938	1939	1940
販売金融会社											
全国的規模2〜3社	7.3	8.1	8.4	9.2	8.9	7.1	6.5	6.1	5.5	6.1	6.0
広域的規模2〜4社	8.5	9.4	11.8	11.5	11.9	10.4	9.9	9.2	8.0	9.1	8.1
地方的規模9〜32社	12.4	12.9	13.0	12.8	11.9	12.0	10.9	10.5	10.6	11.5	10.7
消費者金融会社											
全国的規模2社	17.5	19.7	21.6	23.2	24.3	22.0	21.5	21.6	20.9	21.4	21.5
広域的規模2〜5社	19.5	18.5	36.3	22.4	23.9	24.2	23.2	21.9	22.8	21.2	21.7
地方的規模5〜7社	—	—	—	—	23.0	23.6	21.8	21.0	21.4	21.6	21.6
全連邦信用組合	—	—	—	—	—	2.8	2.3	2.7	3.3	3.3	3.4
全国法銀行											
純損失を含む	3.2	4.0	4.7	5.4	4.6	2.6	1.9	2.4	2.5	2.3	2.3
純損失を含まない	2.5	2.3	2.5	2.3	2.4	2.3	2.3	2.3	2.4	2.3	2.3

出典：野村重明「アメリカの消費者信用（1）」『岐阜経済大学論集』第12巻第3号，1978年，17ページ。
原資料：E. A. Dauer, *Comparative Operating Experience of Consumer Instalment Financing Agencies and Commercial Banks, 1929-41*, UMI, 1944, p. 106.
注：商業銀行の貸付残高は貸出・投資残高である。

図 5-2　クレジットカード業，割賦金融業の費用の内訳とその比率（2010年度実績）

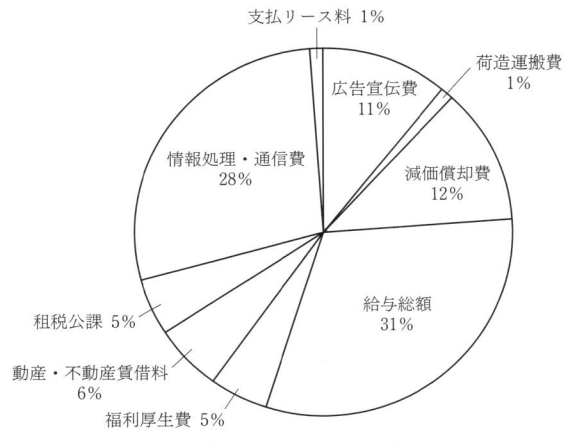

- 支払リース料 1%
- 荷造運搬費 1%
- 広告宣伝費 11%
- 減価償却費 12%
- 給与総額 31%
- 福利厚生費 5%
- 動産・不動産賃借料 6%
- 租税公課 5%
- 情報処理・通信費 28%

出所：経済産業省『企業活動基本調査』（平成23年企業活動基本調査確報：平成22年度実績）より作成。

者向け」に分けて示したものである。たとえば、「消費者向け無担保貸金業者」の消費者向けの貸付件数は、160億9280万5000件、1件当たりの貸付残高は平均で54万6000円である。一方、「事業者向け貸金業者」の事業者向け貸付件数は、約43万234件で、1件当たりの平均貸付残高は4013万4000円である[17]。

現在、アメリカの消費者信用の担い手のうちで、市場におけるシェアが最も大きいのは商業銀行である。しかし、商業銀行が消費者信用の分野に進出したのが1930年代であることからみれば、他の三大機関が1910年前後であったのと比べて遅れている。その理由の第一にあげられるのは、消費者信用の貸付単位当たりの費用の高さにあった（表5-4参照）。

また、第二の理由として、当時のアメリカの商業銀行は「その現実の運用面を、商業のみならず、工業・農業部面にも拡充して」[18]おり、工業・農業への貸付業務で十分な利益を上げることができたために、他部面への進出は不必要と考えられていたことがあげられるが、ここではそのことを指摘しておくにとどめる。

また、貸付単位が小口であることから直接的に生じる貸付単位当たりの費用の高さに加えて、個人情報の収集や管理にかかわる費用や、近年設置が拡大している無人店舗の維持・管理にかかわる情報関連費用の増大も、全体的な営業費用を規定づける要因となっている。

前述したように、消費者信用の場合、消費者個人の将来所得が確実であるという前提に依拠して信用が供与されるために、リスクが非常に大きい。そのため、貸し手の側は個人の所得、勤め先の安定性、家族構成、資産等に関する詳しい個人情報をできるかぎり収集しておく必要がある。

消費者信用が成長を遂げるにいたった背景には、情報管理システムの導入による個人情報の収集能力と事務処理能力の拡大があるが、このようなリスク回避のための個人情報の収集と管理は情報ネットワークの利用をともなうため、このことが図5-2に示されるように、信用供与に必要な費用に占める「情報処理・通信費」の比率の増大となって表れている。この『企業活動基本調査』に所収されている産業において、2010年度に費用に占める「情報処理・通信費」の比率が最も高かったのは「クレジットカード業、割賦金融業」で、「情報処理・通信費」が費用全体に占める割合は28％であった。ちなみに、第2位の

「インターネット付属サービス業」は17％であった[19]。

不特定多数の消費者を顧客とする販売信用供与機関にとっては，この「その他費用」は削ることのできない重要なコストである。こうしたリスク回避のための費用が利子率に影響していることは明らかである。

II 販売信用の成立条件

本節では，販売信用の成立過程について考察する。消費者信用に関するこれまでの研究はもっぱら信用の供与者側からみた販売信用の成立必要条件に焦点があてられており，受信者である消費者が販売信用を受け入れる動機に関する分析はほとんどなされてこなかったといってよい[20]。

信用供与者である資本の必要にもとづいて販売信用が生まれ，資本の側からの働きかけが行われたとはいえ，消費者の側に販売信用を受け入れざるをえない理由がなければ，これほどまでに急速に発達し，消費生活にこれほどまでに浸透することはなかったはずである。

そのことを認識したうえで，信用の供与者側と受信者側のそれぞれの視点から販売信用の成立・発展の条件を考察していく。なお，アメリカの事例分析については第3章を参照されたい。ここでは日米の販売信用成立の歴史を踏まえたうえで，その考察作業で抽出された一般的な成立・発展条件をまとめておくこととする。

1 信用の供与者側からみた販売信用の成立条件

販売信用における信用供与者は，Aタイプでみれば販売店であり，Bタイプでは販売店と信販会社，Cタイプでは販売店，信販会社，金融機関の三者であるが，ここでは，信販会社と金融機関を一括して金融機関とし，販売店，金融機関のそれぞれが消費者信用にかかわる動機について検討を加えることにする。

(1)販売店

販売店の側からみれば，商品滞貨の発生にともなって販売信用制度の必要性が生じる。それは，販売信用が，技術革新が進み，耐久消費財の生産に拍車が

かかった時期と並行して成立・発展を遂げているという，販売信用成立の歴史的経緯からみても明らかである。

耐久消費財は一商品当たりの価値が大きいため，現金による一括払いで購入することのできる消費者層はきわめて限定的である。一方で，耐久消費財は工業製品であるため，技術革新による大量生産を必然的にともなう。一括払いが可能な消費者層だけでは，飛躍的に拡大する生産量に比して，市場は相対的に狭小なものとならざるをえない。したがって，拡大する生産量と相対的に狭小な市場という矛盾を打ち破る必要が生じるのである。

販売信用は，耐久消費財という，他の消費財たとえば食料品などと比較して著しく大きな価値をもつ商品の生産に対応した販売方法として，すなわち，商品の価値を分割して一定の期間を通じて最終的にその実現をはかることを可能にし，そのことをとおして新たな市場の創造をはかる方法として成立したものである。

(2) 金融機関

金融機関が販売信用に進出する背景には次の二つの要因が存在した。

ⓐ 機能資本家の自己金融化が進み，金融機関は貸付先を他に拡大しなくてはならなかった。

ⓑ 個人預金が証券投資ブームで減少したため，個人預金の確保を目的として消費者に対する信用供与に乗り出した。

この二つの要因は，「第三者に譲り渡し，それを流通に投じ，それを資本として商品にする」[21]ことで，価値増殖を行う利子生み資本としての貨幣資本が過剰に蓄積されたために，その新たな貸付先を消費者に求めたものと言い換えることができる。

以上をまとめると，販売店と金融機関という信用供与者側にとって販売信用が必要とされた理由は次のとおりである。

販売店にとって信用販売は，商品滞貨の解決のための販売促進手段であり，とくに1単位当たりの商品価値の大きい耐久消費財の市場を高額所得者以外にも拡大できるという点で必要不可欠なシステムであった。また，金融機関にとっては，過剰に蓄積された貨幣資本に対する新たな利子の取得機会を拡大する

ために，不特定多数の貸付先を得ることができる販売信用の分野に進出することが必要であった[22]。

2　受信者側からみた販売信用の成立条件

　従来の研究では販売信用における受信者側の受入れ条件についての明確な検討・検証は行われていないに等しい。したがって，公共機関の出版物やこれまでの研究をもとに，いくつかのごく簡単に提示された要因に，ここまでの考察から導くことのできる要因を加え，これらを個別に検討・検証していくこととする。

　分析すべき課題として提示されるのは次の3点である。

(1) 耐久消費財の出現——労働者にとって労働力の再生産費に1回限りではなく多年にわたって入り込む，1単位当たりの価値が大きな消費財の出現。
(2) 信用供与条件の成立——戦後日本経済の復興にともなう所得の増加と将来所得の安定性の確保，および購入欲求の増大。
(3) インフレの進行——インフレの進行にともなう，いわゆる「債務者利得」の発生[23]。

(1) 耐久消費財の出現

　販売信用は，アメリカでも，日本でも，自動車・家庭電化製品等の耐久消費財の大量生産体制の確立と並行して成立・発展してきた。もちろん，同じ耐久消費財であっても，自動車産業の勃興にともなって販売信用が急成長したアメリカに対し，日本では当初，自動車の普及率は欧米に比べて未だ低く，家庭電化製品を中心として販売信用が受け入れられるようになったというように，その経緯は異なる。しかし，やがて日本でも自動車の販売にともなって販売信用の供与額が増大するという，アメリカにみられると同様の展開になっていったのである。

　表5-5によれば，1963年当時，アメリカでは乗用車が国民のあいだに35.1％の割合で普及していたのに対し，日本ではわずか0.7％であった。しかし，テレビ・電気冷蔵庫・洗濯機に目を転じれば，それらの普及率は欧米に比して

表5-5　主要耐久消費財の普及率

	国民総生産 （1人当たり： 1000円）	乗用車 （1000人当た り：台）	テレビ （100世帯当 たり：台）	電気冷蔵庫 （100世帯当 たり：台）	電気洗濯機 （100世帯当 たり：台）
米国	1,167 (100)	351 (100)	93 (100)	98 (100)	78 (100)
英国	534 (45.8)	126 (35.9)	82 (88.2)	32 (32.7)	46 (59.0)
西ドイツ	634 (54.3)	119 (33.9)	41 (44.1)	57 (58.2)	38 (48.7)
フランス	605 (51.8)	147 (41.9)	27 (29.0)	38 (38.8)	30 (38.5)
日本	258 (22.1)	7 (2.0)	88 (94.6)	38 (38.8)	61 (78.2)

出所：日本銀行『日銀調査月報』1965年11月号。
注：1人当たり国民総生産は日銀による。他の数値は経済企画庁『国民生活白書』（1964年）による。（ ）内は米国を100とした指数。

遜色がなく，アメリカよりも上回っているものもある。日本では「三種の神器」と呼ばれ，家庭における必需品の地位についた家庭電化製品が，まず自動車に先行して急速な普及を見せたのである。その後，1965年には，日銀によって「(今後は)乗用車・エアーコンディショナー・ピアノなど高額な耐久消費財が増加の中心となるものと思われる」[24]との見通しが示されているように，このころから自動車，クーラー，ピアノなどに対する需要が急増し，それにともなってオートローン，電化ローン，ピアノローン等の成立・拡大がみられるようになった。

では，耐久消費財は他の消費財とどこが異なるのであろうか。他の消費財が労働力の再生産費1回（期間を仮に1ヵ月間とする）分の価値よりはるかに小さい価値の商品・サービスであるのに対して，さきに述べたように，耐久消費財は1ヵ月分の労働力の再生産費を超える価値の大きさをもつもの，あるいは一括購入した場合には労働力の再生産費に占める割合が高すぎて他の消費財やサービスを購入するにあたり支障が出る可能性があるほどの価値の大きさをもつものである。そのため，その支払いを何回かに分割し，1回当たりの支払いを少額に抑えることで，衣食住をはじめ日常生活に不可欠な消費財・サービスへの支出に費やされるべき労働力の再生産費のなかに，耐久消費財を購入する費用を組み入れることが可能になったのである。

（2）信用供与条件の成立

次に，戦後日本経済の復興にともなう所得の増加，将来所得の安定性の確保と購入欲求の増大についてみてみよう。

『消費者構造変化の実態と今後の展望』（経済企画庁，1984年5月）には利用者の側からみた消費者信用拡大の条件として，

　ⓐ所得水準の上昇とともに，個人の有する信用度が高まったこと，
　ⓑ生活水準の向上から，高額な財やサービス（家電製品，海外旅行など）の需要が高まったこと，
　ⓒ若い世代を中心に伝統的な勤倹貯蓄の考え方が弱まり，借入に対する抵抗感の少ない層が出現していること，

の3点があげられている。

ⓐとは，すなわち信用が供与される際の前提条件である将来所得の安定性が，信用の供与者側にとって満足できるだけの水準に到達したと判断されたことを意味する。将来所得の安定性は，安定した雇用と所得の継続および拡大によって形づくられる。したがって，信用の供与者側にとっての信用供与の条件が充足されるかどうかという点にだけ注目するのであれば，この二つ，すなわち雇用と所得の動向をみればよい。

一方，ⓑでは，「需要の高まり」と表現されてはいるが，その需要はあくまでも有効需要とならなければ資本にとって意味をもたないことに留意する必要がある。この問題を検証するためには，二つの事項，すなわち「いかにして需要が形成されるのか」という課題と「その需要が有効需要と結びつくための必要条件とは何か」という課題について考える必要がある。

相沢与一氏は，すでに1986年当時，耐久消費財の大量生産と生産コストの低下，そして労働力に対する需要の高まりが労働組合の交渉能力の高まりと結合されて賃金購買力を上昇させたと分析している[25]。規模別，就業形態別，性別の格差を内包したままではあるが，賃金水準が全体的に上昇したことは，需要が有効需要となるための必要条件であった。同時に，労働者の側でも，これらの耐久消費財に対する需要を生み出す環境がつくられたと相沢氏は分析している。「高度成長のもとで労働力の商品化と流動化によって賃金労働者は増大して都市に集中し，生活の都市化がひろがり，家族が縮小し個人主義的に分解

して生活単位が細分され激増したことが,耐久消費財へのニーズを高め購買単位を激増させた。もちろんこの生活の都市化と関連し結合しながら,長時間労働や『合理化』による労働の質的変化と過密化などに対応する必要や,共働きによる生活『合理化』の必要性などが,耐久消費財の購入・使用による生活様式の近代化を要請した」[26]。

では,このように質的に変化した労働者家計に,当時,借入なしで十分な量の耐久消費材が入り込んでいくだけのゆとりある賃金の取得が可能であったのだろうか?

1960年代の労働者の賃金を企業規模別および男女別にみると,少なくとも1969年までは平均的な消費支出額を上回る賃金水準にあったものは,1000人以上規模の企業に雇用されている男性労働者だけであった(表5-6参照)。石崎唯雄氏が指摘しているように,1962年から1974年ごろまでにかけては所得分配の平等化が進行したと考えられるが[27],多くの労働者世帯は男女がともに働いたとしても,それでも耐久消費財へのニーズを満たしうるだけの賃金を受け取ることはできなかったと考えられる。

長時間労働を強いられ,大規模な宣伝にも囲まれ,家事労働時間を節約したいという欲求を増大させる労働者世帯にとって,賃金だけでこれらの耐久消費財を購入することは困難であった。この問題を一時的に解決する手段が消費者信用だったのである。しかも,この時期は労働力に対する需要の増大で常用雇用が男女ともに増えている時期でもある。一方で,男女間,常勤・非常勤間に著しい賃金格差が存在してはいたが,パートタイムやアルバイトなどの不安定雇用が,現在ほどには多くみられる状態でもなかった。

販売信用という信用関係の成立は,最終的には消費者の所得の安定性と貯蓄額の増加にかかっている。高度経済成長期における常用雇用の増大と,それによって将来所得が比較的安定している労働者層が生み出されたことが,労働者に「借金をする権利」を行使させうる条件であったことは間違いない。しかし,その賃金は,すべての耐久消費財に対する潜在的需要を有効需要に即時的に結びつけるだけの水準にはなかった。そして,むしろ,耐久消費財を手に入れる「必要性」と「合理性」に比して,賃金水準が低かったことこそが,逆に販売信用の成立・急成長を支える一因となったのである[28]。

表 5-6 企業規模別・性別賃金と年間消費支出の長期推移　　　　　　　　　（単位：千円）

	男性の賃金			女性の賃金			消費支出
	10〜99人	100〜999人	1000人以上	10〜99人	100〜999人	1000人以上	
1967	519.7	601.6	745.2	260.7	295.2	385.8	684.9
1968	624.9	707.4	878.1	307.7	348.9	449.5	763.3
1969	719.5	811.6	996.4	352.6	396.6	517.2	844.6
1970	864.9	983.5	1172.8	433.8	484.0	617.0	954.4
1971	983.5	1126.1	1334.8	506.5	569.5	712.1	1049.7
1972	1124.1	1300.3	1538.3	573.0	658.8	837.1	1152.3
1973	1342.0	1598.0	1843.9	723.8	854.4	1058.5	1345.4
1974	1731.6	1991.9	2331.7	939.0	1094.3	1370.5	1632.3
1975	1973.8	2315.4	2716.0	1110.4	1316.0	1673.1	1895.8
1976	2144.7	2501.0	3007.1	1205.1	1381.2	1715.2	2097.5
1977	2353.7	2732.4	3308.9	1326.8	1503.4	1901.9	2286.0
1978	2506.4	2933.0	3537.9	1408.6	1618.3	2040.9	2420.6
1979	2639.7	3100.4	3760.3	1492.9	1712.6	2153.9	2576.4
1980	2844.3	3312.6	4039.4	1607.6	1816.6	2270.9	2766.8
1981	3028.5	3508.7	4302.0	1698.5	1936.2	2422.1	2880.2
1982	3140.2	3665.1	4548.0	1791.3	2005.5	2544.4	3038.0
1983	3230.4	3823.6	4730.7	1849.1	2078.4	2665.9	3114.3
1984	3327.2	3985.4	4931.9	1901.1	2162.8	2769.4	3195.8
1985	3439.5	4111.1	5126.7	1976.5	2261.9	2917.1	3277.4
1986	3521.1	4226.2	5305.1	2035.3	2343.1	3019.5	3316.5
1987	3596.6	4314.4	5427.1	2110.8	2435.0	3137.7	3371.3
1988	3715.9	4433.7	5615.7	2156.1	2471.5	3235.5	3493.5
1989	3899.5	4645.6	5912.6	2262.8	2572.6	3383.6	3592.2
1990	4165.0	4890.2	6206.6	2410.6	2735.2	3513.1	3734.9
1991	4396.7	5152.6	6467.3	2567.0	2904.9	3638.3	3925.4
1992	4568.9	5223.6	6571.0	2707.2	3042.9	3727.3	4003.9
1993	4594.3	5326.0	6678.5	2760.9	3143.8	3784.2	4023.0
1994	4628.5	5436.3	6717.2	2841.8	3243.1	3872.7	4006.1
1995	4634.4	5474.2	6827.2	2891.1	3305.7	3931.5	3948.7
1996	4660.6	5484.5	6979.9	2921.4	3376.8	3998.2	3946.2
1997	4722.4	5563.4	7083.5	2948.7	3431.1	4076.2	3999.8
1998	4639.8	5547.8	7074.3	2988.3	3474.7	4070.2	3938.2
1999	4585.3	5474.8	7003.4	3008.8	3507.1	4129.0	3876.1
2000	4530.2	5426.0	7006.8	3021.2	3574.9	4157.7	3805.6
2001	4532.5	5485.1	7062.3	3043.6	3561.5	4242.7	3704.3
2002	4370.4	5433.6	6965.6	3004.0	3583.7	4210.2	3673.5
2003	4346.8	5339.7	6923.3	3003.5	3543.5	4180.7	3631.5
2004	4357.9	5256.6	6937.6	3039.8	3564.2	4225.5	3650.4
2005	4307.5	5291.4	7006.2	2932.8	3445.4	4145.1	3610.8
2006	4366.7	5274.6	7045.7	2988.5	3442.2	4104.6	3544.0

出所：厚生労働省大臣官房統計情報部雇用・賃金福祉統計課「賃金構造基本統計調査報告」および総務庁「家計調査」より作成。

注：賃金については、「きまって支給する給与」に「年間賞与額」を加算したもの。消費支出は、年平均1か月当たりの消費支出額を12倍したものを使用した。また、消費支出については、「二人以上世帯、農家世帯をのぞく」世帯となっている。

表5-7 借入先（借入金保有世帯） (単位：％)

	借入あり	借入先						
		金融機関	自動車・家電の販売会社，百貨店等	信販，クレジットカード会社等	貸金業者，サラ金，質屋等	勤め先	知人・親せき	その他
1970	32.4	40.0	40.1		—	13.6	11.2	5.3
1971	31.6	42.4	41.7		—	13.2	11.7	3.6
1972	32.5	43.3	40.1		—	15.7	10.4	3.3
1973	32.1	46.0	34.3		—	17.8	9.2	4.7
1974	34.0	47.2	35.1		—	17.7	9.5	4.4
1975	33.6	49.0	35.7		—	17.6	10.7	3.2
1976	32.6	49.6	37.8		—	16.6	9.1	4.4
1977	35.6	55.8	32.5		—	18.8	8.5	4.6
1978	38.4	55.9	34.0		—	19.0	7.9	3.6
1979	37.9	59.4	32.1		0.5	19.7	8.6	3.8
1980	40.0	59.7	36.5		0.6	17.8	7.8	3.1
1981	41.8	60.1	35.8		0.9	19.0	8.2	2.8
1982	45.4	63.6	24.8	17.7	0.6	17.7	7.6	2.1
1983	47.6	61.8	26.6	20.5	0.9	18.4	7.1	1.9
1984	46.8	66.0	26.0	23.1	0.9	17.1	6.6	2.1

出所：貯蓄増強中央委員会「貯蓄に関する世論調査」1984年より作成。
注：借入先については「借入あり」と答えた世帯に占める割合。

　矢島保男氏をはじめとして，アメリカのケースをもとに，次のような所得と消費者信用の関係が定式化されて久しい。すなわち，まず耐久消費財への支出増加の引き金となるのが所得の増加である。所得の増加によって，余剰な所得への安心感・企業の宣伝の影響も加わって耐久消費財への需要が高まる。そこに販売信用が導入されることで耐久消費財の購入が容易になり，それ以後は，所得の伸びよりも急速に販売信用と耐久消費財への支出の伸びが所得と密接に関連して増加するようになる，という考え方である[29]。もっとも，矢島氏は「余剰な所得」の基準については明らかにしていない。

　表5-7は，こうした主張がなされた当時の借入先別に各借入の占める割合を示したものである。もちろん最大の借入先は「金融機関」であるが，これは住宅ローンの利用を反映している。一方，1970年時点では，まだクレジットカード会社についてのデータはないが，耐久消費財の購入に関連する「自動車・家電の販売会社，百貨店等」と「信販・クレジットカード会社等」だけに

表 5-8 借入の目的（借入金がある世帯，3つまでの複数回答）

年	医療費や災害復旧資金	子どもの教育，結婚資金		住宅の取得または増改築などの資金	日常の生活資金	耐久消費財の購入資金		旅行，レジャーの資金
		教育	結婚			家具等	自動車	
1978	3.7	6.2	—	60.9	5.9	22.0	21.7	1.3
1979	3.6	7.6	—	65.9	4.5	19.5	19.4	0.6
1980	4.6	6.2	—	62.0	5.6	21.5	21.3	1.1
1981	4.1	6.6	—	62.0	6.1	20.5	22.5	1.4
1982	5.3	8.2	—	64.3	5.3	21.6	18.9	1.0
1983	3.9	7.6	—	63.6	6.3	22.1	20.5	1.3
1984	3.6	6.5	2.6	65.2	6.7	22.5	21.9	1.0
1985	4.2	6.7	2.9	62.4	5.6	19.0	21.0	2.0
1986	3.8	6.0	2.4	62.5	5.4	19.0	22.6	1.5
1987	6.0	8.3	2.9	66.9	7.3	17.4	23.8	1.1
1988	5.2	6.8	2.0	65.9	6.7	16.3	22.7	2.5
1989	2.8	6.3	3.0	51.4	5.8	16.3	21.7	3.6
1990	3.6	8.4	2.8	59.5	6.7	17.0	25.9	3.9
1991	2.4	8.4	3.0	59.7	7.1	29.1		4.1
1992	2.6	10.8	2.4	60.4	8.8	28.6		4.3
1993	3.3	10.1	2.9	63.4	9.4	27.7		3.8
1994	2.5	11.9	3.2	61.1	8.5	27.7		3.5
1995	2.4	9.1	2.0	61.4	11.0	28.0		3.4
1996	2.7	11.5		61.0	8.4	23.8		2.6
1997	2.8	11.8		63.3	9.5	26.0		3.0
1998	3.1	13.4		62.6	9.1	26.5		3.9
1999	3.6	12.3		62.3	10.9	22.7		2.8
2000	3.2	11.7		63.4	11.6	23.5		2.2
2001	3.5	11.8		64.5	10.8	23.4		2.7
2002	2.5	13.3		65.4	11.6	21.8		2.4
2003	3.6	12.8		62.3	12.6	22.3		1.9
2004	3.4	11.6		64.0	10.3	25.3		2.5
2005	2.8	11.3		59.8	11.6	23.6		2.5
2006	3.3	13.2		61.9	11.8	24.8		2.3
2007	3.5	12.2		65.4	10.8	24.8		2.1
2008	3.1	12.0		62.8	11.9	22.9		1.7
2009	3.3	13.0		64.5	12.1	23.3		1.6
2010	3.1	12.9		62.7	12.9	24.0		1.3
2011	2.5	13.1		65.1	10.6	22.5		1.5

出所：金融広報中央委員会『家計の金融行動に関する世論調査（二人以上世帯調査）』，『知るポルト』HP，http://（アクセス2012年12月20日）より作成。
注：『家計の金融行動に関する世論調査（二人以上世帯調査）』は2007年以降使用されている統計名称である。

（単位：％）

株式等金融資産への投資資金	土地・建物等の実物資産への投資資金	相続税対策の資金	その他
—	—	—	3.9
—	—	—	4.2
—	—	—	4.2
—	—	—	4.0
—	—	—	5.0
—	—	—	5.5
—	—	—	5.3
—	—	—	6.6
—	—	—	7.5
1.2	—	0.5	5.6
1.9	—	1.0	10.3
1.9	4.3	0.5	7.9
2.3	7.2	1.1	7.8
2.0	7.5	0.9	12.1
1.4	8.4	0.6	10.8
1.6	8.4	1.3	10.6
1.1	9.0	1.0	11.3
1.4	8.1	1.0	10.3
1.1	8.2	0.7	10.1
0.8	7.2	1.1	11.7
0.9	5.6	0.7	10.5
0.5	6.6	0.7	10.8
0.5	6.6	0.9	12.3
0.6	5.7	0.8	11.6
0.8	5.8	1.1	9.5
0.5	5.7	0.8	7.3
0.5	5.7	0.6	11.6
0.6	6.6	1.3	12.1
0.5	6.3	1.1	10.8
0.3	4.9	0.7	12.0
0.2	4.4	0.8	12.3
0.2	4.0	0.7	12.0
0.5	5.2	1.2	12.6
0.3	4.1	0.9	11.3

www.shiruporuto.jp/finance/chosa/yoron2011fut/hist.html

限ってみても，前者からの借入は，1970年では40.1％，1975年では35.7％と高い数字が示されている。さらに，「信販，クレジットカード会社等」の調査が加えられて以降の1984年にいたっては，49.1％（「自動車・家電の販売会社，百貨店等」26.0％＋「信販，クレジットカード会社等」23.1％）とかなりの比率を占めている。参考までに現在の「借入目的」の年次推移と年齢別の変化を表5-8，表5-9に示しておいた。ただし，表5-8では，1990年以降は自動車の購入資金は個別集計ではなく「耐久消費財（家具等）」に一括されている。

消費者信用には，通常，資産とみなされる住宅信用部分は含まれないが，この「借入目的」を尋ねるアンケート調査では，住宅のための借入，すなわち住宅信用部分も含まれているため，当然ではあるが借入目的の第1位はこの「住宅の取得または増改築などの資金」調達で，第2位は「耐久消費財の購入資金」となっている。住宅に次ぐ借入目的は耐久消費財の購入なのである。また，借入の目的については，年代を問わず「耐久消費財の購入資金」となっている。耐久消費財は，前述したよう

表 5-9 借入の目的（2010年）

世帯主の年齢	医療費や災害復旧資金	こどもの教育・結婚資金	住宅の取得または増改築などの資金	日常の生活資金	耐久消費財の購入資金	旅行、レジャーの資金	株式等金融資産への投資資金	土地・建物等の実物資産への投資資金
20歳代	3.4	0.0	48.3	20.7	20.7	3.4	0.0	3.4
30歳代	1.1	4.0	62.0	12.7	25.4	1.8	1.1	3.3
40歳代	2.1	12.2	70.4	11.7	25.8	1.2	0.2	3.1
50歳代	2.1	22.7	63.5	12.4	24.3	0.9	0.2	4.4
60歳代	2.8	10.3	60.3	15.9	22.1	1.7	0.7	8.3
70歳以上	12.2	8.6	49.6	11.5	20.1	0.7	0.7	12.2

出所：表4-8に同じ。

に，その性格上，販売信用をともなうことを必定とするものである。しかもその耐久消費財の購入は，家事労働時間を短縮して社会的平均的労働力として労働市場での競争に勝ち残るための条件でもある。

　現在でも家事労働時間の短縮に加えて，ITを操作する能力が求められ，パソコンやスマートフォンといった耐久消費財を自宅に備えるか，常時携帯していなければならない。たとえば，会社でパソコンを利用して書類を作成していれば，その続きを自宅で行うためには自宅にもパソコンを備える必要がある。翌日の会議資料を自宅で再確認する，あるいはインターネットで必要な書類を会社とやり取りするなど，それらの行為はいずれもいまでは社会的平均的労働力としての社会的要請ともいえるものであり，その要請に応えるためには，これらのIT関連の耐久消費財の購入は必須条件にさえなっている。

　内田義彦氏が平易な言葉で語っているように，「市場には商品が山と積まれている。その中には肉体の存続に必要なもの，心の欲望を満たすものもある。何をどう買うか。（中略）貨幣は，何よりも労働力商品を作り上げるために投入されねばならない。それも売物になる商品としての労働力の生産に用いられねばならない。そしてその商品を作るには社会的・平均的にみて必要な額が賃銀」[30]である。

　労働者の消費の本質は，まず自ら「社会的・平均的」な労働力の持ち主であることを確保し，それを維持することにある。内田が「心の欲望を満たすもの」といった場合にも，その「心」さえ，すでにこのことを除外しては満たさ

第5章 消費者信用の一形態としての販売信用　159

(単位：%)

相続税対策の資金	その他
0.0	17.2
0.0	10.5
0.0	9.5
1.1	11.7
2.1	16.9
5.0	18.0

れえないということを忘れてはならない。

このことを前提として，次にⓒ（若い世代を中心した借入に対する抵抗感の希薄化）の問題を読み解いてみよう。

ⓒについては世論調査の結果以外には明確な論拠は見あたらないが，このような主張はさらに，現在流布されている「若者は消費に無関心であり，だから車から離れたのだ」という，いわゆる「嫌消費」世代などといった主張に姿を変えて生き続けているといえるかもしれない[31]。

とはいえ，当時の貯蓄増強中央委員会の調査によると，1970年には，借金に対して上手に利用すべきという積極的肯定派とやむをえないとする消極的肯定派を合わせると57％，否定派は37％であったが，1975年には，肯定派が72％に増加し，否定派は20％に減少している。さきの主張にはこのような調査結果が裏づけとして使われる。

若い世代ほど所得や貯蓄額の水準と比較して相対的に借入額の占める割合が高いことは確かである。かつて百貨店系クレジットカード会社が若年層に照準を合わせて顧客拡大を図り，大量宣伝を集中させたことも，新しい消費対象に敏感に反応する若年層を消費に向かわせた要因の一つであろう。

しかし，このような意識変化も耐久消費財市場の拡大戦略を背景にして生じたものであって，若年層の意識の変化がそれとは無関係であったとは考えられない。むしろ，ここまでの耐久消費財市場の拡大は，所得の増加にともなう家計余力の発生といった能動的な要因によるものではなく，耐久消費財なくしては生活が成り立たないという今日の家計が抱えざるをえない受動的な要因によると考えるべきであろう。

この点に関して横本宏氏は，耐久消費財の急速な普及は，その購入者の大部分を占める労働者が労働力を商品として販売するために，その時代の一般的レベルとして要求される生活・教育・考え方をもたなければならないという，労働力市場における平均的な労働力の売り手として，売り手間の競争関係から強制されることによるものであると指摘している。このように，他人との絶え間ない競争が要求される現代資本主義のもとでは，「人びとがそれを自覚的に意識するか否かにかかわらず，その競争関係こそが生活の合理化，省力化，効率

化，機能化あるいはその方向への生活様式の変化等々を強要するのである」[32]。すなわち，横本氏によれば，耐久消費財は生活を合理化する便利で快適なものであるが，精神的・肉体的に負担が強まってきた高度経済成長期において耐久消費財が普及したのは，それ以上に社会的・平均的な労働力を提供できる労働者として市場に臨まなくてはならず，労働力の再生産をより効率的に行い，かつ販売する労働力商品の質的向上という資本の要請に応えなくてはならない状況が生じたためである。

また，こうした意識の変化を増長・促進する役割を果たしたのはマスメディアであり，マスメディアは，労働者に，耐久消費財なくしては社会的・平均的労働力の提供ができないという焦燥感を抱かせたのである。

(3) インフレの進行による「債務者利得」の発生と販売信用

インフレの進行にともなって消費者に生じる「債務者利得」の観念によって販売信用が消費者に受け入れられる土壌が醸成されたという見方についても検討しておこう。

実際には，耐久消費財の価格は，第一次オイルショックの際に生じた，いわゆる「狂乱物価」を背景に1974年には一時的に急騰しはしたが，大量生産―大量消費体制の確立によって価格は下がり続けている。また，消費者信用成立当初の日本では，アメリカとは異なり，クレジットカードを利用してのリボルビングが禁止されていた。さらに，個品の割賦販売に関しても，当時の公定歩合（政策金利）の高さからして，ノンバンクである消費者金融機関の貸付金利は消費者物価の上昇を上回っており，販売信用の成立・発展条件に組み入れるほどに積極的な意味合いを「債務者利得」の存在にもたせることは難しい。

III 販売信用の機能と効果

販売信用の機能と効果について言及する際の前提条件は，あくまでも信用の受け手である消費者の将来にわたっての所得の安定性・確実性にこそある。

販売信用という信用関係が，銀行信用や商業信用のような機能資本家を相手としたものではなく消費者に対する信用供与であるという性格上，消費者の労

働力が将来にわたって，商品として販売可能であることが前提条件となる。その条件が満たされないかぎり，販売信用という社会関係そのものが成り立たず，その機能と効果を論じることも無意味である。

したがって，ここでは，所得が滞らずに消費者の手元に入ってくる場合について考えることとする。

1　販売信用の個別的機能・効果と社会的機能・効果

販売信用は，資本主義的生産様式のもとでの技術革新による大量生産体制の確立がもたらした過剰な商品を滞貨させることなく販売することを可能とするために成立した制度である。

高額な耐久消費財の滞貨対策として市場を拡大しようとする販売店と，証券投資ブームによる個人預金の減少，企業の自己金融化によって過剰となった貨幣資本の貸付先を，新たに不特定多数の消費者層へと求めた金融機関の進出とによって，その制度化がはかられた[33]のである。

この点を踏まえたうえで，信用を与える側にとっての販売信用の機能・効果を個別資本と社会総資本のそれぞれの視点から考えてみることにする。

(1) 個別資本および消費者個人における機能と効果
①信用の供与者側

まず耐久消費財の生産事情とその販売店の側からみてみよう。

耐久消費財は，高額で一商品当たりの価値が大きく，一度の支払いで購入できる消費者層は限られている。生産企業は，日々の技術革新による大量生産をとおして低廉化をはかるが，それでも，消費者にとっては，労働力の再生産費一期間内では購入できるものではなく，購入可能な所得者層の拡大には限界がある。しかも，耐久消費財生産における技術革新は著しく，量産化が急速にはかられている。

需要の拡大なしに大量生産が行われ続けると，商品の滞貨をもたらすことになる。したがって，販売店にとっては大量生産体制に見合う市場の拡大による販売の促進が急務とならざるをえず，そのことが販売店に割賦販売という形態を受け入れさせた主要な要因であったと言えよう。

価値の著しく高い商品の価値を少額ずつに分割し，受信者である消費者の労働力の再生産費のなかに，1回限りにおいてではなく，多年にわたって組み込んでいくならば，それを購入できる層が増加し，需要が増大することになる。

　一方，消費者と割賦契約を結び，割賦手形を消費者から商品と引き換えに手に入れ，それを金融機関に譲渡すれば，販売店には現金が支払われるというシステムが取り入れられることによって，販売信用の効果は販売店にとってますます強力に作用する。なぜなら，この方法によって，販売店は，商品の引き渡しと現金の受け取りのあいだの時間的なズレはほとんどなくなり，現金売買とほぼ同じように価値の実現が成し遂げられるからである。

　したがって，販売店にとっては，量的にも時間的にも販売＝価値の実現が促進されることになる。

　消費者が12回払いの割賦契約を結んで耐久消費材を購入した場合，その商品の価値が実現されるまでには1年間かかるが，割賦手形の金融機関への譲渡によって，消費者との契約後，ただちに現金貨幣が入ってくるため再生産への資本投下を可能にする。

　このように販売信用は，商業信用と同じように販売店にとって商品の販売促進，すなわち需要の喚起と，流通期間の短縮による準備資本の節約という機能と効果をもっているのである。

　販売信用が導入されたことによる市場拡大の効果は，統計上でも明らかである（表5-5参照）。

　日銀は，1960年代には大量生産・大量販売の要請がいっそう強まり，とくに多くの耐久消費財は，「もともと大規模生産，大量販売が必要とされるうえ，コスト低下とシェアー拡大を企図した大規模な設備投資によって生産能力の増大が著しかったため」に，ダブつき気味であり，販売店は甘んじて割賦販売体制を受け入れねばならなかったと分析している[34]。

　次に金融機関の側からみてみよう。

　そもそも，金融機関の販売信用への進出は過剰に蓄積された貨幣資本に新たな利殖の機会を与えようという意図を持って行われたものである。

　その経緯は，アメリカと酷似している。すなわち，一方での企業による銀行からの借入の減少と，他方における投資ブームのなかで個人預金の銀行離れが

生じたことなどを背景に、銀行に過剰に蓄積されていく貨幣資本の貸付先を消費者層にまで拡大していったのである。このことをとおして、銀行は消費者・販売店の預金を銀行に引きつけることを可能にし、貸付の対象を拡げていくことができるようになったのである。

アメリカでかつて販売信用に進出しなかった商業銀行が次々と倒産していった経過からみても、金融機関にとって、消費者層への貸付の拡大は死活問題であったと思われる[35]。

次に信用の受け手における機能とその効果についてみてみよう。

②受信者側

販売信用の受け手である消費者は、大きな価値を持つ耐久消費財等を、販売信用の利用による将来所得の先取りというやり方で購入することができるようになる。そのことによって、消費者は耐久消費財購入のために事前に貯蓄する必要はなくなり、欲求をただちに実現することができる。しかも、割賦手形と引き換えに、販売店から商品をすぐに持ち帰り、商品の代金を支払い終わる前にすでにその使用が可能となるのである。

こうした販売信用による所得制限の突破は、また、耐久消費財のように一商品当たりの単価もしくは価値が大きくとも、支払いは少額に分割されるため、一度に複数の商品の購入を可能とさせる。しかし、現金が財布のなかになくともただちに商品を手に入れ、使用が開始できる環境が常態化することで、消費者は欲望が喚起されやすくなり、たとえば「返済は月々コーヒー1杯分」などの文言に支配されやすい状況がつくりだされる。そのことは、消費者の意識のなかで月ごとの返済額を総額としてとらえにくくさせる危険性をも同時に内包している。

所得が滞りなく消費者に入ってくる場合であっても、現実に多重・多額債務の問題が生じる背景には、この販売信用の一時的な所得制限の突破という機能によるところが大きく影響している。

(2) 販売信用の社会総資本レベルでみた機能と効果

販売信用が社会総資本に与える機能と効果を次の3点にわたって見ていくことにする。

①有効需要との関係
②景気との関係
③無現金取引の拡大

　この３点はいずれも，従来の研究でも指摘されてきたことである。したがって，それぞれの問題についてのこれまでの見解をまとめながら考察を加えていくことにする。

①有効需要との関係

　販売信用は，本来，消費者が一定期間貯蓄によって現金を準備し，その後に購入するという形態で手に入れていた耐久消費財を，少額の頭金を支払うだけで購入できるようにさせた制度である。このことによって，高額所得者層に限られていた市場が，低所得者層にまで拡大することを可能にした。この販売信用の利用によって購入の意志を即時に実現できるようになった消費者は，本来ならば，その耐久消費財を購入するための資金を，一定程度手元に準備できるまで買い控えていたものが，その必要がなくなることで購入意欲を促進させられることにもなる。

　仮に耐久消費財の価値が大きくとも，販売信用によって購入が可能になることから，欲求の増大がそのまま有効需要に結実していく。とくに，販売店が金融機関に対消費者債権を譲渡し，現金を手に入れれば価値が実現したことになるのであるから，販売信用は販売店・生産者にとってはまさしく有効需要となって現れ，生産規模を拡大させることにつながるのである。

　社会総資本レベルでみても，将来所得が消費者の手元に安定して入り，債務の返済が滞りなく行われていれば有効需要となって現れることになる。ただし，それはあくまでも返済が順調に行われるかぎりでのことである。

　販売信用は，信用供与側にとっては，消費の拡大によって生産と消費の矛盾を一時的に隠蔽するものではあるが，それが，さらに生産拡大をもたらし，生産物はますます過剰となることで，将来的には生産と消費の矛盾をよりいっそう拡大する。この場合，政府の移転支出や公信用と同じく，消費者が現在の所得制限を突破でき，所得そのものに規定されていたときよりも占有できる生産価値量を増大させることができる[36]ため，技術革新によって確立された大量生産体制のもとでその供給に見合う需要を生み出すことが可能になるのである。

②景気との関係

景気循環と信用の関係について，P. M. スウィージーはかつて次のように指摘していた。

景気循環の上昇期には消費者に対して金融諸機関・販売店が販売信用の利用を促し，「信用拡大に尽力する」。そのような環境のもとでは投機が活発化し，販売信用による需要の拡大以上に生産が拡大していくことになる。

そうなれば「不可避的な景気循環の下降に続いて信用の収縮が生じる」。それも「失業が広がり所得が落下するにつれ，消費者信用ももとよりまた収縮する」[37]。スウィージーは，このように「ごく正常な場合の」販売信用と景気との関係について述べているが，では「正常ではない場合」とはいかなる場合か。

景気変動に付随して拡大・収縮を繰り返すことが信用にとっての「正常な」状態であるとすれば，景気変動にかかわらず信用が膨張を続ける状態が「正常ではない場合」である。

スウィージーも指摘しているように，「第二次世界大戦後の2, 30年間，繁栄を支えていた特別の諸要因が疲弊し，そしてその結果停滞期が始まるとともに，アメリカ経済はますます負債の濫用にふけるようになって」[38]いた。

失業からの回復も不十分であり，賃金水準も停滞していた「1977年に対 GNP 20パーセントに達する信用利用の新たな高水準」[39]が景気を回復へと向かわせた。ただし，それは多少の雇用にはつながったとしても，債務に支えられている有効需要は，その債務を積み増ししていくことでしか支え続けることはできない。「購買力への最初の貢献が，追加的な生産と雇用とを生み出し，こうして経済の上方への加速を助けるものとなりうる。とはいえ，ほかに景気回復を絶やさないようにしてゆくものがあまりないならば，こうした刺激の効力もまたしだいに消え失せる——ますます大規模な信用の注入が行なわれてゆくのでないかぎり，そうならざるをえない」[40]。

加えて，債務は返済されねばならない。返済の原資は賃金であり，したがって賃金が返済に十分な水準になければ，社会総資本レベルでみた場合には，返済が滞り，過剰生産をあおり，さらにそれを解消するために（一時的であっても）債務が累積されるという循環運動だけが続いていくのである[41]。

スウィージーの警告は，それから30年以上を経て，サブプライム危機でも

現実のものとなった。ジョブレスリカバリーといわれたITバブルと、そのバースト（破裂）を乗り切るための信用の膨張は、ますます巨大な債務に国民を引き込み、最終的には彼らの住まいを奪い去っていった。スウィージーが80年代に描いた消費者信用が、借り手を獲得するためにさまざまな景品を与えてみせたように、サブプライム危機のときにはマイホームの夢を与え、あたかもそれが実質的に債務ではないかのような幻想さえ人々に抱かせたのである。

③無現金取引の拡大

販売信用は消費者の所得流通にかかわる信用取引であって、金融機関が販売店の対消費者債権を肩代わりすることをとおして、この所得流通の場への進出を行っていることは前述したとおりである。

今日、現金を支払わずにカードを提示することでさまざまな商品の購入が可能になっている。いわゆる「キャッシュカード」等である。

この、現金を持たずに商品が即時に手に入るカードは、無現金取引の拡大に関して次のような機能を果たすと言えよう。

銀行は、消費者が、銀行の口座振替を通じて商品の代金を販売店に支払うことで、月内に消費者が販売店に直接引き渡してしまうはずの所得を銀行に取り込んでしまうことができる。通常、現金で販売店から商品を購入していた消費者が、手軽さ、簡便さの面から、カードによる決済を行うようになると、現金そのものは消費者から銀行に対して支払われることになる。その後、銀行内で販売店の口座に振替が行われたとしても、同じ銀行内に現金貨幣が保有されていることになり、銀行は販売店が引き出してしまうまでのあいだ、貨幣貸付を行うことができる。

この意味で、社会的にみれば、現金節約益の一端を販売信用、とくにカードが担っていると言えるであろう。

2　販売信用の限界

1項で明らかにしたように、販売信用という信用関係は、消費者の手元に将来も所得が安定して確実に入ってくることを前提としている。

将来所得の確実性に対する信頼があってはじめて貨幣支払約束証である割賦手形と引き換えに商品の販売・購買が可能となるのである[42]。

販売信用は，商品の生産における価値実現という最終局面での信用であるため，所得が滞り消費者の債務支払いが遅れた場合，債務返済は過去の所得の蓄積である貯蓄から支払うことでのみ可能である。販売信用において所得が順調に入らなくなった場合，すでに契約関係が成立しているのならば，その支払いは貯蓄からなされなくてはならないが，そのような事態が広範に生じるなら，今度は販売信用それ自身が収縮していくことになろう。

加えて，信用によって所得制限が一時的に突破されるとはいえ，月々の基本的な生活維持のための支出，必要不可欠な，そして決まりきった支出額を差し引いたうえでの債務の返済がどこまで可能なのかという点に，おのずと限界がある。仮にこの限界を超えて債務が発生したとすれば，返済は滞り，債務不履行が発生する。そうなった時点ではじめて，貸し付けられた信用は還流できなかったものと認識されるのである。このことは，販売信用が販売店にとっては商品の販売そのものであることから，過剰生産をますます進める要因ともなりうる。

販売信用は，消費者が労働力の再生産費用内で手に入れることのできる商品の量や総生産価値量の制限を突破し，過剰な生産物の販売促進および過剰な貨幣資本の運用先の拡大を一時的に可能にするものではあるが，それは，あくまでも，信用の受け手の側の所得の大きさと安定的な将来所得に規定づけられた限界をもつものである。

一方，個別資本レベルで商品の価値が実現するのは，販売店が消費者振り出しの割賦手形を金融機関に譲渡し，現金を受け取る時点である。

したがって，この時点で，個別の生産者，販売店にとっては商品の販売が成立したということになるため，需要が増大したという判断がなされる。

ところが，社会総資本レベルでみるならば，商品の価値が実現されるのは消費者が債権者に対し，すべての債務の返済を終了する時点である。

たしかに，個別資本レベルでは需要が増大し供給側の生産を喚起するものではあるが，その供給が，本来的な需要，すなわち社会的に価値が実現されうるだけの量に見合ったものかどうかは，社会総資本レベルで価値が実現した段階ではじめてわかることである。すなわち，債権債務関係が消滅した時点でのことになる。このタイムラグの存在こそが，過剰生産をより促進させるリスクと

なる。

　つまり，最終的には消費者の返済が滞り，価値が実現されなかった場合でも，すでに販売店の対消費者債権が金融機関に譲渡されたことで個別資本としての販売店にとっては価値は実現したことになり，将来的には有効需要ではなかったことが確認されるかもしれない部分まで価値が実現したとみなされることになる。一方，生産はより拡大しているわけであり，生産と消費の矛盾は現実的なものとして現れる。その意味で消費者信用は，他の信用と同様に，過剰生産恐慌を促進させる要因ともなりうるのである。もちろん，管理通貨制のもとでは，過剰生産恐慌の回避もしくは緩和のためにインフレ政策がとられるのが通常であるが，そのことはさらに恐慌のリスクを深化させることになる[43]。

まとめ

　販売信用は，大量生産体制に入った資本主義国における商品滞貨の解決と，過剰貨幣資本を抱えていた金融機関にとっては利殖の場を提供するものであった。さらに，金融機関は機能資本のみならず，不特定多数の消費者層にまで貸付先を拡大する目的で販売信用に進出したのであった。統計によれば，小売業の「商業販売額」に対する販売信用供与額は上昇しており，2000年の約25％から2009年には約40％を占めるまでになっている。とはいえ，「商業販売額」に占める販売信用供与額の比率の上昇は，商業販売額が停滞するなかで販売信用供与額が増加していることによるものであり，このことは，販売信用が停滞する小売販売に一定の歯止めをかけるものとなっていることを示している。

　一方，販売信用を含む消費者信用は返済の基礎を所得流通におき，債権債務関係が受信者である消費者の将来所得の確実性を前提としていることから，信用供与の限界も賃金額とその安定性におくことになる。所得の落ち込みと就業構造の不安定化は，労働者家計に債務を累積させる要因になると同時に，将来所得の不安定性リスクを増大させることで，逆に信用供与の限界をも生じさせる。これまで貸倒れによる損失分を，高利と顧客の拡大で補塡してきた消費者金融会社も，出資法の上限金利が引き下げられたことでいわゆるグレーゾーン金利がなくなり，さらに総量規制が導入されたことで貸付要件を厳格化せざ

をえなくなった。そのため，消費者金融の供与額は急激に減少している。所得階級別の消費者金融および販売信用それぞれについての借入額に関する統計はないため，正確な数字を把握することはできないが，国民生活センターが多重債務に関して調査を行った結果（585人，2005年）によれば，「借金をし始めのころ」の借入目的の第1位は「収入の減少」である。また，「返済が困難になった時期」には「借金返済」のための借入が第1位であるが，第2位はやはり「収入の減少」となっている[44]。「信用リスクが高い階層」とされる消費者金融の受信者層は将来所得が不安定な所得階層でもある。貸金業法改正をめぐる論議のなかで消費者金融に有利な議論を展開している側もこの事実は認識している[45]。

日本では，家計可処分所得に占める消費者信用供与返済額を示す消費者信用返済負担率はすでに25％を超えている（図5-3参照）。住宅ローンを抱える世帯では，消費者信用の返済額に加えて住宅ローンの負担率が約20％（2010年，勤労者世帯，二人以上の世帯）が加わることとなる。このことは，負債を抱える世帯の可処分所得の約5割が債務，すなわち借金の返済に充てられていることを意味している。住宅信用の存在を考慮に入れれば，日本の労働者世帯もアメ

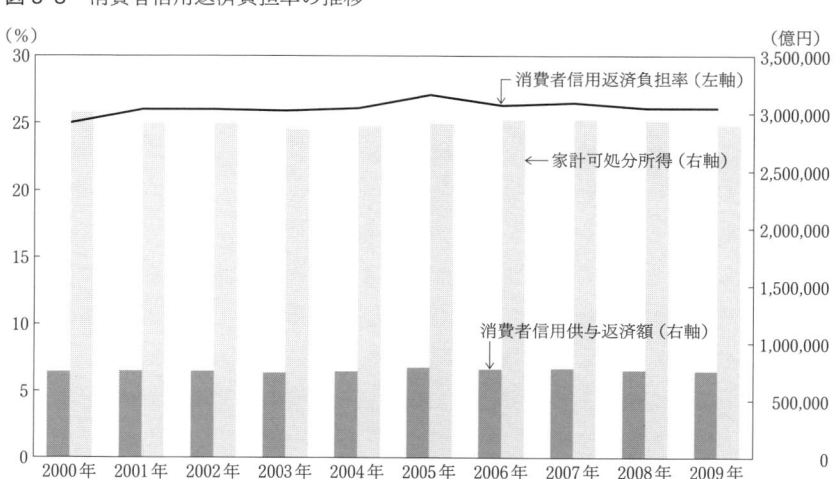

図5-3 消費者信用返済負担率の推移

資料：内閣府「国民経済計算年報」。
出所：日本クレジット産業協会『日本の消費者信用統計』2011年版。

リカに引けを取らないほどの借金生活を営んでいるのである。実際，2006年の「改正貸金業規制法」成立以降の金利の引き下げと貸付要件の厳格化によって大幅に減少したとはいえ，自己破産件数は2009年時点で12万6千件を超えている[46]。

　本章では，販売信用の供与形態をパターン化し，それぞれの信用関係を要素ごとに分析してきた。これまで，販売信用に関しては，そもそも信用論の範疇に属するものではなく販売の一形態にすぎないとする主張や，販売信用は銀行信用の派生的形態であり，貨幣信用が消費者にまで下降してきたものであるとの主張もなされてきた。しかし，販売信用が販売の一形態にすぎないとする主張においては，信用関係の本質と信用関係が取り結ばれることによって両者にもたらされる効果とが混同されており，信用関係を取り結ぶ目的が販売であることをもって販売の一形態であるとされているのである。

　販売と販売信用の決定的な違いは「時間」の存在である。価値実現の視点からみると，販売店での価値実現は商品が販売された時点である。ところが社会総資本レベルでみると，販売信用によって債務の形で購入された商品は，消費者がその代金である債務をすべて返済し，債権債務関係が終了する時点ではじめて価値が実現されたことになる。この「時間」の存在が認識されていなければ，なぜ信用が過剰生産をもたらすことにつながるのかは理解できず，したがって，消費者信用が消費を牽引し，その消費が国内経済を支える一方で，消費者信用が落ち込むことで自動車をはじめとする耐久消費財の生産にどのような影響が及ぶことになるのかなどを検証することは難しい。

　また，販売信用は銀行信用の派生的形態であるとすることは，販売信用における信用関係が複合的な性格を有していることを無視したものである。販売信用は，本質的にはAタイプの販売店と消費者との信用関係を基本にしているのであり，Bタイプのように販売店・金融機関（信販会社）・消費者間の信用関係で構成されたものはその派生的形態であると考えられる。なぜならば，Aタイプにおける両者間の債権債務関係，販売店の消費者に対する信用が金融機関に代位される形態がBタイプだからである。

　本章では，各販売信用形態を，まずそれぞれの債権債務関係について個別に考察し，そののちそれを全構造的にとらえるという順序で販売信用の本質とは

第5章　消費者信用の一形態としての販売信用　171

何かを明らかにしようと試みた。その結果，販売信用とは，消費者の将来所得の確実性への信頼にもとづいて商品の掛け売買を通じて販売店と消費者とのあいだに取り結ばれる信用関係であり，商品の形態をとった価値の一時譲渡と利子をともなっての一定期間後のその還流という利子生み資本の派生的形態であることが明らかになった[47]。

　つづいて，販売信用の成立条件を信用供与者と受信者のそれぞれの視点から検討した。信用供与側にとっては，資本主義的生産のもとでのとくに耐久消費財の滞貨および過剰貨幣資本の存在が販売信用を含む消費者信用の導入を必要とした要因であった。受信側にとっては，耐久消費財という労働力の再生産に1回限りでなく多数回にわたって入り込む商品の出現と，その普及にともない，家事労働を軽減したり，生活環境を維持したり，あるいは改善するために，これらの耐久消費財が社会的平均的な労働力の再生産にとって必要であり，それはまた，求められる社会的平均的な労働力をつねに提供しなくてはならないということを背景にもつものであることを明らかにした。

　また，販売信用の機能・効果については，個別資本・社会総資本の各段階に分けて論じた。個別資本レベルでは，信用供与側にとっては商品の販売促進と過剰資本の利殖機会の創出であり，受信者である消費者にとっては，所得制限の突破であること，また社会総資本レベルでは過剰生産の一時的な隠蔽であることを述べた。販売信用の機能・効果は，あくまでもその信用関係の前提となる将来所得が確実であることにもとづいて発揮されるのであって，所得が確実に受信者の手元に入ってこない場合には，信用自体が収縮してしまうため，すでにその時点で機能・効果は成り立ちえないのである。したがって，販売信用を含む消費者信用の限界は消費者の将来所得が確実であるか否かに規定づけられているのである。雇用の不安定化と賃金水準の低下，それゆえに社会的平均的な労働力の再生産を維持するための必需的な消費の増大は，一方で消費者信用の拡大をもたらすと同時に，地方では供与される信用の将来的な還流の困難をも招来することになる。そして，それが，この信用関係の限界を規定することになるのである。

　1）　消費者信用に関する1980年代の政府系出版物としては，経済企画庁国民生活

局消費者行政第一課編『消費者信用の新たなる課題』(1985年10月)および『消費構造変化の実態と今後の展望』(1984年5月)等があり，とくに『消費者信用の新たなる課題』は，海外との比較検討をまじえて多重・多額債務の問題を考察している。
2) 竹内照夫「信用情報と消費者保護」『ジュリスト特集号』No. 841 (1985年7月15日)を参照。また，『読売新聞』の1968年の記事「カード時代，サイン一つで買い物から宿泊まで，便利だが消費者は自制が必要」(1968年4月10日付)を参照。
3) 野村重明「消費者金融」，野田正穂・谷田庄三編『日本の金融機構(下)』新日本出版社，1984年，168ページ。
4) このような視点で住宅ローンを消費者信用から除外している研究者は少なくない。たとえば，岩崎和雄氏は，住宅ローンを企業融資にたとえれば「設備投資」にあたり，消費者信用は，差し詰め「運転資金」にあたると述べ，投資勘定である住宅ローンは経済学上の分類からすると貯蓄勘定と同一になるとしている。これこそは，資本流通と所得流通を混同した見方の最たるものといえよう。岩崎和雄『クレジットとは何か』産業能率大学出版部，1981年。
5) 信販会社はノンバンクであるから，Bタイプにおいても，実際には，この三者関係の外側に信販会社に信用創造機能にもとづいて資金を提供している銀行の存在がある。しかし，ここで信用販売の形態別分析をおこなうに際しては，『消費者信用統計』の「取引形態別仕組み」を用いているために，「仕組み」図の外側にあって信用創造を行っている，狭義の金融機関である預金取扱金融機関としての銀行の存在は念頭におきつつも，図中には表していない。
6) たとえば，深町郁彌氏によれば，消費者信用は「利子生み資本＝貨幣資本運動が一般的流通における最終製品の『販売』に際して，最終消費者のところまで下降し入っていくということ」として，このことによって「一般流通での最終製品の『販売』までが信用体系の完結性の中に組み込まれるという状況がつくり出されている」としている(深町郁彌「消費者信用の展開」，森下二次也監修『商業の経済理論』ミネルヴァ書房，1976年，310ページ)。また，川合一郎氏は，「消費者信用は，相手が資本ならざる消費者であるにしても，これは銀行信用に根をもったものであるかぎりにおいて，あくまで資本制信用のいわば上部構造的に拡張された一分野である」として，消費者信用が銀行信用の一形態であると規定している(川合一郎「日本の金融」，川口弘・川合一郎編『金融論講座』第5巻，有斐閣，1965年，4-5ページ)。
　このような，販売信用は金融機関による貨幣貸付が資本流通から一般流通(所

第5章 消費者信用の一形態としての販売信用　173

得流通)にまで下降し包括したものであるとする見解が販売信用の規定についての主張の大勢を占めてきた。

7) K. Marx, *Das Kapital*, MEW, Bd. 25, S. 350. 邦訳『資本論』第3巻, 大月書店, 422ページ。

8)「商業信用」は, 機能資本家が相互に商品形態で価値の一時譲渡を行う相互的な債権債務関係であるが, 販売信用の場合は一方的な債券債務関係である。したがって, 本章で「商業信用」という語句を用いる場合, 相互性を捨象した一方的な債権債務関係を意味する。なお, 山田喜志夫氏は, このように相互性を捨象した範疇を「掛売信用」と呼んでいる。山田氏に倣い, 本章で用いる「商業信用」とは,「掛売信用」の意味で使用する。山田喜志夫『現代貨幣論――信用創造・ドル体制・為替相場』青木書店, 1999年, 第1章参照。

9) Aタイプの販売店は消費財の掛け売買にともなう信用供与と代金の回収との統一した機能を果たすため, 信用供与のリスクもすべて販売店が負うことになる。したがって消費者の所得の確実性に対する綿密な信用調査を必要とする。

　このAタイプの信用供与形態をとっている代表的な百貨店である丸井では, 1960年から調査・信用供与・回収業務のすべてを自社で行っているが, 現在のようなコンピューターによる情報の集中一括管理が導入されるまでは人海戦術に頼って顧客の情報が記載されているデータファイルを1枚1枚検索していたという。これだけ拡大しクレジットカード・システムを維持できるようになったのはコンピューターによるオンライン・システムによって膨大な個人情報を集積することが可能になったからである。野口恒『カードビジネス戦争』日本経済新聞社, 1985年, および黒田武臣「クレジット社会の深化とプライバシーの保護」『金融ジャーナル』1985年7月号を参照。

10) 浜田氏は, 満期日となると消費者は販売店にではなく金融機関(浜田論文では信販会社)に対して支払いを行うことから消費者→(G)金融機関(信販会社)と図式化することができ,「信販とは信販会社の消費者への貨幣信用なのであるが, みかけ上は掛売り, 掛買いとして現象する」と販売信用を規定しておられる(浜田康行「金融論の研究(2)」北海道大学『経済学研究』第34巻3号, 1984年12月, 60(340)ページ)。

11) 深町, 前掲「消費者信用の展開」310ページ参照。

12) 川合, 前掲「日本の金融」4-5ページ参照。

13) たとえば, 阿部氏はこの点に関して, 販売信用を含む消費者信用を「独占資本に対する消費者の一方的な負担関係」ととらえている(阿部真也「消費者信用――大衆消費社会の光と影」, 川合一郎編『金融論を学ぶ』有斐閣双書, 1976年, 164

ページ)。
14) この点では，販売信用は公信用とも共通している。公信用においても，国家が貨幣形態での価値の一時譲渡を受ける根拠は，資本の還流に立脚して行われているのではなく，借り入れた貨幣を資本として充用するのでもない。この場合の返済は国民の将来の税金からなされるわけで，資本流通の外で取り結ばれる信用という意味で，販売信用との共通点を見出すことができるのである。
15) 「住宅ローン銀行を検査——金融庁」『日本経済新聞』2012年2月17日付。
16) なお，対消費者貸付のうち「動産担保貸付」とは「質屋金融」のことであり，その数値は他の業態と比較してもごくわずかな比率にとどまる。
17) これはもちろん，貸付残高を件数で単純平均した数字であるため，同じ業態であっても契約形態等に異同が生じるなどの実態はこの数字には反映されていないことを記しておく。
18) 荒波正憲「金融機関」，川口弘・川合一郎編『金融論講座』第1巻，有斐閣1964年，169ページ。
19) 1981年版の『消費者信用白書』では，情報関連費用の増加が対収入利益率も圧迫する要因になっていると指摘している。日本クレジット産業協会『消費者信用白書』1981年版。
20) 横本宏『現代家計論』産業統計研究社，2001年，第6章を参照。横本氏は，消費者信用の研究が非常に立ち遅れていることを指摘したうえで，生活研究という視点で消費者信用をみることがきわめて重要になっていると述べておられる。横本氏がここで検討しているのは，まさしく消費者信用がなぜこれほどまでに受け入れられてきたのかという問題であった。
21) K. Marx, *a. a. o.*, S. 355.前掲邦訳，429ページ。
22) たとえば，阿部真也氏は，現代資本主義の展開において過剰に商品が累積し，それに対して販売信用が一種の販売促進の「特効薬」として利用されるとともに，累積して行き場のない過剰な銀行の資金（貸付貨幣資本）が「新たな利殖の場として」消費者にねらいを定めたとしている（阿部，前掲「消費者信用——大衆消費社会の光と影」参照）。

　また，深町郁彌氏も同様に，過剰生産物に対する「市場創造」，「有効需要創出」の手段として，販売信用が資本の要請にもとづいて成立・発展したとしており，その背景には「貨幣資本の過剰蓄積が前提されなければならない」と述べておられる（深町，前掲「消費者信用の展開」）。

　川合一郎氏も，「一方では遊休資金に利殖機会を開拓し，他方では産業資本のために過剰商品の販路を開拓して利潤の実現を助ける」ために販売信用の確立が

第5章 消費者信用の一形態としての販売信用　175

必要であったとしておられる（川合一郎「現代資本主義の信用機構」，川口弘・川合一郎編『金融論講座』第3巻，有斐閣，1971年，4ページ）。
　いずれにしても，過剰な商品のはけ口を求める販売店と過剰になった資金の新たな貸付先を求める金融機関の要請が販売信用を含めた消費者信用を成立させたとするのが従来の研究における見方である。

23) 三宅義夫氏は，資本制社会において消費者信用が消費者にとって有利な点として，長期ローンはインフレ等によって借り手にとって有利に作用することをあげておられる（三宅義夫『金融論（新版）』有斐閣双書，1983年，144ページ注）。しかし，三宅氏の場合，消費者信用＝消費者金融と見ており，しかも消費者信用に住宅ローンも含めておられることから，おそらく三宅氏は住宅ローンを念頭に述べておられると考えられる。

24) 日本銀行「最近における消費者信用の動向」『調査月報』1965年11月号，9ページ。

25) 相沢与一「戦後日本の国民生活の社会化——その諸矛盾と対抗の展開」，江口英一・相沢与一編『現代の生活と「社会化」』労働旬報社，1986年，36-37ページ。

26) 同上，37ページ。

27) 石崎唯雄『日本の所得と富の分配』東洋経済新報社，1983年を参照。

28) 和田任弘氏は，日本においては高度経済成長期以降の所得が「いちじるしい所得格差を生むことなく平準化しつつ上昇した」ため「厚い中間所得層が形成され」このことが消費者信用の拡大する余地をつくりだしたとしておられる。和田氏の説によれば，所得の増加と消費者信用供与額の増加は密接に関連してはいるが，中間所得者層の増加こそが販売信用を含む消費者信用の拡大を支えているという一つの仮説が出てくる（和田任弘「わが国の消費者信用産業」日本証券経済研究所『証券経済』第143号，1983年3月，4ページ）。

29) 矢島氏は「所得のなかで余剰所得の割合が増加すればするほど，所得の変化率よりも割賦信用のそれの方が，耐久消費財への支出に直接響くようになり，しかも，所得が増せば増すほど，消費者支出の中で耐久消費財への支出の割合が大きくなる傾向がある」と述べておられる（矢島保男「消費者信用」，前掲『金融論講座』第3巻，75ページ）。

30) 内田義彦『資本論の世界（第7版）』岩波新書，1970年，185-186ページ。

31) 松田久一『「嫌消費」世代の研究』東洋経済新報社，2009年。松田氏はいう。「『若者が消費しない理由は，彼らが消費嫌いだから』である」（203ページ）。

32) 横本，前掲書，166ページ。

33) 販売信用の基本形態はあくまでもAタイプの販売店と消費者間の信用関係に

帰結するのであるが，川合氏や深町氏をはじめとした従来の研究は，金融機関という個別資本の側から信用関係を考察しており，そこから誤りが生じていると思われる。

　販売信用に金融機関が進出してきたことをもって販売信用が銀行信用の拡張の結果と位置づけているのが大勢を占める見解であるが，信用関係は全構造的にみていく必要があり，機能・効果の面から個別資本のレベルでのみ論じると銀行信用が消費者の所得流通に下降してきたものと考えてしまう危険性がある。

34) 日本銀行『調査月報』1965年12月号。
35) 貸出の減少による商業銀行の倒産は，1930年から1932年までのあいだに5096行に達した。そしてこれと前後して商業銀行が貸出先の開拓のために消費者信用に進出したのである。
36) この点について，ジェームズ・オコンナーは，「完全な資本主義のもとでは，勤労者階級は，直接の賃金や給料によって規定されるよりはるかに大きな生産物総量の分け前を占有することができる。その理由は資本主義の全機構が消費者信用や住宅抵当信用……の拡大に頼っているからである」と述べている (James O'Connor, *Accumulation Crisis*, London: Basil Blackwell Ltd., 1984, p. 89)。

　オコンナーはまた，「周知のように，消費者債務は，一方において勤労者階級が賃金や給料で占有できる商品総量と，他方における生産された価値の総量との差額を乗り越えるものである。つまり消費者信用は（政府移転支出や公的信用と同様）勤労者階級に，賃金や給料が支払うであろうより大きな価値の総量を占有させる役割を果たすものである」と述べている (*ibid.*, p. 158)。
37) Paul M. Sweezy and H. Magdoff, *The Deepening of U. S. Capitalism*, New York: Monthly Review Press, 1981. 伊藤誠訳『アメリカ資本主義の危機』TBSブリタニカ，1982年，85-86ページ。
38) *Ibid.* 同上，86ページ。
39) *Ibid.* 同上，88ページ。
40) *Ibid.* 同上，95ページ。
41) 『ビジネス・ウィーク (*Business Week*)』誌は，1979年9月のアメリカにおける消費者の購買力の急上昇に言及して次のような記事を載せている。「（9月期の消費者信用の急成長は）1年間の消費者の購買力の最後の波であろう。消費者の今回の購買は，今後，貧血症を残すであろう」。アメリカの購買力の急上昇をもたらした消費者信用の拡大が所得に裏づけられたものとは言いがたいことについて，経済専門家たちの談話として，「もし，消費者の（債務に対する）支払いが，いま枯渇したら，来年の初めには，手痛い危機がやってくる。たとえ，クリスマス期

第5章 消費者信用の一形態としての販売信用 177

の決算が上々であろうとも，確実に，われわれは貧弱なイースターを迎えることになろう」との見解を載せている（*Business Week*, November 26, 1979）。
42) 前述したようにカードの提示によって割賦手形の代わりとしたところで，機能としては，カードによって手形を用いる手間を省くだけのことであって，その点では割賦手形とカードは同じ本質をもつ。
43) 「アメリカ合衆国における巨額の個人負債は，耐久消費財部門の拡大や第二次大戦後の住宅建築の拡大の経済的基礎をなしただけではない。それはまた，永続的インフレーションの主要な基礎でもあった」（Ernst Mandel, *Der Spätkapitalismus*, Frankfurt: Suhrkamp Verlag, 1972. 飯田裕康・的場昭弘訳『後期資本主義1』柘植書房新社，1980年，215ページ）。
44) 国民生活センター『多重債務問題の現状と対応に関する調査研究』2006年3月22日。http://www.kokusen.go.jp/pdf/n-20060322_2.pdf（アクセス2012年7月2日）。
45) 「貸金業法改正」の上限金利引下げに賛同する論文としては，鳥畑与一「新自由主義の高金利正当化論を切る——経済学から見る消費者金融高金利問題」（『金融労働調査時報』2006年5月6日号）および川本敏「消費者金融の上限金利等の見直し——貸金業規制法等の改正の背景・決定過程・影響・評価」（総合研究開発機構『NIRA Case Study Series No. 2007-11-A B-10』2007年11月）を参照。上限金利の引下げがこうした信用リスクの高い階層への信用供与を排除して，排除された階層はヤミ金融に引き込まれることになるとして，上限金利の引下げに反対する主張としては，早稲田大学消費金融サービス研究所の各論文などを参照。
46) 最高裁判所事務総局『司法統計年報』をもとに日本クレジット産業協会が『日本の消費者信用統計』(2011年版)に掲載したものを参考にした。
47) 山田，前掲『現代貨幣論』を参照。

第6章 消費のサービス化について
―「豊かな消費社会論」批判―

はじめに

　家計消費支出に占める「サービス」品目への支出は，1975年には28.3％であったものが，80年代には3割を超えた。この現象は「消費のサービス化」と称され，「豊かさ」「消費者の主体性の発現」「価値観の多様性」を示しており，新しい消費の可能性を内包するものであるとされた。「消費のサービス化」の理論的根拠は「経済のサービス化」に関して一大ブームを巻き起こしたダニエル・ベルの「脱工業社会論」におかれている[1]。工業技術の発展を軸に組み立てられた経済システムやこれに依拠する労資関係をめぐる理論は，すでにその成立の根拠を失ったというものである。「サービス」労働は，人と人とが直接相対して行われる労働であり，専門性が高く，体力ではなく知識を活かせる労働であるともされる。したがって「サービス」消費への人々の関心の高さは，モノ＝物財に充足した消費者が心の豊かさを求めることができる「ゆとり」を手に入れたことを示すものとされた。

　これらの「消費のサービス化論」に共通するのは，実際に「サービス」消費品目がどのような構成部分から成り立っており，そのそれぞれがどのような本質をもつものであるのかを語らず，単に「サービス」消費として一括して語る点にある。

　1970年代から80年代に提示された「サービス化社会」は，いまもさまざまな新しいかたちで語られている。しかし，30年以上も前に示された，芸術や娯楽，専門性の高い職業，女性の労働が高く評価されるはずの社会は，いまだに実現されていないどころか，かえって遠ざかっているように思える。

　2011年現在，すでにサービス消費支出は財とサービスに対する消費支出全体の4割を超えている。それでは，本当に豊かさを享受できる「消費社会」は，

手が届くところにあると言えるのだろうか，あるいはわれわれは，すでにその時点に到達しているのだろうか。また，本当に「サービス化社会」なるものは，豊かな社会なのであろうか。

これらの問いに答えるためには，まずサービス消費というものの中味を腑分けすることから始めなければならない。なぜなら，これからみていくように，サービスなる概念が明確でないことに加え，種々雑多なものがサービスとして一括されているからである。

それは「経済のサービス化」についても同様である。「経済のサービス化」の根拠とするものは第三次産業が国民経済に占める比率の増大であるが，この第3次産業の内容が多岐にわたっており，これをそのままにして「サービス化」の意味するところを論じることはできない。日本標準産業分類でサービス業を一覧してみても，このことは至極明白である。このような「経済のサービス化」について，サービス業の分類とそれぞれの性格づけの重要性に着目した研究の成果が，細々としたものではあるが蓄積されてきている。

「消費のサービス化」については，渡辺雅男氏が「対消費者サービス」を「消費活動の社会化」という視点から検討を加えている[2]。また，戸田慎太郎氏もレジャー産業への投資が増えた高度成長期を例に，その支出額や支出対象の差異に現れる階級性が見逃されていることを批判するとともに，生産過程で生み

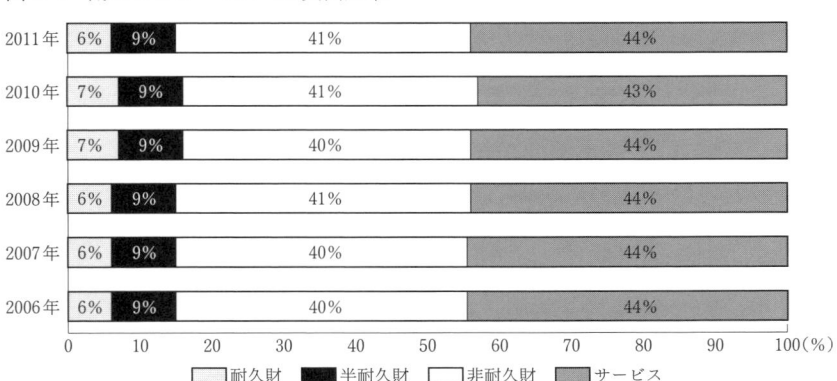

図6-1　財およびサービスへの支出比率

年	耐久財	半耐久財	非耐久財	サービス
2011年	6%	9%	41%	44%
2010年	7%	9%	41%	43%
2009年	7%	9%	40%	44%
2008年	6%	9%	41%	44%
2007年	6%	9%	40%	44%
2006年	6%	9%	40%	44%

出所：総務省『家計調査年報』2011年より作成。

出される剰余価値の分け前に依存せざるをえないレジャー産業の寄生性等を指摘している[3]。しかし，それ以降，詳細な消費費目の分類作業はさほど進んでいないのが現状である。

「サービス支出品目」が雑多なものの集合体であるにもかかわらず，これをそのままにしていることで，消費の分野において「サービス消費品目への支出比率の相対的上昇」＝「物財から非物財へ」＝「モノからサービスへ」＝「物から心へ」の図式が描かれるという誤りが生じている[4]。

そこで，本章では，まず「消費のサービス化」といわれる現象が，通常，消費支出に占めるサービス支出の比率の増大をさすこと，また，現在，全消費支出に占めるサービス品目への支出の割合が約4割から5割に上っていることを確認する。そのうえで，消費支出項目の分類作業を行うことから分析を始めていく。「消費のサービス化」の意味を明らかにするためには，まず，サービスとして一括されているものの内容を再検討することが必要だからである。

なお，ここでは「消費のサービス化」を表す指標として用いられる，『家計調査年報』の収支項目分類をもとに分類作業を行っていく。

I　サービス支出項目の分類

表6-1は，『家計調査年報』の「サービス品目」の品目名と，それぞれの品目に対する支出が家計消費支出全体に占める割合を示したものである。ただし，ここでは，以下で行われる分類・検討の結果を先取りしたものが示される。

分類の目的は，それぞれの「サービス」支出の増加の背景を明らかにすることにおく。

「サービス」品目のなかには，いくつかの特徴を重層的に併せ持つものが存在するが，そのような場合には，主要な特徴を基準として分類する。なかには，どちらの範疇にも属すると仮定せざるをえない品目も存在することから，二つ以上の分類に同じ品目が列挙される場合があることを記しておきたい。

「サービス消費品目」は，その性格によって次のように三つに分類できる。

Ⅰ：消費過程で追加的に行われる財生産に対する支払い
Ⅱ：「現物貸付：減価償却＋利子」あるいは「土地資本：減価償却＋利子＋地

表6-1 サービス品目の再分類と消費支出に占める割合

分類	品目	2011年支出額(円)	対消費者支出(%)
Ｉa（財の修理・保全に関わって消費過程のなかで断続的に投下される労働に対する支払い）	工事その他のサービスのうち（火災・地震保険料）	9,089	0.31
	家事サービスのうち清掃代および家具・家事用品関連サービス	8,420	0.28
	洗濯代	6,298	0.21
	被服・履物修理代	641	0.02
	自動車整備費	13,964	0.47
	自動車以外の輸送機器整備費	617	0.02
	他の自動車等関連サービス	6,315	0.21
	自動車保険料（自賠責）	5,210	0.18
	自動車保険料（任意）	27,586	0.93
	自動車保険料以外の輸送機器保険料	460	0.02
	教養娯楽用耐久財修理代	1,205	0.04
	動物病院代	4,430	0.15
	教養娯楽用品修理代	152	0.01
	身の回り用品関連サービス	467	0.02
	非貯蓄型保険料	67,070	2.26
	小計	151,924	5.12
Ｉb（消費の前提として追加的に必要となる労働に対する支払い）	一般外食	149,489	5.04
	賄い費	710	0.02
	仕立代	331	0.01
	工事その他のサービス（火災・地震保険料をのぞく）	46,605	1.57
	現像焼付代	2,992	0.10
	小計	200,127	6.75
Ⅱa（現物貸付：減価償却＋利子に対する支払い）	被服質借料	839	0.03
	洗濯代	6,298	0.21
	自動車整備費	13,964	0.47
	自動車以外の輸送機器整備費	617	0.02
	レンタカー料金	943	0.03
	通信のなかの（運送料）のみ	4,488	0.15
	教養娯楽賃借料	1,397	0.05
	他の教養娯楽サービスのその他	8,018	0.27
	小計	36,564	1.23

出所：総務省統計局『家計調査年報（家計収支編）』2011年より作成。
注：品目の性格によってⅠからⅢまでの分類に重複して収められているものがある。具体的には、「非貯蓄型保険料」（Ⅰa, Ⅲa），「諸会費」（Ⅲa, Ⅲb），信仰・祭祀費，婚礼関係費，葬儀関係費，他の冠婚葬祭費（Ⅱb, Ⅲb）である。
2011年の消費支出は世帯当たり年間平均で296万6673円であった。

分類	品目	2011年支出額(円)	対消費者支出(%)
Ⅱb (土地資本:地代＋減価償却＋利子に対する支払い)	家賃地代	151,305	5.10
	交通	63,228	2.13
	年極・月極駐車場借料	17,986	0.61
	他の駐車場借料	2,365	0.08
	通信(郵便料・通信料のみ)	115,564	3.90
	宿泊料	17,667	0.60
	パック旅行費(国内・海外)	41,967	1.41
	放送受信料	23,537	0.79
	入場・観覧・ゲーム代	31,757	1.07
	インターネット接続料	21,081	0.71
	温泉・銭湯入浴料	2,426	0.08
	信仰・祭祀費	15,466	0.52
	婚礼関係費	2,977	0.10
	葬儀関係費	14,260	0.48
	他の冠婚葬祭費	2,477	0.08
	他の諸雑費のその他	7,627	0.26
	小計	524,063	17.93
Ⅲa (本来,共同体的一般条件としての消費)	学校給食	8,184	0.28
	保険医療のうち(保健医療サービス)	71,081	2.40
	授業料等	73,656	2.48
	補習教育	22,937	0.77
	保育所費用	4,293	0.14
	介護サービス	4,849	0.16
	非貯蓄型保険料	67,070	2.26
	他の教養娯楽サービス,諸雑費のうち(諸会費:子供会・老人会などの会費)	4,399	0.15
	小計	256,469	8.65
Ⅲb (私的消費部分に位置づけられるもの)	家事サービスのうち家事代行業	1,716	0.34
	月謝類	29,686	1.00
	他の教養娯楽サービス,諸雑費のうち(諸会費:子供会・老人会などの会費)	4,399	0.15
	理美容サービス	32,993	1.11
	信仰・祭祀費	15,466	0.52
	婚礼関係費	2,977	0.10
	葬儀関係費	14,260	0.48
	他の冠婚葬祭費	2,477	0.08
	小計	103,974	3.79

代」に対する支払い（追加的な労働が加わる場合を含む）

Ⅲ：「サービス」提供に対する支払い

1　分類 Ⅰ
　　——消費過程で追加的に行われる財生産に対する支払い

　これらは，いずれも財生産の一部が，追加的に消費過程に入り込んだものである。さらに，消費過程との関わり方の視点から，「財の修理・保全に関わって消費過程のなかで断続的に投下される労働に対する支払い」と，「消費の前提として追加的に必要となる労働に対する支払い」に分けられる。前者をⅠaとし，後者をⅠbとして分類する。

　なお，ここで使われる各項目の前の数字は『家計調査』「収支項目分類表」上で用いられている3段階の符号である。たとえば，大項目「住居費」は2で示され，これに含まれる中項目「設備修繕・維持」は2.2，さらにその小項目「工事その他のサービス」は2.2.2といった具合である。

(1)　Ⅰa
　　——財の修理・保全に関わって消費過程のなかで断続的に投下される労働
　　　に対する支払い

　これらは，購入した財を，通常期待される消費期間全体にわたって，正常な状態で消費するために必要なものであり，消費者が財を購入したあとで，あらためて必要となる財の修理・保全のための生産労働に対する追加的な支払いである。これらの労働が必要とされるのは耐久消費財の消費である。

　高度経済成長期以降の消費の大きな特徴である耐久消費財の登場と普及は，消費者が購入したのち，ほとんど瞬時に消費されつくす非耐久消費財とは異なる，生産過程と消費過程の時間的交錯を生み出した。すなわち，すでに個人的消費に入り込んだ財ではあるが，長期にわたり徐々に消費されていく耐久消費財の場合には，非耐久消費財とは異なり，その後も断続的に修理や保全のための生産労働が追加されるという性格が付与されるのである。この点についてR. A. ウォーカー (Richard A. Walker) は，修繕労働によって生産されるものは「適切に機能するよう，物質的に修繕された財」と位置づけ，こうした労働を

「生産後の追加的労働 (Post-production labor)」と呼んでいる[5]。

　水谷謙治氏も指摘しているように，これらのサービス業の膨張やサービス消費支出の増大は，「個人的で生活的な消費と生産とが，いわば重複しておこなわれるようなケースが多くなった」ものであり，「住宅・自動車・その他耐久消費財の修理・保全・整備は，消費過程にまで延長された消費財の『追加』的生産である」。水谷氏は，こういった生産過程と消費過程の時間的，空間的重複が生じることを，「生産をめぐる社会的分業の細分化がすすみ，かつそれらの相互依存性が進展したことを意味するが，そのことはまた，各産業分野で生産そのものの内容が変化し，生産性が著しく発展したことを土台にしている」と分析している[6]。

　Ⅰaに分類される項目は，2・2・2工事その他のサービスのうち火災・地震保険料，4・6家事サービスのうち清掃代および家具・家事用品関連サービス，5・8被服関連サービスのうちの洗濯代および被服・履物修理代である。コインランドリー使用料は，筆者の分類基準に従えば，このⅠaには含まれないが，「洗濯代」のなかにコインランドリー使用料が含まれてしまっているうえに，その金額も明らかになっていないため，ここで示す数字には「コインランドリー使用料」が含まれている。さらに，7・2・3・753の自動車整備費，755の自動車以外の輸送機器整備費，757の自動車保険料（自賠責）および758の自動車保険料（任意），759自動車保険料以外の輸送機器保険料，9・1・812教養娯楽用耐久財修理代，84X動物病院代，9・2・844教養娯楽用品修理代，10・1・3・935身の回り用品関連サービス（腕時計やバッグなどの修理代），10・1・5・952非貯蓄型保険料（掛け捨て型の傷害保険や旅行保険など）が含まれる。なお，火災・地震保険料，自動車保険料，損害保険料等の保険料一般については，厳密には，対物と対人とに分ける必要がある。このうちの対物保険のみがⅠaに分類される。この対物保険は，自動車や家屋などの財を消費するにあたって，その過程で将来的に生じるかもしれない破損や紛失，さらに他の所有者が有する財に与えるかもしれない損害などに対しての修理・保全にかかる費用を共同で相互扶助的に前もってプールしておくものである。したがって，保険料のこの定義に則って，消費者を個別にみた場合には，保険料を支払い続けていたとしても，修理が必要な事態が生じなければ，追加的な修理・保全労働を受け取らない場

合もありうる。しかし、加入者全体のうち、いくばくかの加入者は実際に掛けた金額よりも多くを受け取る場合もありうるのであり、個別にみれば、労働の提供を受けずに終わる消費者と、支払った保険料の総額以上に受け取る消費者が存在しているが、加入者総体とした場合には、保険料を支払い、そして受け取っているものといえよう[7]。その場合の保険料の支払い額と保険会社から加入者が受け取る金額の差額、支払う個人と受け取る個人が一致しないことは保険の独自の性格によるものである。

(2) Ⅰb
―― 消費の前提として追加的に必要となる労働に対する支払い

Ⅰbは、消費するために消費に先立って追加的に必要となる労働に対する支払いであり、消費の前提となる労働に対する支払いである。このⅠbには、1・12・1一般外食、1・13賄い費（下宿・寮などの食事代）、2・2・2の工事その他のサービスのうち火災・地震保険をのぞいたもの、5・8被服関連サービスのうち仕立て代、9・4・4・887現像焼付け代が含まれる。たとえば、一般外食は、財生産ではなく、「サービス」と考えられているが、他の品目と同様、この外食についても複合的な要素を併せ持つものと考えなければならない。実際には外食のための支払いを主要な要素に分解すれば、土地資本や家具・調度の現物貸付という意味ではⅠaおよびⅡbの性格を併せ持つことがわかる。1回当たりの支払金額の大きさで考えれば、高額所得者層を中心とした高級レストランのほうが、ファストフード店やラーメン店で支払われる金額よりも圧倒的に高額であることは間違いない。しかし、利用者数や利用回数を考えれば、外食の多くは、生産された料理という財を運び、注文を聞く労働が追加的に提供されるケースが圧倒的である。

たしかに、高級レストランでは給仕という「サービス」が確認できるが、ファストフード店では給仕労働は皆無に等しいと考えるべきであろう[8]。したがって、両ケースを考慮に入れたうえで、外食は、財生産に給仕労働という「サービス」が追加的に結合されたものと規定すべきであろう。

また、住居に住むためには、まず給排水設備や電気・ガス工事などが必要となる。さらに、ガス器具を購入して利用するためには、前もってその器具を据

表 6-2　外食産業の業態別経営状況

	1社当たりの平均売上高 （百万円）	客単価 （円）	原材料費率 （％）	人件費率 （％）	パート化率 （％）
全体	21,488	1,825	40.2	24.2	80.9
ファストフード	28,016	752	45.8	20.4	81.8
ファミリーレストラン	21,784	1,249	34.2	30.7	84.4
ディナーレストラン	7,657	4,286	36.5	27.1	70.0
パブ・居酒屋	24,445	2,408	31.9	25.0	82.1
喫茶	26,945	545	47.8	17.4	77.2
給食ほか	26,733	—	53.5	14.9	77.5

出所：JF（日本フードサービス協会）『外食産業経営動向調査報告書』2009年3月。http://www.jfnet.or.jp/data/h/post_1.html（アクセス2012年9月14日）

えつける工事を行う労働が必要とされる。したがって，これらの支払いもＩｂに含まれる。いまではデジタルカメラが主流にはなっているものの，フィルムを用いて撮影する場合や，デジタルカメラで写したとしても，それを紙媒体として飾ったり，誰かに見せる場合などを想定すれば，現像してはじめて記録した対象を見えるものとして楽しむことができるのであって，このことから，現像焼付代はこのＩｂに含まれる。

2　分類 II
——「現物貸付：減価償却＋利子」あるいは「土地資本：減価償却＋利子＋地代」に対する支払い（追加的な労働が加わる場合を含む）

IIは，いわゆるリース・レンタルと呼ばれる，貸付対象の重点が現物におかれているものと，土地と土地に固定されている設備におかれているものとに分けられる。

現物が貸付の対象となっている場合は，その価格は減価償却＋利子となり，土地や土地に固定化されている設備が貸付の対象となっている場合には減価償却＋利子＋地代となる。このいずれにおいても，追加的な労働をともなう場合がある。

両者とも，貸付の重点が置かれる対象に違いはあるにせよ，いずれも土地や固定設備，家具・調度等の減価償却費，利子，地代を，その利用にあたって支払うものである。この費用が減価償却＋利子の形態をとる場合と，減価償却＋

利子＋地代の形態をとるものとに分けて，前者をⅡa，後者をⅡbとして論じる。

（1）Ⅱa
　　——現物貸付に対する支払い（減価償却＋利子）

　まず，現物を貸付対象とするものには，5・8・694被服賃借料，個別の支出額が不明ではあるが，5・8・691洗濯代のうちコインランドリー使用料がここに含まれるべきである。加えて，694被服賃借料，75Bのレンタカー料金，7・3・769運送料，88X教養娯楽賃借料，889他の教養娯楽サービスのその他のうちコピー代使用料が含まれる。ただし，コピー代だけを取り出して表記することは不可能なので，支出額については「他の教養娯楽サービスのその他」と一括して示してある。

　これらは，いずれも通常はリース・レンタルと呼ばれているものである。資本として現物を貸し付ける「現物貸付」の一形態である。また，この現物貸付は利子生み資本の一形態として位置づけられる。リース・レンタルによって貸し付けられるものは，商品形態をとった価値である。「貸し付けられる現物は，その価値が資本として一時的に譲渡され，一定期間後に利子を伴って現物形態で還流する」[9]。のであるが，これは，マルクスの次の説明に裏づけられている。「資本として貸し付けられる商品は，その性状に応じて固定資本かまたは流動資本として貸し付けられる。貨幣はどちらの形態でも貸し付けられることができる。固定資本として貸し付けられるのは，たとえば貨幣が終身年金の形で返済され，利子といっしょに絶えず資本も少しずつ還流するという場合である。ある種の商品は，その使用価値の性質上，いつでもただ固定資本としてしか貸し付けられることができない。家屋や船舶や機械などがそれである。しかし，すべての貸し付けられる資本は，その形態がどうであろうと，またその使用価値の性質によって返済がどのように変形されようとも，つねにただ貨幣資本の特殊な一形態でしかない」[10]。

　なお，「固定資本はどの規定についてみても，個人的消費には役立たず，生産にだけ役立つ資本である，というふうにはけっして言うことはできない」[11]。したがって，所得流通において貸し付ける商品についても，資本にとっては同じく利子生み資本の一形態である[12]。

また，借り入れた資本で現物貸付を行う場合であっても，貨幣資本家から借入を行うことなく自己資本だけで現物貸付を行う資本家であっても，利子生み資本として機能するという本質は変わらない。「自分の資本で事業をする資本家も，借り入れた資本で事業をする資本家と同じように，自分の総利潤を，資本所有者としての自分，自分自身への資本の貸し手としての自分に帰属する利子と，能動的な機能資本家としての自分に帰属する企業者利得とに分割する」[13]。

　したがって，宿泊業を営む資本家が自己資本だけで営業していたとしても，そのことをもって利子生み資本ではないなどとはいえないのである。

(2) Ⅱb
　――土地資本（土地と土地に固着した固定資本）の貸付に対する支払い
　　（減価償却＋利子＋地代，追加的な労働が加わる場合を含む）

　ここには，土地と土地に固定されている施設や設備の貸付に対する支払いを主とするものが一括される。設備の維持と貸出のための事務処理，設備のメンテナンスなどに対して追加的な労働が必要とされることはあっても，それが支払いの主たる目的とはなっていない品目がここに分類される。

　2・1家賃地代，7・1交通，7・2・3・756駐車場借料，7・3通信のうち，760郵便料，762固定電話通信料，763移動電話通信料のみ，9・4・1宿泊料，9・4・2パック旅行費（国内・海外），9・4・4他の教養娯楽サービスのうち放送受信料，入場・観覧・ゲーム代，88Yインターネット接続料，10・1・1理美容サービスのうち温泉・銭湯入浴料のみ，10・1・5他の諸雑費のうち，信仰・祭祀費，婚礼関係費，葬儀関係費，他の冠婚葬祭費，959「他の諸雑費のその他」のうち，貸しロッカー代，貸し金庫代のみがここに含まれるが，詳細な金額は掲載されていないため，支出額については「他の諸雑費のその他」全体の金額で表示されている。墓地代，冠婚葬祭費が含まれる。

　これらは，いずれも土地および土地に固定化された設備や財を一時的に使用する際の使用料である。たとえば，家賃地代はまさに地代と建物という固定資本が貸し付けられ，家賃はこれに対する支払いである。

　通信に含まれる郵便料や電話代は，郵便局や電信電話会社が所有する集合施

設の一部を短期的にレンタルする料金であり，電信電話会社の労働者のほとんどは設備の維持・管理に彼らの労働力を費やしている。放送受信料も，同じく放送衛星や地上での受信設備等を一時的にレンタルしているものと規定できる。

交通費に含まれる鉄道料金やバス代等も，鉄道の客車やバス車両，それらが利用する線路や変電所設備，橋，道路といった，いわゆる「社会資本」と呼ばれる土地と土地に固着した固定施設の一時的な使用，ならびに列車やバス，トラック，タクシーという輸送機関の一時的な使用に対する支払いである。

旅館やホテルの宿泊料の主たる性格は地代と部屋の賃借料であって，そこで費やされる労働のほとんどは建物や設備，部屋の維持・管理のためのものである。たしかに高級旅館などでは食事の際に給仕労働を行うところもあるが，このような労働も，外食の場合と同じく料理という商品を提供する際に追加的に費やされるものであって，中心的な労働は建物や設備の維持・管理のための労働である。さらに，ここに家具調度などの現物貸付が加わる。これらはいずれも価値の一時譲渡と一定期間後の利子をともなう現物の還流という形態をとる。

また，不況のもとで，ホテル，旅館のあいだでの競争の激化といわゆる社用族の減少などが影響して売上げが減少したビジネス客相手のホテルのなかには，外部委託していた業務を内部化したうえで，チェックインに関する事務手続きから給仕まで複数の業務を一人が担当するなどの事例も現れている[14]。かつては，とくに高額な支払いをともなう宿泊施設は，個人ではなく企業の経費で利用するケースも多かった。しかし，そのような時代にあっても，もう一方にはビジネスホテルをはじめ，カプセルホテルなどのように，チェックインと会計のときにのみホテルの従業員と顔を合わせるような宿泊施設も多く存在していた。いまや，そのようなホテルでは，チェックインと支払いも機械で行うところが増えており，さらに追加的労働は設備の維持・保全に特化されつつある[15]。

入場・観覧・ゲーム代の映画観覧料は，観覧席を含む映画館という建物ならびに映写設備と，映画フィルムの現物貸付に対する貸借料である。映画館では，そこで行われる労働のほとんどは，施設・設備の維持・管理に費やされるのであって，入口の切符もぎの労働も追加的労働である。温泉・銭湯入浴料も浴室やシャワーなどの付帯する設備，ロッカーや貸しタオル代のほか，ボイラーや煙突などの固定設備，土地の一時的な使用料である。貸しロッカー代にしても，

ロッカー1個の一時的な賃貸料である。盗難防止のために警備員がいる場合もあるが、これもあくまでロッカーの維持・管理に要する追加的労働にすぎない。

冠婚葬祭費は、その性格上、さまざまな側面が混在しているのであるが、結婚式場や寺の建物と家具調度の一時的賃貸料に、食物調理という財生産、ならびに介添えや食事の給仕、牧師や神父、僧侶の労働「サービス」などが加わる。たとえば結婚式の場合は、会場とウエディングケーキやドレス、ロウソクなどのさまざまな装置類の一時的使用料と食事代が費用の大きな部分を占める。神父や牧師などの労働は欠かせないものであるにしても、そこに費やされる労働や時間はごくわずかである。したがって、冠婚葬祭費用にはさまざまな性格が混在しているが、とくに会場等の賃貸料が大きな部分を占めるという点で、分類Ⅱbに含めた。

最後に、Ⅱa、Ⅱbについて若干まとめておこう。ここに含まれている項目は、いずれも土地および土地に固着する設備、調度品などを消費者が一定期間レンタルするものであって、その料金は、基本的には、減価償却＋利子あるいは、減価償却＋利子＋地代に対する支払いを主たる内容とする。ここに追加的な維持・保全労働が加わるものである。

3　分類 Ⅲ
——「サービス」提供に対する支払い

Ⅲに含まれる項目は、収入と交換される活動状態にある労働の有用性、すなわち、人が人に対して直接働きかけ、その働きかけに対して支払いが行われるものである。

ここには、家庭内の労働が外部化され、共同的に消費される対象となったものが多く含まれており、それらは本来、共同体機能を維持するために必要なものであり資本の論理になじまない。このⅢについても二つに分けて示すこととする。共同で消費される対象のなかには、本来共同体的一般条件として、要するに、労働力の再生産を行うために、そして社会的な存在として社会とのかかわりを持ち続けるために必要不可欠な条件としての性格をもつために、そもそも資本の論理に包括されにくい性格を有する、いわば非営利的に営まれるべき性格をもつものがある。他方、これらのなかには共同消費の対象とはいえ、私

的に選択され，消費されるものがある。したがって，この二つを区別し，前者をⅢa，後者をⅢbとする。

(1) Ⅲa
　　――本来のサービス労働が中心であり，共同体的一般条件としての性格を
　　　もつもの
　ここには，1・12・2学校給食，6・4保健医療サービス，8・1授業料等，8・3補習教育，888諸会費（子供会や老人会等の会費），952非貯蓄型保険料，954保育所費用，951介護サービスが含まれる。
　「生活の社会化」として多くの論者によって研究されてきたように，ここに含まれる品目はいずれも家事・育児・介護といった「消費の主体つまり人間の側からみれば『生命・人間の生産の社会化』」[16]されたものである。このような性格をもつものは，それまで家庭内で家族（主として女性）が担ってきたものであるが，これらの労働は資本主義に限らず，どの社会であっても，人間が「社会的動物」として存在し，関わり合い，助け合わねば生存できない存在であることを基礎として成立する。「人間は最も文字通りの意味でゾーン・ポリティコン〔ζωον πολιτικον：共同体的動物，社会的動物〕である。単に社交的な動物であるだけではなく，ただ社会のなかだけで個別化されることのできる動物である」[17] もちろん，ここに含まれる項目の質や量は，歴史段階や国家，地域ごとに異なる。
　資本制生産のもとでの消費は，一方で個人的消費の側面をもちつつ，同時に労働力の再生産を行うことをも意味する。資本制生産のもとでの消費は，「資本によって労働力と引き換えに手放された生活手段の，資本によって新たに搾取されうる労働力への再転化である」[18]。労働力の再生産を行う行為は家事・育児・介護労働として具体化される。これらは，いずれも，資本にとって必要とされる労働者を継続的に再生産していくためにも必要な家庭内労働であるが，個人消費が「社会的には資本の再生産の条件」[19]であることから，消費の中身もその時々の資本制生産の規模や内容によって変化する。
　たとえば，生産手段が集中する一部地域への人口集中や労働時間に圧迫された生活時間の短縮，女性の社会進出などは，生活機能を維持するための代替手

段を必要とする。その一部は公的な担い手によって代替され，安価または無料で提供される。また，もう一方では，こうして外部化された生活機能が資本によって商品化される。その場合，資本は利潤を追求するため，公的に担われる場合よりも相対的に高額になりやすい。

　ここで列挙した品目は，いずれも「生活の社会化」が進行するもとでの，宮本憲一氏のいう「社会的共同消費手段」[20]の利用と，利用料金の負担がどこに求められているのかを表したものである。学校給食，授業料等は，資本制生産の発達にともなって，労働者に求められる社会的一般的技能を身につけさせるための手段として共同的な消費の対象となる。また，労働力が機能し続けるためには保健医療サービスが必要である。保健医療サービスは，それがたとえ資本にとっては利潤を生み出さないものであったとしても，労働力の機能保全のためには必要不可欠なものである。したがって，資本はこれを社会全体でカバーするために税のかたちで生産資本から控除するか，労働賃金として労働者に支払うかのいずれかを選択させられるのであるが，生産上の空費はできるだけ避けたい。それが資本の当然の選好である。「どんな事情のもとでも，医師のサーヴィスは生産の空費〔faux frais〕に属する。これは労働能力の修繕費に計上されうるものである」[21]。公的な医療・福祉制度では不完全であるからこそ民間保険に加入し，前もって保険料を支払って備えるのである。セーフティネットにほころびが生じている現状では，傷病によって労働力の再生産に滞りが出ないよう，自己防衛をはかるものが非貯蓄型保険料であり，これも労働力を維持するための，いわば修繕費である。

　諸会費（子供会や老人会等の会費）や保育所費用，介護サービスは，いずれも社会的な存在として生活すると同時に，労働者として労働力の再生産を行うために必要な一般条件である。たとえば保育所は，子供の社会性を育てると同時に，資本主義下で求められる労働者としての条件の基礎づくりを行う空間でもある。また，介護サービスも，人間同士のかかわりを維持することで，人間としての機能を保持するという意味を持つと同時に，女性を労働者として生産手段に結びつけることによって，担い手がいなくなる家庭内の介護機能を社会的に代替するという意味を併せ持っている。

194　第2部　「消費社会」の内実

(2) Ⅲb
　——本来のサービス労働が中心であり，選択的消費（社会的共同消費以外のもの）の対象として位置づけられるもの

　4・6家事サービスのうち家事代行業，9・4・3月謝類，9・4・4他の教養娯楽サービスのうち諸会費，10・1・1理美容サービスのうち温泉・銭湯入浴料を除いたもの，10・1・5他の諸雑費のうち信仰費，婚礼葬祭費，葬儀関係費，他の冠婚葬祭費がこれにあたる。

　ここに示した「他の諸雑費」は，Ⅱbの性格と「本来のサービス」の性格を併せ持つ。

　結婚式場や葬祭場は，土地と土地に固着する施設ならびに祭壇や道具類の一時的な使用を必要とする。さらに，ただ建物だけを利用するのではなく，そこで行われる儀式のために神父や牧師，僧侶などのサービス労働がなければならない。もちろん，買い手が彼ら労働者に支払うのは彼らの収入であって資本ではない。したがって，これらの労働はマルクスのいうところのサービスそのものである。

Ⅱ　「サービス消費」という概念について

　以上みてきたように，サービス品目として一括されているものには，財に対する支払いとして分類されるべき項目や，利子生み資本の一形態としてのリース・レンタル料，あるいは地代として考えるべき項目が混在している。その原因は，「サービス」が非物質的生産物であるという通俗的概念のもとに，非物質的生産物らしきものを寄せ集めて「サービス」範疇に放り込んだことにある。この通俗的規定をもとにして「サービス」労働は非物質的生産を行う労働であるという誤解が生み出される。いわゆる「消費社会論」を展開する論者にとどまらず，マルクス経済学においても，物質的な形状をもたないものを生産する労働はサービス労働であるとの誤解が広くみられるのが現実である。

　一方，マルクスは，まず生産的労働と不生産的労働の明確な区別を行い，「資本を生産する労働だけが生産的労働」[22]としており，収入と交換される労働であるサービス労働を不生産的労働と位置づけている[23]。この，消費過程で

収入と交換されるサービス労働を「サービス消費品目」から抽出したものがⅢであるが，Ⅲのサービス労働も土地や土地に固着する施設や現物の貸与・提供をともなうのであって，「消費のサービス化論」で言われるような「財からサービスへ」の転換といった主張とは結びつかない。

「消費のサービス化」とは，「サービス消費」品目への支出額が消費支出全体に占める比率の上昇をさす。したがって，われわれも，上記の分類に従って，各カテゴリーごとの支出額と消費支出全体に占めるその比率をみていこう。

まず，各カテゴリーのなかで支出額が最大のものはⅡbで，支出額全体の17.93％を占めている。なかでも「家賃地代」の割合が高く，これに通信料，交通費と続く。いずれも地代の高さが支出額の大きさに反映しているものである。そもそも，Ⅱ（ⅡaおよびⅡb）の本質は利子生み資本範疇で説かれるべき土地と現物の貸付であり，土地資本としての土地に固着した施設や家具・調度なども財である。いずれも大量の財の消費を必要とする。このカテゴリーの分析に必要とされるべきは「地代論」「利子生み資本論」である。

加えて，土地に固定された施設（高速道路，橋，電話線や送電設備等，ホテルの建物等）に加え，通信費やインターネット接続料への支払いが伸びているということは，パーソナルコンピュータや携帯電話などの耐久消費財の大量消費が背景にあることを示している。

同様に，生産過程の一部をなすべきものが外部化され，自立化したものがⅠ（ⅠaおよびⅠb）である。ここでの労働は，生産過程の伸長にともなって追加的に必要とされるものであるから，当然，財の存在を前提とするものである。

以上，異質な性格をもったものをひと括りにしたままでサービス化の意味を論じているこれまでの議論では，現状を正確に反映していないばかりか，それらに共通する「財からサービスへ」の転換も根拠のないものであることは明らかである。

それでは，「消費のサービス化」とはいったい何を意味しているのだろうか。

III 消費のサービス化の要因

1 耐久消費財の普及

　分類Ｉのうち，Ｉaについては，耐久消費財の登場と普及にともなって増加してきたものである。耐久消費財は，購入してから短期間で消費される他の消費財とは異なり，消費期間が長期にわたっており，また，商品１単位当たりの価値も大きい。さらに，修繕するには専門的な知識が必要とされるために，消費者個人では修繕しにくい。

　このような性格をもつ耐久消費財の出現と普及は，比較的長期にわたって，その耐久消費財を正常に使い続けるための修繕・保全労働を必要とする。たとえば，食物であれば，購入してから調理して食べつくすまでが消費過程であり，食物の使用価値はこの過程すべてにわたって有効である。食物の使用価値を維持するための追加的な労働は必要とされないほどに消費期間は短いか，あるいは腐敗しないよう冷凍したり，煮る労働が必要であったとしても，それは主として家庭内での労働によって賄われる。しかし，耐久消費財の場合には，何年間もの長期にわたって使用に耐えなければ耐久消費財たる資格はなく，その耐久期間が終了するまでは正常に機能することが要求されるのである。

　複雑な機能をもち，機構がブラックボックス化している耐久消費財が増加している現在，修理・保全はますます重要となっている。修理・保全を行うことをとおして，購入時の正常な機能を保持することができるのであり，当該商品の商品としての使用価値を消費しつくすためには，生産後の追加的労働が必要とされるのである。大量生産システムからすれば，このような生産後に個別に必要とされる追加的な修理・保全は非効率なものである。したがって，大手メーカーを中心にこの追加労働を必要とする部門は分離させられるか，あるいは外部の専門業者に委託される。こうして，修理・保全サービスが財を生産する産業から外部化され，専門企業として独立することになる。このことが，修理・保全労働の本質を見えにくくさせているのである。

　なお，付け加えれば，正常な機能は常識的に考えられる耐久期間終了時までは保証されていなければならない。にもかかわらず，その修理費用を消費者が

新たに支出しなければならないとすれば,この支出増は「豊かな消費社会」＝「消費者主権」の確立というイメージからもかけ離れている。

2 地価の高騰と公営住宅の不足

分類表のなかで最大の比率を占めているものがこのⅡbである。さらにⅡbに含まれる品目の圧倒的な部分が地代として支払われていることからしても,サービス支出全体に占める地価の影響は非常に大きいといえる。

なかでも分類Ⅱbに含まれる項目は,いずれも地価の上昇とのかかわりが強く,地価の上昇と利子の増加を反映して支出額が増えている。

家賃は住宅の賃貸価格であるが,この賃貸価格は,当然ながら地代に大きな影響を受ける。賃貸価格,「俗にいう賃貸料は,次のものからなりたっている。(1)地代部分,(2)建築資本（建築業者の利潤を含む）に対する利子部分,(3)修繕費と保険料とにあてられる部分,(4)家屋の徐々の摩損におうじる建築資本（利潤を含む）の年賦償却（割賦償還）部分」[24]。

この分類Ⅱbの地代に直接かかわる項目への支出増をみれば,異常ともいえる地価の高さが家賃地代や住宅価格に反映し,それがサービス支出全体を増加させている最も大きな要因となっていることがわかる。たとえば,日本不動産鑑定協会の2011年度の世界主要都市間比較では,東京の住宅価格はロンドンに次ぐ世界第2位となっており,サンフランシスコの2倍以上の価格となっている。このような高額な土地を含む実物資産は,高額所得者層への集中度が高い[25]。

地価の高さは,一方で富裕層の資産増加に貢献するが,その一方で,賃貸住宅に暮らす階層に対しては,著しい家計圧迫要因となっている。2009年の「全国消費実態調査」（表6-3）によれば,2人以上の世帯の持家率は第Ⅰ分位で66.7％にとどまっているのに対して,第Ⅹ分位では92％に達している。また,家賃地代への支出が消費支出全体に占める比率は,第Ⅰ分位が6.72％と低所得者層で最も大きく,第Ⅹ分位の1.29％と比べて顕著な格差が認められる。そもそも家賃地代を支払っている世帯の割合は,第Ⅰ分位で約33％に上るのに対して,第Ⅹ分位では9.9％と約1割にとどまっている。このことは,「保健医療費（保健医療サービスを含む）」の分析で示されている現実と同様に,家賃地代

表 6-3 年間収入十分位別の世帯属性,消費支出および持ち家率,家賃地代 (2009年)

	平均	I	II	III	IV	V
65歳以上人員（人）	0.66	0.87	1.02	0.94	0.76	0.59
うち無職者人員（人）	0.51	0.74	0.90	0.80	0.58	0.45
有業人員（人）	1.43	0.82	0.81	0.98	1.23	1.38
世帯主の年齢（歳）	55.4	60.7	61.1	59.3	55.9	53.3
世帯主の性別：男（人）	0.907	0.707	0.880	0.920	0.914	0.936
：女（人）	0.093	0.293	0.120	0.080	0.086	0.064
持ち家率（現住居）（％）	80.6	66.7	76.3	78.2	77.5	77.7
家賃・地代を支払っている世帯の割合（％）	20.3	32.9	24.0	22.5	23.1	22.9
消費支出（円）	300,936	180,578	216,952	237,229	255,084	272,841
家賃地代	10,006	12,126	10,051	10,728	11,954	11,160
家賃地代／消費支出（％）	3.32	6.72	4.63	4.52	4.69	4.09

出所：総務省統計局「全国消費実態調査」2009年より作成。
注：年間収入は，I＝273万円以下，II＝273〜350万円，III＝350〜411万円，IV＝411〜480万円，V＝480〜556万円，
　万円，IX＝883〜1109万円，X＝1109万円以上。

図 6-2　借家所有形態別比率（2008年）

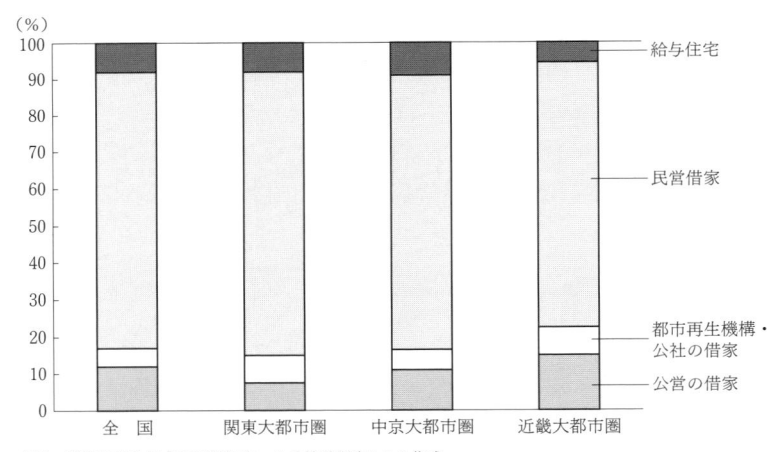

出所：総務省統計局「2008年住宅・土地統計調査」より作成。

の対消費支出比率の高さも階層別・年齢別・性別に貧困の偏在を示すものであり，同時に，こうした問題に対する公的関与の不足を示すものである。

住居は「生存・生活・福祉の基礎」[26]であるから，公営住宅（公営の借家）の不足は，おのずと民間の賃貸住宅への依存を強要する。その結果，民間の賃貸住宅市場を活気づけることになるが，それは価値観の多様性に公営住宅が応え

VI	VII	VIII	IX	X
0.53	0.47	0.43	0.45	0.54
0.37	0.32	0.29	0.30	0.32
1.53	1.67	1.79	1.93	2.20
52.2	51.7	52.1	52.8	54.7
0.941	0.933	0.945	0.944	0.947
0.059	0.067	0.055	0.056	0.053
80.9	82.7	86.4	87.8	92.1
20.2	18.5	15.6	13.7	9.9
296,276	325,663	350,967	395,386	478,387
11,151	10,123	8,743	7,832	6,195
3.76	3.11	2.49	1.98	1.29

VI＝556〜640万円，VII＝640〜749万円，VIII＝749〜883

ていないところに民間の賃貸住宅が入り込んでいるためでは決してない。「人口が減り，高齢化し，特に住宅の新規需要を担う若い人口が減り」「すでに建てられた住宅のストックは世帯数を大きくうわまわって」[27]いるためでもない。むしろ，賃貸住宅を必要とする人々が存在しているにもかかわらず，公営住宅（公営の借家）がわずか1割にとどまっていという現実が，そこから排除された人々に対して民間の賃貸住宅への依存を強制しているのである（図6-2参照）。

住まいは人間の生活条件の基礎的要素である。土地の価格の騰貴や家賃による家計負担の増大は，その生活条件の貧困を象徴するものではあっても，豊かさの象徴となるものではない。

3　社会的共同消費手段の商品化による支出の増加

資本制生産の発展のもとで，家庭内の機能は外部化される傾向をもつ。それは，「私的な家事労働」に押し込められていた女性たちが「近代の大工業によってはじめて」労働者として許容されるようになったことを意味する。この過程は「私的な家事労働をも次第に公的な産業に解消」[28]されることをともなう。それまで家事・育児・介護労働として家庭内におかれていたものは社会化され，このうち，資本に利潤をもたらす部分のみが商品として提供され，それらは貨幣と引き換えに再び家計に取り込まれる。一方，資本にとって利潤を生み出さないと考えられるものについては，それは共同体を維持するために必要なものであるとされ，国家をはじめとする公的機関によって担われることとなる。

このような「共同社会的・一般的条件」[29]は，「人類が社会的な存在であることから必然的に生ずる社会的消費形態」[30]であり，資本主義のもとでは「労働力の再生産の一般的条件」である。これらの「一般的条件」は無償あるいは無

表 6-4　年間収入十分位別の世帯属性，消費支出および保健医療費（2009年）

	平均	I	II	III	IV	V
65歳以上人員（人）	0.66	0.87	1.02	0.94	0.76	0.59
うち無職者人員（人）	0.51	0.74	0.90	0.80	0.58	0.45
有業人員（人）	1.43	0.82	0.81	0.98	1.23	1.38
世帯主の年齢（歳）	55.4	60.7	61.1	59.3	55.9	53.3
世帯主の性別：男（人）	0.907	0.707	0.880	0.920	0.914	0.936
：女（人）	0.093	0.293	0.120	0.080	0.086	0.064
消費支出（円）	300,936	180,578	216,952	237,229	255,084	272,841
保健医療（円）	13,414	9,301	11,778	13,118	12,318	12,769
医薬品（円）	2,414	2,063	2,351	2,406	2,381	2,272
健康保持用摂取品（円）	1,121	739	1,127	1,221	1,034	919
保健医療用品・器具（円）	2,223	1,285	1,651	1,976	1,942	2,276
保健医療サービス（円）	7,656	5,214	6,648	7,515	6,961	7,302
保健医療サービス支出／消費支出（％）	2.54	2.89	3.06	3.17	2.73	2.68

出所：総務省統計局「全国消費実態調査」2009年より作成。
注：年間収入は表6-3と同じ。

償に近い費用と引き換えに提供されるものであり，個別資本にとっては可変資本の節約になる。したがって，この労働力の再生産のための「一般的条件」が提供されなければ，それらは資本によって提供される消費財によって代替されねばならず，労働力の再生産費を増大させることになる。もちろん，「一般的条件」を資本に実現させるには，労働者階級の要求の発現と，それを資本に実現させるだけの力が労働者階級になければならないが，現実には，一方では「一般的条件」の不足部分は商品のかたちで家計支出に占める「サービス消費」支出の増加を生じさせ，もう一方では家計支出には表れないが，再び女性を家事労働に縛りつけることによって埋め合わせさせられる。

このような性格をもつ項目を集めたⅢaの支出額は，「家賃地代」などを含むⅡbの支出額に次いで大きく，消費支出全体の8.65％を占めている。なかでも大きなものは「保健医療サービス」「授業料等」そして「非貯蓄型保険料」である（表6-1参照）。

なお，通常の個人拠出の生命保険料や簡易保険，年金保険などは家計調査項目上，「実支出以外の支払い」に分類されており，「消費のサービス化」とかかわる「サービス」品目の範疇には含まれていない。したがって，ここで検討の対象となるものは「非貯蓄型保険料」に限定される。

VI	VII	VIII	IX	X
0.53	0.47	0.43	0.45	0.54
0.37	0.32	0.29	0.30	0.32
1.53	1.67	1.79	1.93	2.20
52.2	51.7	52.1	52.8	54.7
0.941	0.933	0.945	0.944	0.947
0.059	0.067	0.055	0.056	0.053
296,276	325,663	350,967	395,386	478,387
12,959	13,628	14,124	15,614	18,528
2,280	2,301	2,542	2,598	2,950
1,016	1,001	1,180	1,282	1,685
2,331	2,357	2,417	2,835	3,163
7,332	7,969	7,985	8,900	10,730
2.47	2.45	2.28	2.25	2.24

「非貯蓄型保険料」は，旅行保険のように保険の対象が人と携行品といった財との両方にまたがるため，携行品の保証に関する部分はⅠaの性格を有するものであり，生命にかかわる保証部分についてはⅢaに分類できよう。

保健医療は，生命の維持や人間的発達に直接かかわる項目であり，その有効性については医学の発展段階によって違いがあるにせよ，本来，どんな発展段階であっても必要とされるものであることに変わりはない。資本主義社会において，傷病の発生頻度は，所得階層によって偏差的に現れるものであり，高額所得者層におけるよりもむしろ所得の低い階層で多くみられるという傾向が現れるものである。低所得者層には高齢者世帯，障がい者世帯，母子家庭，不安定就業者層が高額所得者層よりも多く含まれているからである。

生命の維持と人間的発達にかかわるこれらの「サービス」品目が無料で提供されるのではなく，商品化され，家計からの支出を必要とする場合には，とくに低所得者層の家計に対する圧力は顕著なものとなる。実際，年間収入十分位別にみた保健医療サービスに対する支出が消費支出全体に占める割合は，第Ⅰ分位が2.89％，第Ⅱ分位で3.06％，第Ⅲ分位で3.17％であるのに対して年収1109万円以上の第Ⅹ分位では2.24％にとどまる。第Ⅳ分位から第Ⅹ分位までをみると，年収が高くなるにしたがって保健医療サービスへの支出が消費支出に占める割合が低下している。第Ⅰ分位の世帯主の平均年齢は60歳，第Ⅱ分位では61歳，第Ⅲ分位では59歳である一方，第Ⅹ分位では54.7歳となっている（表6-4参照）。また，世帯主を男女別にみると，全世帯平均では男性の世帯主比率が9割に上っているのに対して，第Ⅰ分位では男性比率が7割と他の階層に比べて女性の世帯主比率が高く，第Ⅹ分位では9.5割程度と男性世帯主の比率が高いことが読み取れる。これらの数値から，消費支出に占める保健医

療サービスへの支出比率の高さは，その世帯における高齢者比率の高さおよび女性世帯主の比率の高さと，収入の低さとの相関関係を示しており，このような世帯に対する公的支援の不足を想起させるものである。少なくともそれは「豊かさ」とは無縁な消費支出である。

　資本制生産のもとでは，保健医療は，社会的一般的な水準を満たす労働力を再生産するために必要なものである。すなわち，労働者は，労働能力をつねに修復・維持することで，労働者として労働市場に参入し続けることができる。傷病等でこの経路が絶たれる，あるいは休止せざるをえないときには，労働力を売ることができなくなるのであって，その意味で，保険料には，加入者同士が将来的に発生するかもしれない損害・傷病のこうしたリスクをあらかじめ補塡し合うことで，集団として労働能力を保持することを可能にするという意味をもつ。同時に，保険請求者が労働能力を取り戻すことが不可能になった場合に，保険加入者全員で請求者の医療費や生活費を補塡するものが民間保険である。資本主義下であろうとも，このような「保険」がもつ機能の本質が「社会の協同業務」であることに変わりはないのである[31]。

　本間照光氏は，保険制度は相互扶助という本質をもち，歴史段階としての資本主義社会において「自己の労働力を売るよりほかに生活しえない」労働者階級が「労働能力そのものを失う場合」や「労働力を売りえない場合」に生じる「生活資料の杜絶」に備えるために生命保険が必要とされたことを明らかにした。さらに，資本主義は労働者階級にそのための支払いを不可能にさせる傾向をもつこと，その一方で，労働者の労働能力の喪失は資本にとっても価値増殖の障壁となるのであって，社会保険制度はその解決策として成立したものであることを示されている[32]。しかし，その社会保険制度も新自由主義政策のもとで徐々に解体され，民間の保険によって代替されることで商品化されている[33]。

　そうした保険料については，「サービス消費品目」には含まれないが，保健医療費の増大は，保険料支出を促すことになる。「個人は，自己の死亡による遺族の生活不安を考慮しておかねばならないばかりではなく，生存中の火災類（災害や事故—引用者）による私有財産の喪失，疾病，傷害，失職による偶発的な生活不安への危険は，この時代（資本主義社会—引用者）ほど一般化したことはなかった」[34]。「生活不安」に対する予備ファンドとしての保険料の支払いや

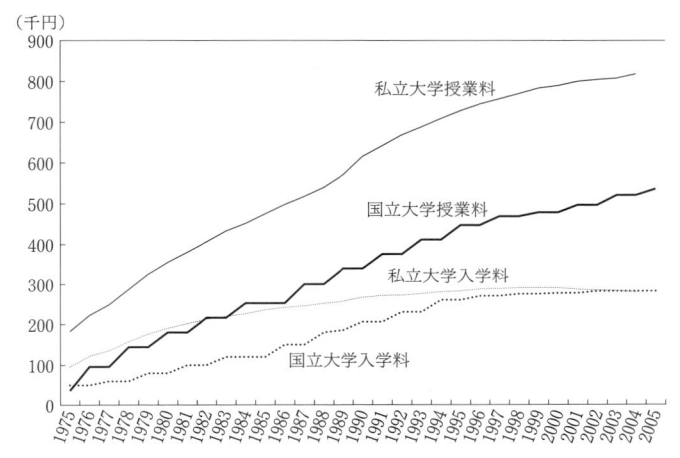

図 6-3　国立大学および私立大学の授業料等の推移

出所：文部科学省。
注：1）私立大学の額は平均値であり、年度は入学年度である。
　　2）国立大学の2004年度以降の額は国が示す標準額である。

保険への支出を促す「保健医療」費の増大をもって豊かさを表す指標とすることほど現実離れした解釈はない。

　保育所や介護サービス，学校給食，学校教育への支出増も同様である。とくに学校教育への支出が消費支出全体に占める割合は2.48％と保健医療サービスを超えている（表6-1）。実際，国立大学の授業料は1975年には年間3万6000円であったものが1980年には18万円，1990年には33万9600円，2005年には53万5800円へと急増した。1975年から2005年までのあいだに国立大学の授業料は実に15倍に増加したことになり，入学料に関しては国立と私立の差異は見られないまでになっている。

　これらの費目に対する支出増は，豊かさの現れではなく，それとは逆に，生産と消費の「一般条件」の崩壊を示すものである。保育所や学校教育の場といった社会機構の存在は，これから労働市場に出ていく彼女らや彼らにとって，将来の労働力商品の売り手としての使用価値を身につけるために重要な役割を果たしているものである。と同時に，なによりも社会的存在である人として重要な社会参加の機会を保証するものでもある。したがって，この分野における

図 6-4 両親の年収別にみた高校卒業後の進路（所得階級7区分）

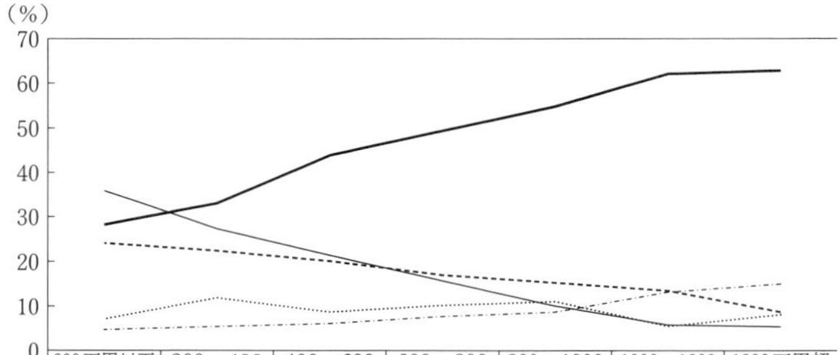

	200万円以下	200～400	400～600	600～800	800～1000	1000～1200	1200万円超
── 就職など	35.9	27.3	21.4	15.7	10.1	5.8	5.4
---- 専門学校	24.1	22.4	20.1	17.0	15.3	13.5	8.7
……… 短期大学	7.1	11.9	8.7	10.2	11.1	5.5	8.1
━━ 4年制大学	28.2	33.0	43.9	49.4	54.8	62.1	62.8
─・─ 浪人・未定	4.7	5.4	6.1	7.7	8.7	13.2	15.0

出所：東京大学大学院教育学研究科大学経営・政策研究センター『高校生の進路と親の年収の関連について』2009年7月31日，3ページ，図表2。

共同体的機能の後退と資本によるその商品化は，社会参加のための多様なスキルの獲得機会を失わせ，同時に労働力の再生産を困難にさせることにつながるのである。

たとえば，教育は，資本制生産のもとでは，社会的平均的な労働能力を獲得するために必要とされる。したがって，教育費の増大がもたらす教育機会の偏りは，社会的平均的な労働力を獲得できないがゆえに，労働市場において労働力を販売できないか，不利な条件での販売を強制される労働者層を形成する。同時に，次世代の労働者であるその子供たちが教育を受ける機会において，親の所得階層に対応して偏りを生じさせることになる（図6-4参照）。

さきにあげた「消費動向調査」では，第I分位と第II分位では授業料等への支出額が逆転してはいるものの，それ以上の所得階層では所得の大きさに比例して授業料等への支出が大きくなっていく。所得が低い層で，授業料等，教育への支出が少なく現れているのは，図6-4でも明らかなように，こうした階層では大学進学をあきらめ，就職を選択することが多いためと考えるべきであろう。大学への進学をあきらめれば，その世帯の授業料等への支出額は減少することになる。つまり，ここでも問題にすべきは所得と教育機会の関係，公的

関与と教育機会の関係なのであって，とくに，所得の低い階層には豊かさに通じる自由選択の余地はきわめて限られているということである。

4 女性の賃労働者化と家事労働の外部化

2011年現在，労働力人口に占める女性労働者の割合は48.2％である。男性の非正規労働者が，男性労働者全体の20％であるのに対して，女性は55％と非正規比率が高いのが特徴である。

この数字には，日本の女性が家事・育児の担い手としての役割から解放されないままに賃労働者として労働市場に吸引されている様子が現れている。

これまで家事労働を主として担ってきた女性が賃労働者化することによって，家事労働が外部化，商品化され，労働者の家庭は，より多くの財や「サービス」を購入しなければならなくなる。この家事労働の外部化は，一方では，耐久消費財をはじめとする財の購入やその修繕のための支出を増加させる。ただし，耐久消費財の修理・保全にかかわる労働は，生産後の労働であり，「サービス」労働ではないことはすでに指摘したとおりである。また，たとえば，食事づくりという家事労働が外部化されることで，一方では調理済み食品などの消費財の購入を増加させ，電子レンジやより大型の冷蔵庫などといった耐久消費財の購入を促す。これは財への支出増となって表れる[35]。また，他方では外食への支出を増加させ，それが「サービス」消費支出の増加となって表れる。

洗濯という家事労働も，一方では洗濯機や乾燥機という耐久消費財によって代替され，これらも財の支出増をもたらすとともに，その修繕のための支出が「サービス」消費支出を押し上げる。他方では，クリーニング店が利用され，それもまた「サービス」消費支出を増大させる。理美容サービスも，同じく女性が担ってきたであろう夫や子供の整髪が外部化されたものと考えられる。教養娯楽サービスへの支出も，たとえば英会話教室のように，女性が賃労働者として要求される労働能力を培うために必要とされる。

女性の賃労働者化は，社会的な存在として生産に参加することを通じて，女性を旧来の家族制度のくびきから解放する要素をもっている。しかし，このプロセスは，家事労働がほかの担い手や集団によって代替されることなしには継続されない。もし，担い手もしくは代替手段が見つからない場合には，女性は

再び家庭内に引き戻され，家父長的家族関係の維持機能の担い手として社会的労働から排除されるか，それでも賃労働を継続しようとすれば，両者の労働すなわち賃労働と家庭内労働の両者を担わなければならないという過酷な環境を強いられるのである。「現代の大工業がはじめて女に——それもただプロレタリアの女だけに——社会的生産への道をふたたびひらいた。だが，その仕方は，女が家庭での私的奉仕の義務を果たせば，ひきつづき公的生産から締めだされたままになって一文も稼ぐことができず，また公的産業に参加してひとりだちで稼ごうと思えば，家庭の義務をはたすことができない」[36]。

また，労働市場から締め出されないように，商品化された家事労働の代替品を買い入れようとすれば，「労働者家族の生産費は増大し，それが収入の増加分を相殺してしまうのである。」[37]。こうして相殺される収入の増加分と，女性が受け取る賃金とが秤にかけられ，その結果，女性の賃金が家事を代替する商品の購入金額を下回る場合には，女性たちが賃労働を続けることは許されない。実際，女性が労働者として社会的生産にかかわることができる範囲は，家事労

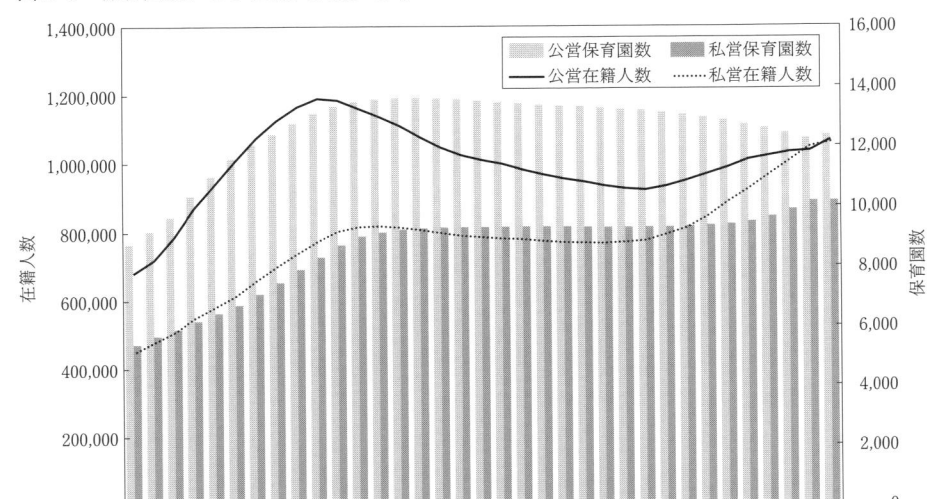

図6-5 保育園数および在籍人員数の推移

出所：厚生労働省大臣官房統計情報部社会統計課「社会福祉行政業務報告」より。

働が公共サービスに代替される程度に応じて拡縮する傾向にある。「女が社会的生産労働から締めだされて私的な家事労働に局限されたままでいるあいだは、女の解放や、男女の平等の地位は不可能であり、今後も不可能であろう、ということである。女の解放は、女が大きな規模で生産一般に参加することができ、家事労働がわずかしか女をわずらわさないようになるときにはじめて、可能になる」[38]。

たとえば、所得に応じて利用料が算定される公営の保育所が、利用希望者数に比して不足するのであれば、その分は私営の保育所で代替されねばならない（図6-5参照）。

そうなれば、保育料に対する支払いは、公営保育所を利用する場合に比して大きくなるであろう。このように、家事労働を代替する「サービス」消費品目に対する支出増は、女性の社会進出に対する障壁の高さと公的機関による社会的サポートの貧困度を示すものであり、女性が社会的生産労働を続けることの困難さを示すものにほかならない。

5 「サービス」生産と財生産における生産性上昇率の違い

「サービス」に分類されている項目のなかには、財に分類されているものよりも機械化が困難なもの、資本の有機的構成が低く労働集約的なものが多く含まれている。

「財生産」部門における労働生産性の上昇が、いわゆる「サービス」業という不生産部門に労働者を従事させることを可能にするという点については、つとに指摘されているところである[39]。財生産部門で失われた雇用を一定程度吸収する力を「サービス」部門が有していることは、この「サービス」業のなかに労働集約的な性格をもつものが多く含まれていることを示している。生産性の上昇速度は財生産部門に比べて相対的に遅く、その分「サービス」消費品目への支出が消費支出に占める割合の上昇につながる。

「サービス」消費品目の価格と財商品の価格のこのような違いの一端は、CPI（消費者物価指数）にも表れている。2010年を100とした場合の2011年の平均消費者物価指数（総合）は99.7であったが、CPIの低下に最も大きな影響を与えたのは「家庭用耐久財」の86.1および「教養娯楽用耐久財」の73.4であった。対

表 6-5 消費者物価指数

年平均	総合	外食	家庭用耐久財	家事サービス	被服関連サービス	保健医療サービス	授業料等	補習教育	教養娯楽用耐久財
ウエイト	10000	589	118	25	27	182	328	140	178
2009年	100.8	100.1	111.4	99.6	99.8	99.1	114.6	99.8	122.7
2010年	100.0	100.0	100.0	100.0	100.0	100.0	100.0	100.0	100.0
2011年	99.7	100.2	86.1	99.7	100.1	100.0	97.5	99.8	73.4

出所:総務省統計局『消費者物価指数:全国』2011年より作成。

して「サービス」品目に含まれる「外食」は100.2,「家事サービス」は99.7など,財品目に分類されるものとの顕著な差が読み取れる(表6-5参照)。この点からいえば,「サービス」支出の消費支出に占める割合が高まることは,それだけ財生産の生産性が高まっていることの証左であり,工業生産が衰退してきたことを示すものではない。

たしかにⅠa,Ⅰbに分類されている項目の多くは機械化によってある程度生産性を上げることが可能なものである。たとえば,洗濯代や仕立て代については,機械の導入や薬剤の改良等の技術革新によって生産性を上げることができるものである。

しかし,「サービス」項目のなかには,機械化自体がほとんど不可能なものや,労働生産性の上昇を追求すること自体がそぐわないものも数多く含まれている。たとえば,保健医療サービスを例にとれば,高度な技術を集約した高性能な検査機器の導入によって検査の精度が上がり,医師が判断に要する時間を短縮することができるかもしれない。しかし,一方で,診察,検査結果の判断から治療方針の策定等は医師や検査技師らの労働力を必要とする。また,医者が短時間で多くの患者を診ることが,すなわち医療の向上のすべてを表すものではない[40]。

教育も同様である。IT機器の利用は教育効果に影響をもたらすかもしれないが,それらはあくまで補助的要素であって,教師一人当たりの児童・生徒・学生数は少ない方が教育効果は高い。補習教育でもますます少人数制が志向されるようになっている。介護サービスや保育所も同じく多くの労働力を必要とする。理美容サービスについても,機械化をいくら進めても客一人に対して一

人の美容師が必要である。このような性格をもつ「サービス」提供の現場では，機械の導入が行われたとしても，それは，そこで行われる労働サービスがより高い有効性をもつことを主目的としている。

このように，「サービス」消費品目に，労働生産性を上昇させることをめざす資本の論理にはそぐわないものや，労働生産性の上昇速度が財生産と比べて遅いものが多く含まれている。この労働生産性上昇率の差異が，時の経過とともに，財支出と比べて，「サービス」消費支出の増加が相対的に大きく表れる背景には存在しているのである。

(2010年＝100)

教養娯楽サービス	理美容サービス
626	108
100.3	100.1
100.0	100.0
100.7	99.7

まとめ

1980年代，「サービス」消費支出の増加と，財への消費支出との比較から消費支出全体に占める「サービス」消費支出の比率重が増したことをもって，「モノ（財）からサービスへ」の転換を示すものであるとの主張が盛んにとなえられた。これらの多くは，それこそが消費者が豊かさを手に入れた証左であると強調するものであった。少数の研究者が，長年繰り返されてきた「サービス価値生産・不生産論争」にとどまることなく，「サービス産業」部門を実態に即して分類し，その性格づけを行ってきた。その具体的な増大要因の検証作業は，一定の成果を積み上げてきてはいるが，いまだにそのような研究はごく一部にとどまっている。「サービス社会」が宣伝されてから30年を経たいまもなお，たとえば2008年の『国民生活白書』では，相変わらず「モノからサービスへ」という言説が「消費者市民社会」「経済主体としての消費者」などのスローガンとともに語られている。80年代に比べて，現在の「サービス」消費品目からは外されたもの，あるいは新たに加えられたものはあるが，「サービス」消費の本質は現在でもまったく変わっていない。

最後に，「サービス」消費支出の増加は，財から「サービス」への消費の転換を表しているという主張に言及しておこう。

「サービス」消費支出の増加は，耐久消費財の増加と相対している。また，

「サービス」は，必ず財を必要とする。医療費高騰の一因が医療機器の高性能化にともなう高額化であることからもわかるように，「サービス」の提供には，もう一方で多量の財が必要とされるのである。かつては銭湯という共同施設を利用していたものが，いまでは，家庭内の浴室に取って代わられた。仕立ても，低価格の既成服に取って代わられている。一方では，たしかに新しい形態での「サービス」労働が増加してはいるが，もう一方では，「サービス」から財へと転換しているものもあり，単純に財消費部分が減少して「サービス」消費へのシフトが生じているなどとはいえないのである。

ここで取り上げた「サービス」消費増大の原因については，今後さらに検証されなければならない。とくに消費労働（あるいは家事労働）の社会化が「サービス」消費支出の増大と密接な関係にあることからしても，「消費のための一般条件」すなわち「社会資本論」の分野で蓄積されてきた研究の成果を融合させながらの検証作業が必要となろう。それは今後の課題である。

1) Daniel Bell, *The Coming of Post-Industrial Society*, New York: Basic Books, 1973. 内田忠雄ほか訳『脱工業社会の到来』ダイヤモンド社，1975年。
2) 渡辺雅男『サービス労働論——現代資本主義批判の一視角』三嶺書房，1985年，15ページおよび172-176ページを参照。
3) 戸田慎太郎『現代資本主義論（第2版）』大月書店，1977年，第3章を参照。
4) サービス労働が非物質労働であり，サービス商品が物財の形をとらないものとする考え方については，すでにマルクスがJ. B. Sayに対する批判を行っている。さらに，この問題については渡辺雅男氏が明快に論駁していることをもって決着がついていると考えるので，ここでは論及しない。渡辺雅男，前掲『サービス労働論』参照。
5) R. A. Walker, "Is there a service economy?: The changing capitalist division of labor", *Science and Society*, 49: 1, Spring 1985, pp. 64-65.
6) 水谷謙治「現代の『サービス』に関する基礎的・理論的考察（上）」『立教経済学研究』第43巻第3号，1990年，100-101ページ。もちろん，消費財としての耐久消費財のみならず，企業のOA化，FA化によって，生産過程においても，資本が他の資本家から買い入れた機械の修理・保全に関する労働を必要とするようになってきているのであって，この労働がアウトソーシングされることで，修理や保全専門の事業所が増えることにもつながっている。このことは「サービス

業」とされるものの多くで，対個人よりも対営業所サービスの分野の事業所数が増加していることをみても明らかである。この点について，V. パーロは，アメリカのサービス業についてではあるが，「現状では，多くのサービスが個人よりもむしろ営業所向けに供給されている」と述べている（Victor Perlo, *Super Profits and Crisis: Modern U. S. Capitalism*, New York: International Publishers, 1988, p. 287）。

7） 現実には，たとえば第一生命保険株式会社の報告書によれば，2011年度の第一生命の保有契約高は146兆1354億円であるのに対し，保険金等支払金は2兆5087億円であった。全加入者が支払う保険金に対して実際に支払うケースや金額が少ないことが，保険会社にとって保険料を利用しての資産運用益を得ることと併せて重要な関心事となる。第一生命保険株式会社HP http://www.dai-ichi-life.co.jp/company/results/disclosure/index.html（アクセス2012年10月12日）。

8） ウォーカーによれば，通常の外食における「食事とは，キッチンの中で生産される財貨」であって，まさしく財生産の一部である（Walker, *op. cit.*, p. 48）。

9） 山田喜志夫『現代経済の分析視角——マルクス経済学のエッセンス』桜井書店，2011年，92ページ。

10） K. Marx, *Das Kapital*, III, MEW, Bd. 25, S. 356. 大内兵衛・細川嘉六監訳『資本論』第3巻，大月書店，1966年，429ページ。

11） K. Marx, *Grundrisse der Kritik der politischen Ökonomie*, S. 579. 高木幸二郎監訳『経済学批判要綱』第Ⅲ分冊，大月書店，1958年，638-639ページ。

12） 渡辺雅男，前掲『サービス労働論』182-183ページ参照。

13） K. Marx, *Das Kapital*, III, a. a. O., S. 388-389. 前掲『資本論』470ページ。

14） 「一人二役で経費を削減，ホテルオークラ東京ベイ，宿泊・料飲の委託減」『日経産業新聞』2012年4月3日付参照。

15） 「全自動ホテルチェックイン機，日本NCRが本格攻勢，スタッフ対応不要に」『日経MJ（流通新聞）』2012年1月6日付。同記事によれば，この自動チェックイン機は，この時点ですでに約50台が納入されており，2013年春までに「100台の新規納入をめざす」とのことである。

16） 伊藤セツ『家庭経済学』有斐閣経済学選書，1990年，255ページ。

17） K. Marx, *Zur Kritik der politischen Ökonomie*, MEW, Bd. 13, S. 616. 大内兵衛・細川嘉六監訳『経済学批判への序説』大月書店，1964年，612ページ。

18） K. Marx, *Das Kapital*, III, a. a. O., S. 597. 前掲『資本論』第3巻，745ページ。

19） 宮本憲一『社会資本論』有斐閣，1997年，32ページ。

20） 宮本氏は「社会的共同消費手段」について次のように定義される。「ここでい

う社会的ということばは，所有が社会化（株式会社あるいは，国家の所有のように社会化されたもの）されているという所有形態を意味する。一般的労働手段あるいは共同消費手段というのは，それぞれの労働過程と消費過程における質量的なあるいは素材的な形態を特徴づけた概念である」（同上，10ページ）。

21) K. Marx, *Theorien über den Mehrwert*, 1, MEW, Bd. 26. S. 137. 大内兵衛・細川嘉六監訳『剰余価値学説史』第1分冊，大月書店，1969年，180ページ。
22) *Ebd.*, S. 127. 同上，166ページ。
23) 「直接に収入と，つまり賃金または利潤と（もちろん，利子や地代のような，資本家の利潤の分けまえにあずかるいろいろな項目とも）交換される労働である」（*Ebd.*, S. 127. 同上，167ページ）。
24) F. Engels, *Zur Bohnungsfrage*, MEW, Bd. 18, S. 230. 大内兵衛・細川嘉六監訳『住宅問題　第1篇　プルードンは住宅問題をどう解決するか』大月書店，1967年，223ページ。
25) 石崎唯雄『日本の所得と富の分配』東洋経済新報社，1983年，第1章を参照。
26) 『日本居住福祉学会』の「目的」より。日本居住福祉学会HP，http://www.geocities.jp/housingwellbeing/page8gakkainituite.html（アクセス2012年3月23日）。
27) 三浦展『第四の消費――つながりを生み出す社会へ』朝日新書，2012年，157ページ。
28) F. Engels, *Der Ursprung der Familie, des Privateigenthums und des Staats Im Anschluss an Lewis H. Morgan's Forschungen*, MEW, Bd. 21, S. 158. 大内兵衛・細川嘉六監訳『家族・私有財産および国家の起源』『マルクス＝エンゲルス全集』第21巻，大月書店，1971年，162ページ。
29) K. Marx, *Grundrisse der Kritik der politischen Ökonomie*, a. a. O., S. 432. 前掲『経済学批判要綱』第Ⅱ分冊，470ページ。
30) 山田喜志夫，前掲『現代経済の分析視角』114ページ。
31) 「どんな社会においても，自分と自分たちの生活を維持し再生産するために，自然との格闘が必要であり，そのための保険ファンドも不可欠であ」り，「したがって，保険には，社会を支えるためにどうしても必要な『社会の協同業務』というべき本質がある」（本間照光『保険の社会学』勁草書房，1992年，9ページ。本書は1992年にまとめられた著作であるが，2011年3月の原発事故とその補償問題についてもまったく色褪せない重要な視点を提供してくれる）。
32) 芝田進午監修，本間照光・小林北一郎著『社会科学としての保険論』汐文社，1983年，107-109ページ。従来，共産主義社会におけるファンドのひとつ――すなわち資本主義社会における課題から除外される――とされるか，金融の一部と

してとらえられるにすぎなかった保険の問題を,はじめて体系的にとらえた著書である。なお,本書は経済理論としての保険論の体系化を行った先駆者である小林北一郎氏と,その小林氏の保険理論を発掘・紹介し,発展させた本間氏の共著という形をとっている。

33) もちろん,このような民間保険は社会保険制度の代替物にはなりえない。民間保険の場合,労働能力の喪失リスクが最も高い所得階層ほど保険に加入できない可能性が高まるか,あるいは高額な保険料を支払わなければならない。この点に関連して,本間氏は明確に両者の「決定的な相違」を示しておられる(本間照光,前掲『保険の社会学』第1章3を参照)。

34) 本間照光・小林北一郎,前掲『社会科学としての保険論』131ページ。

35) ガーシュニーは,ベルに対する批判として,「サービス」に対するニーズが,「サービス」品目の購入という形で外部化されるよりも,むしろ財の購入の形をとって家庭内に取り込まれる場合が増えるとして,それをSelf-Service Economyと名づけた(Jonathan Gershuny, *After Industrial Society?: The Emerging Self-Service Economy*, London: Macmillan, 1978)。ガーシュニーの論証を,批判も含めて紹介したものとして,Jean-Claude Delaunay & Jean Gadrey, *Services on Economic Thought, Three Centuries of Debate*, Boston: Kluwer Academic Publishers, 1992. 渡辺雅男訳『サービス経済学説史――300年にわたる論争』桜井書店,2000年。

36) F. Engels, *Der Ursprung der Familie, des Privateigenthums und des Staats*, a. a. O., S. 75. 前掲『家族・私有財産および国家の起源』78ページ。

37) K. Marx, *Das Kapital*, I, MEW, Bd. 23, S. 417, foot note. 前掲『資本論』第1巻,516ページ,脚注121。

38) F. Engels, *Der Ursprung der Familie, des Privateigenthums und des Staats*, a. a. O., S. 158. 前掲『家族・私有財産および国家・起源』161-162ページ。

39) 山田喜志夫,前掲『現代経済の分析視角』第II部第4章を参照。

40) 病院に関するアンケート調査によれば,診察時間は「3分から10分未満」が最も多く54%を占める(2008年10月調査)。厚生労働省『2010年度 我が国の保健統計』http://www.mhlw.go.jp/toukei/saikin/hw/hoken/national/dl/22-02_3.pdf(アクセス2012年7月25日)。

第7章　R. A. ウォーカーの「サービス経済論」批判
―― 資本主義的分業の展開 ――

はじめに

　リチャード・A・ウォーカー (Richard A. Walker) の論文「サービス経済なるものは存在するのか？――資本主義的分業の変化 ("Is there a service economy?: The changing capitalist division of labor")」[1] を紹介する。ウォーカーはカリフォルニア大学バークレイ校の地理学部に所属し，経済，政治，社会システムだけでなく地理学的観点をも取り入れた資本主義分析を行ってきた。2012年に退職し，現在は同大学の名誉教授として引き続き大学院生の指導にあたっている。同時に，労働組合や市民運動へのかかわりも深く，カリフォルニアの歴史・地域研究を行うカリフォルニア研究会を主催しているが，ここは市民と研究者がともに多彩なテーマで論じ合う場となっている。

　この論文は，1985年春に雑誌 *Science & Society* に掲載されたものであり，ダニエル・ベルらによって展開された「脱工業社会論」と，その派生的で通俗的表現ともいえる「サービス化」「情報化」社会論を批判したものである。

　1985年当時，日本でも「サービス化」「情報化」「ソフト化」といった言葉が紙誌上を飾っていた。この年の『経済白書（年次経済報告）』では，日本経済が「新しい成長」の時代に入りつつあるとされ，「新しい成長」の「第1の柱は，情報・通信技術の革新に支えられた情報化の進展」「第2の柱は消費生活のサービス化・ソフト化の動きである」[2] などの文言が躍っていた。マルクス経済学は，この「サービス化」「ソフト化」「情報化」の形姿をとりつつ進行する「変化」をいち早く分析すべきであった。「サービス化」に「モノ離れ」や「ゆとりの現われ」＝「豊かさの証拠」が含意されて語られるのであれば，なおのこと，「第三次産業労働者の増加」や「消費支出におけるサービス支出の増大」が本当に「工業社会から別次元への転換」や「物財から目に見えないものへの消費志

向の転換」を示すものであるかどうかを検証する作業が必要であった。しかし，この問題に取り組んでいたのは，日本でもアメリカでもごく一部の研究者だけであったといわねばならない。アメリカでも，ヨーロッパと同様にダニエル・ベルの「脱工業社会論」(post-industrialism)[3]とその影響を受けた主張が展開されたが，ウォーカーは，この「脱工業社会論」に含まれる社会的・政治的含意，すなわち「資本主義はポスト資本主義へと移り変わった。もはや社会変革は必要ない。なぜならば，それはすでに起こっているからだ」というメッセージの欺瞞性を指摘し，こうした論理が階級関係と分業との関連性をまったく無視した理屈の上に成り立っていることを示した。そして，資本主義的分業の進展こそが「サービス化社会」という形で表れていることを主張したのである。

ウォーカーはまず，すべての産業を財生産と「サービス」生産とに二大別する従来の分類方法に対して批判を行っている。同時に，「サービス」として一括されている労働諸形態の内容についても，「サービス」に含めるべきではないものまで含まれているとし，「サービス」なるものの内容についても再検討を行っている。

ウォーカーはまた，「サービス」「サービス経済」「サービス論」「サービスセクター」といったことばは，通俗的な意味で用いられており，自らがとらえている本来の意味でのサービスは労働サービスに限られると断っている。したがって，従来の通俗的な意味での「サービス」とウォーカーのそれとは明確に分けて理解する必要がある。

そこで，本章では，通俗的な「サービス」についてはいわゆるという意味を込めて括弧をつけて「サービス」と表示し，他方，ウォーカーが厳密な意味で使用する労働サービスについてはそのまま労働サービスと表示することにする。

I　ウォーカー論文の意義と全体構成

ウォーカーは，序文で次のように述べている。「先進諸国経済は"脱工業社会"(post-industrialism)の時代に入り，「サービス」部門が製造業に取って代わって経済成長を推進する機動力となったとする考え方が拡がってきている。このような見方は厳密なる吟味を受け始めてきてはいるが[4]，にもかからず，体系

的分析は相変わらず欠如したままである。多くの相異なる現象がたったひとつの詰め込みすぎの概念（overburdened concept）である「サービス」に，雑多に放り込まれているのだ」(p. 42)。

「サービス」産業が新しい社会の到来を告げるとする主張は，「サービス」の，経済全体における重要性が増していくことで盛んに唱えられるようになった。また，「サービス」部門の成長という現象を取り上げて，ダニエル・ベルの「脱工業社会論」をはじめとして，「サービス化」，「情報化」，「ソフト化」などという用語をもってして，資本主義や社会主義といった社会関係とはまったく異なる次元の社会関係への移行であると位置づける「サービス」理論家も多く見られるようになった。こうしたなかで，これまで行われてきた主たる研究は，あらゆるものを，財と「サービス」とのいずれかに二大分類しようとする試みや，「サービス」が価値を生むか否かに関するものであった。日本においても，サービス労働が価値を生むとする価値生産説と，価値を生まないとする価値不生産説とのあいだで長期にわたって論争が繰り返されており，相変らず多大なエネルギーがその論争に費やされている。

ウォーカーは，これまで行われてきたこうした一連の「サービス」論争に対して，「サービス」なるカテゴリーそれ自体に疑問を呈し，新たな視点から「サービス」を検討し直す必要性を強調している。ウォーカーの論文を紹介・検討する意義は，まさにこの点にある。

ウォーカーは，「サービス」論争や，ダニエル・ベルの「脱工業社会論」の不毛さを指摘し，これまでの「サービス」なる概念規定自体が根本的に誤ったものであり，この誤りは，多くの相異なる現象を，「サービス」という用語に雑多に放り込んでしまったことから生じていると述べている。その点をまず指摘したうえで，ウォーカーはマルクスの資本主義理論によって「サービス経済」の内容を分析し直すことで，次のような結論を導き出している。

① 「サービス」部門の成長の背後には，あくまでも資本主義的生産の拡大・複雑化・一般化が存在している。

② 生産の拡大・複雑化にともなって，さまざまな形態の分業が生成・発展してきたのであって，「サービス」として分類されている労働形態も，この分業の拡大によって生成・発展してきたものである。したがって，資本主

義の発展にともなって拡大・複雑化した生産機構は，分業の形態をつねに変化させ，あるいは多様化させるが，そこには一貫して剰余価値の生産および蓄積を目的とする資本の論理が貫かれている。

以上がウォーカーの主張の重要な柱である。このように，「サービス」を資本主義の拡大にともなって変化する側面と変化しない側面とが表裏一体化しているものととらえる視点は，今なお続けられているサービス論争に対して，その出発点を見直す必要性を示している。いわば，「ボタンの掛け違い」を指摘しているのである。そして，その斬新な視点は，論文が発表されてから約30年を経た今日でもなお，その重要性を増しているといえよう。

ウォーカー論文の構成は以下のとおりである。

序文

1 「サービス」とは何か，複合的分業における使用価値と有用労働

 A 生産物と単純労働
  a1 財と労働サービス：具体的労働の形態
  a2 結合的生産物
  a3 単純な財対集合財 (simple versus collective products)
  a4 長期の耐久性をもち固定された財
  a5 生産物における情報と実体
  a6 有体物と無体物 (tactile and non-tactile goods)
 B 複合的生産と分業
  b1 中間財：対生産者財と対生産者「サービス」
  b2 社会的分業と企業内分業
 C 流通
  c1 取引の形態：商品と非商品，価値と使用価値
  c2 商品の流通：小売と卸売
  c3 価値の流通：貨幣と金融
  c4 財の流通：輸送
  c5 情報の流通：コミュニケーション

- D　消費
    - d1　消費の形態：財と労働サービスによるニーズの充足
    - d2　消費のゴール：ニーズ対労働力の再生産
    - d3　生産様式と消費の様式：家計への資本主義の浸透
- E　時間をまたがって行われる生産と消費
    - e1　生産に先行して行われる労働 (pre-production labor)：研究・開発・デザイン
    - e2　生産後の追加的労働 (post-production labor)：包装から修繕まで
    - e3　土地造成 (land improvements)
    - e4　消費の時間：生産物の有形的な寿命
- F　時間における流通
    - f1　一時的な交換：レンタル・リース
    - f2　一時的な交換：労働力のレンタル
    - f3　クレジットによる交換の拡大と流通の促進
    - f4　流通の中断と消費の先送り：貯蓄・年金基金・保険・在庫
    - f5　影の流通：証券 (shadow circulation: paper titles and claim)
- G　組織と管理
    - g1　作業単位の管理：企業内分業の管理 (the management of work units: administration of the detail division of labor)
    - g2　多機能法人の管理：社会的分業の調整
    - g3　管理における分業：対事業所「サービス」
    - g4　資本主義的経営と資本の管理 (capitalist management and the management of capital)

2　発展と生産的労働：分業の変化の動向

- A　剰余価値の塊：生産的労働の上に構築された殿堂
- B　剰余価値率と資本蓄積率：全体的な生産性への間接労働の貢献
    1　第一次的，あるいは直接労働 (primary of direct labor)
    2　第二次的労働 (secondary labor)
    3　補完的労働 (complementary labor)

4　第三次的労働（流通と管理）(tertiary labor circulation and management)
　　5　第四次的労働 (quaternary labor)
　　6　間接労働の間接労働，あるいは無限の分業 (indirect labor upon indirect labor, or division of labor and infinitum)
　C　使用価値と剰余価値：労働対象の変化

　3　結論

　以上がウォーカー論文の構成であるが，ウォーカーは，まず1において，使用価値生産および流通・消費にかかわる具体的有用労働の観点から，現在，「サービス」部門に無批判に包括されている労働形態を考察の対象としている。その際，雑多な概念を詰め込んだ「サービス」に含められている労働形態を，使用価値の生産・流通・消費という三段階に分け，さらに時間的契機をも含めて分類を行っている。このことがウォーカーの論文のすぐれた特徴である。

　さらに，ウォーカーは，労働の諸形態について，財生産か「サービス」生産かといった単純な分類方法に批判を加えつつ，複合的な生産機構や協同的労働(collective labor)といった近代的資本主義経済の視点から考察を進めている。

　つづいてウォーカーは，資本主義経済の拡大が分業の中身を変化・発展させるのであって，したがって，どれほど分業が拡大したとしても，資本主義的生産は変わらず一貫して行われており，そこでは資本の論理が貫徹しているのだと指摘している。ウォーカーによれば，こうした分業の進展は資本の剰余価値の生産と蓄積欲求の結果である。また，価値生産の問題を取り扱う際に生産的労働と非生産的労働の問題に直面するのであるが，ウォーカーは，生産性にかかわる問題として「直接的生産労働（直接労働）」と「間接的生産労働（間接労働）」という概念を用いることによって新たな視点を示している。

　同時にウォーカーは，全体を通じて，生産物・生産手段・労働形態は時とともに移り変わっても，剰余価値生産と蓄積という資本主義的生産の目的は不変であると述べるとともに，現在「サービス」部門に含まれており，新しい職業と考えられているものも，これまでの既存の理論の範囲内で十分解釈できると主張している。このように，「サービス」概念を資本の運動と再生産のなかで位置づけるというウォーカーの作業は，「サービス」論争の現在の停滞状況を

抜本的に解決するうえできわめて重要である。

以上が論文の構成と論点の重要な柱であるが，以下では，ウォーカーの主張をできるだけ詳細に紹介していく。

II 「サービス」概念の再検討

1 財と「サービス」——従来の分類方法に対する批判
(1)現在「サービス」に含まれている労働諸形態に対する批判と考察
　①財と労働サービスの定義

　財と労働サービスの区別は，労働形態とその生産物によっている。財は，罐ビールの罐や船のように，人間が使用するために，人間労働によって生産される物的対象であり，有形物であるとともに分離可能で可動なものである。

　対して，労働サービス（labor services）は，物的な有形物を介在しない労働形態であって，生産者と消費者とのあいだに独自な取引がともなうために，他の労働者による再生産が不可能である。

　たとえば講演や演劇がこれに含まれる。財と労働サービスの区別において最も重要なのは，生産方法の社会技術的性格と，生産過程と生産物とのあいだに分離線が引けるかどうかという点である。

　②財と労働サービスの中間的形態

　ヘアーカットのように，有形物の形態をとる労働生産物でありながら個別の対象に対して行われ，再生産できないといったものや，金型によって再生産可能でありながら，一般的な工芸品より高度な芸術性を有している彫刻のようなものもある。したがって，これらは中間的形態をとる生産物といえようが，あえて区別することは重要とは思えない。

　③財と労働サービスの結合的生産物

　「サービス」概念に混乱を生じさせているのは，財と労働サービスが結びついた，いわゆる結合された生産物の場合である。「サービス」部門に含まれている外食産業はその一例である。一皿一皿の料理はキッチンで生産された財である。しかし，給仕という労働は，それとは異なる労働すなわち労働サービスである。したがって，外食産業は，両者の労働が結合された状態で現れる。し

表 7-1　Distribution of Full-Time Equivalent Employees by Industry, 1948 and 1977　　（単位：％）

Industry	1948	1977
Agriculture, Extractive and Transformative (total)	43.39	31.6
Agriculture	4.31	1.9
Extractive and transformative (total)	39.08	29.7
Mining	2.06	1.02
Construction	4.74	4.58
Manufacturing	32.27	24.1
Services (total)	56.61	68.4
Distributive services (total)	13.54	11.36
Transportation	5.93	3.34
Communication	1.54	1.41
Utilities	1.1	0.92
Wholesale	4.97	5.68
Producer services (total)	6.06	11.96
Finance, Insurance, Real Estate	3.49	5.29
Other producer services	2.57	6.67
Retail services (total)	12.57	14.18
Mainly consumer services (total)	7.67	4.99
Hotels and Personal services (total)	2.71	2.00
Auto and Miscellaneous repair services	0.73	0.86
Motion pictures, Amusement, and Recreation	0.96	0.85
Private households	3.27	1.27
Nonprofit services (total)	2.16	6.34
Health	1.72	5.19
Education	0.89	1.15
Government (total), of which	14.16	19.57
Public education	2.95	6.44
All domestic industries	100	100

Source: Stanback and Noyelle, and based on Singelmann and Browning.
　　　　Thomas Stanback and Thierry Noyelle, *Cities in Transition*, New Jersey: Totowa, 1981; H. L. Browning and Jonathan Singelmann, *The Emergence of a Service Society*, Springfield Varginia, 1975.
　　　　Walker, p. 47.

かし，近年，隆盛をきわめるファストフード店では，とくにこの労働サービスにあたる部分が最小限に抑えられる傾向にある。このような産業的食物調理が多くなってきているにもかからず，外食産業を「サービス」として位置づけるのは不合理であろう。

④集合財（collective products）

運輸，教育，ガスや水道などの集合財あるいは公共財は「サービス」部門に含められている。集合財が「サービス」に含められたのは，個別に購入され，個別に消費が行われる生産物のみが財とされたことで，そこから排除されたものを「サービス」としたからにすぎない。すなわち，このような集合材を「サービス」とする積極的な理由はもともと存在していない。このような主張は，たとえば道路，貯水池，防衛システムなどといった集合材ないし公共財が個人所有であったとすれば，それらの分配はうまくいかないという特徴をもつものであることを看過している。しかし，たとえば水道・ガス等の供給システムは，生産と配給は集合的に行われるが，消費するときも使用量の計算も個別に行われる。集合財の概念には，集合財が財であるのか「サービス」であるのかといった問題よりもはるかに重要な，生産と流通に関する特殊な問題が存在するのである。

⑤長期の耐久性をもち，固定された設備[5]

住宅や工場，パイプラインなどの固定設備を生産するにあたり，たとえその過程において手作業が行われていたとしても，それは労働サービスではなく建設業に分類される財生産そのものである。

⑥情報

情報の拡大は，「脱工業社会論」の根拠としてあげられており，「サービス」部門のなかでも重要な位置を占めているものである。しかし，この情報は，それが紙に印刷されることやコンピュータ・プログラムとして打ち込まれれば財の生産となり，人から人にささやかれれば，それは，労働サービスの提供となる。情報量はどちらの場合も同じである。

テープやディスクで電子の形態をとるコンピュータ・プログラムと，たとえば木でつくられた椅子とがまったく同じ物質財と考えることは困難であるかもしれないが，コンピュータ・プログラムは明らかに実態をもち，有用な働きを行い分離可能であるという意味でも，労働サービスとは明らかに異なる。

椅子とコンピュータ・プログラムの違いは，財と「サービス」の違いなのではなく，有体物と無体物の違いなのである。使用価値と対象の物質性とを混同すべきではない。

⑦卸売・小売

　卸売・小売も「サービス」とされているが，卸売や小売といった労働は，たんに所有者から新しい所有者へと生産物を運び，取引を促進するだけで生産物や有用性を付加しない。卸売・小売の性格を議論する場合，それは財か労働サービスかといった範疇で論じられるべきではなく，流通論の範疇でとらえるべきである[6]。

⑧対生産者サービス

　対生産者サービスについても，実際は「サービス」と称されている中間投入の多くは財の形態をとっており，たとえば労働サービスが存在しているとしても，そのような労働サービスは財の生産のために投入されると思われる。したがって，たとえば技術コンサルタントのような対生産者サービスの増加にしても，これは，サービス生産物の成長を示しているのではなく，全生産物の生産における社会的分業が増大していることを意味しているのである[7]。

(2) 財と「サービス」に二大別することに対する批判

①「直接労働と間接労働」概念の必要性

　財と労働サービスに関する従来の投入‐産出マトリックスでは，産業レベルでの数値のみがその対象となり，個別の生産物をもつことがほとんどない企業内の各作業所や各工場レベルでの数値は対象外とされ，データの表面上には現れない[8]。

　従来の，財生産か「サービス」生産かといった分け方では，これら，個々の生産物をもたない作業所や工場はすべて財を生産していないことになる。したがって，こうした分業の視点でとらえなおせば，労働形態を財生産と「サービス」生産とに分けるのではなく，「直接労働」と「間接労働」という新しい概念を分類に用いることが必要となってくる。

　「その結果，われわれは，財労働対「サービス」労働といった問題よりもむしろ，「直接労働」対「間接労働」の問題について言及するという，分業についての異なる考え方を堤起せざるをえなくなる」(p. 53)。

②商品と非商品

　商品と非商品の区別を財と「サービス」の区別と混同する見方に対する批判

である。すべての財と「サービス」が商品となるのではなく、また、取引すべてが市場経由で行われるものでもない。取引の形態は、企業戦略によるところが大きく、きわめて恣意的なものであるが、こういった取引形態は、財か「サービス」かといった生産物の形態になんら影響を与えるものではない。

2 「サービス」部門成長の背後にある産業資本主義の拡大

①輸送

従来、輸送は「サービス」に含められているが、輸送労働のうち、労働サービスと規定できるのは、消費者を休暇などで移動させることに限られる[9]。

また、その場合でも、客室乗客係 (cabin steward) のような労働が必要とされるかぎりにおいてのみ、これを労働サービスといえよう。輸送の対象となるものは、そのほとんどが財であり、また、その財の大部分は未完成の段階にある、すなわち加工途中の生産物である。中間生産物の空間的な移動は、一工場内でベルトコンベアなどを使う場合や、複数の工場のあいだをトラックなどを使って行われる場合があるが、いずれにせよ、生産と流通の巨大化、複雑化にともなって輸送手段も発展してきたのである。つまり、輸送手段の拡大・発展は産業資本主義の拡大と全般化の現れである。

②情報

とくに情報および通信の巨大化・複雑化については、俗流理論家たちが「ソフト化・情報化」という呼称で、あたかも資本主義から脱却した、そして生産そのものからも遊離した新しい社会機構の到来を告げる一現象として喧伝している。たしかに情報量は近年急増している。しかし、情報は、複雑化し、巨大化した生産機構を相互につなぎ、生産の調整・在庫調整・マーケティングに必要不可欠な要素なのであって、複合生産機構における仕事の分化・地域的な拡大などにともなって情報伝達量も多くなっているのである。情報は、それ自身、自己増殖的な情報経済なるものを形成しはしない。

また、流通における数多くの経済情報についても、商品・貨幣・資本のストックとフローに関して供給されるものである。情報は、あくまでもその基礎に生産があり、情報の巨大化の裏には産業資本主義の拡大がある。

③金融活動[10]

金融の巨大化も脱工業社会の一現象とされているが，金融は生産と流通をスムーズに行わせるという意味で，生産機構にとって必要不可欠な存在であり，金融活動の拡大は，資本規模の拡大によるものである。したがって，金融活動の拡大と産業資本主義の拡大とは表裏一体の関係にある。

④信用

信用の拡大も，商品流通の全体の成長と固定資本や耐久消費財の増大，生産規模の拡大にともなって生じたものであり，信用それ自体が生産と遊離して発達しているのではない。

⑤家事労働の消費財による代替

消費にかかわる産業の拡大も「サービス」経済の発展の証左であるとの見方がある。しかし，この現象は，非資本主義的労働であるはずの家事が，資本主義的生産が生み出す商品によって，一定程度まで代替されてきたことを示すものである。資本は，自らニーズを生み出し，既存の「サービス」では充足されない新しい形態のニーズに対して，新たな部門で対応するのであって，この分野における「サービス」化についても，資本のこの論理は貫徹しているのである。

20世紀の消費にかかわる産業の拡大は，まさに産業資本主義の勝利なのであって，「サービス」の発展を意味しているのではない。

⑥追加的労働 (post-production labor)：包装と修繕労働

包装と修繕労働も「サービス」部門に含められているが，包装労働は，直接的生産過程が終了した後，生産物に対して必要とされる労働である。また，耐久消費財の出現および財の耐久力の伸長にともなって修繕労働を必要とする期間は長期化する傾向にある。

こうした状況を考慮に入れるならば，労働過程自体もますます延長されていると考えるべきであろう。修繕労働は，固定資本や耐久消費財の量的拡大とともに増加しており，この種の労働も，産業資本主義の拡大と表裏一体の関係で増大しているといえよう。

⑦下請企業

メンテナンスや事務労働者の組織的な下請企業の拡大は，「サービス」の拡

大とみなされているが，この下請というシステムは，企業の弾力性を大きくし，リスクを外在化させ，労働コストを減少させるのに役立つものであり，剰余価値の生産・蓄積という目的にそって発展したものである。したがって，これも「サービス」経済への移行とは無関係である。

3 分業の観点からの「サービス」部門の再検討

①生産に先行する労働 (pre-production labor)

調査，開発，デザインといった，現在「サービス」部門に入れられている労働は，生産を行うにあたって，その前段階に必要不可欠な労働である[11]。生産物および生産工程の開発は，以前は同一人物によって行われていたが，生産物がより洗練化され，複雑化してくると，より専門的な労働が必要とされ，分業が生じるのである。

②管理[12]

これらの労働は，管理・指揮行為が独立した「ビジネスサービス」の形態をとっており，「サービス」に含められている。しかし，労働者を指揮し組織するための管理労働は，生産労働と流通労働に欠くことのできない社会的分業の一形態として成立している。「サービス」部門に分類されている「ビジネスサービス」のほとんどは，管理労働内部における分業の拡大によって生じ，発展してきたものである。

管理すべき対象が巨大化し，複雑化するにしたがって，管理機構は，通常独立した労働現場（たとえば本社）に集中し，そこで管理労働が細分化され，経理部，総務部などへの分業が行われる。こうした一企業内で行われていた管理が独立した産業として外部化し成長したことが，「ビジネスサービス」成長の主因と考えられる。また，管理労働自体は生産物をなんら生み出さないにもかかわらず，コンピュータのソフトウェアのような中間投入財を必要とする。これは，医療ケアがX線や薬剤を必要とするのと似ている状態であるが，この中間投入財自体の供給も，管理規模の拡大にともなって，一種の工業生産の一部となりうるのである。

③通信

通信も，複雑な生産機構における空間的分業の一部である。生産がより複雑

化したことから生じる作業単位の増大,地理的拡大にともない,各作業においても,また,各作業単位間および企業間でも情報伝達が必要となり,その量も増大している。

④トップ・マネジメント：最高経営管理組織 (capitalist management and the management of capital)13)

資本主義的分業の頂点に位置していると言えるのがこのトップ・マネジメントである。将来的な生産と投資のプログラムを作成し,剰余価値生産の基礎となる搾取と労働のコントロールを行うことは資本主義的管理の最高水準の特権である。この分野の労働は,資本主義的生産機構の複雑化・巨大化にともなって,個人ではなく,複数の人間がたずさわるところまで成長したものである。

4 その他の論点

以上の論点以外にも,いくつか興味深い論点があるので,列挙しておこう。

(1) レンタル・リース概念の適用：一時的な交換,リース・レンタル

「リース」においては,所有権と使用とが分離しており,他人が所有している財を一時的に使用することに対して使用料が支払われる。リースは交換の不完全な形態であるといえよう14)。こうしたリースは決して新しい形態ではなく,不動産については以前から行われていることである。

①輸送機関

鉄道・飛行機といった定まったルートを走行する輸送機関の運賃は「サービス」に対する支払いではなく,集合的施設の借用費用すなわち賃貸料である。

②通信

通信もまた,電信電話会社が有する集合的施設の短期的なレンタルである。たしかに使い走りの少年がいた時代には一定程度の労働が投入されていたが,電話交換手さえ姿を消しつつある今日,設備の保全・維持のための労働以上の追加的労働は「声を伝える」ためにはほとんど必要とされない。

③映画館

映画フィルムは,買い切ることが可能とはいえ,高価であるので,大勢で映画館に集まって観ればずっと経済的である。したがって映画館はフィルムを借

り入れて一時的にシートを貸すのであって，映画のチケットは「サービス」に対する支払いではなく，映画館のシートの賃貸料である。

④ホテル[15]

高級ホテルでは，たしかに個人的なもてなしを受けることがあるであろうが，チェーンモーテルに泊まったことのある人なら誰であろうと，そんな労働サービスが，ホテル業のモットーなどではないことを知っている。

ほとんどのホテル労働者は，建物や部屋のメンテナンスに従事しているだけであって，労働サービスはほとんどなされていない。

(2)消費の分野における従来の主張に対する批判

①財から労働サービスへのニーズの移行傾向

こういった主張にはなんら根拠があるわけではない。逆に対消費者「サービス」は20世紀初頭のピーク以来，減少し続けているように思われる。19世紀はたしかに家庭内および個人的「サービス」の黄金時代であったが，20世紀は財の大量消費によって特徴づけられるのである。

財は，一定程度労働サービスを代替しうる。たとえば，コンサートとレコードのどちらを選ぶか，掃除機を買うかメイドを雇うかといった選択も可能であるし，どちらの場合も厳密にというわけにはいかないが，結果はほぼ同じである。時がたつにつれ，労働サービスに大量生産された財が取って代わることになる強い理由はコストである。

こうして財が労働サービスに取って代わるという傾向がある一方で，労働サービスでしか満足させられえない新しいニーズが現れてきたようにもみえる。したがって，以後，財が増える傾向にあるのか労働サービスが増える傾向にあるのかは，簡単に予測しうることではないのである。

②ニーズの対象の高級化傾向

まず，所得が高くなるにしたがって，人々が何を欲するようになるかについては，既定のリストなどはない。貧困な人々は基本的な需要さえ満たされず，逆に金持ちは，人間の望みうる，より高級なニーズすべてに目を向ける。このことが文化を陳腐化してしまう金持ちたちの富を追求する行動を昂揚させるのであって，決してこれらの行動が文明を発展させるのではない。

③個人消費は生産のゴール

　消費財の使用価値には二面性がある。すなわちその消費財を消費したいという個別的なニーズとしての側面と，自己の再生産のために必要とされる社会的なニーズとしての面である。たとえば医療は，診療を受けたり，薬を受け取ること自体が目的ではなく，一人前に働くために必要とされるものなのである。「自動車で病院へ通うといった，自動車の使用による自己実現も，人間的な自由という新しい時代の夜明けを示すわけではない」(p. 62)[16]。

III　剰余価値生産・蓄積の観点からの労働諸形態の再分類

　以上のように，ウォーカーは具体的な労働形態を分析したうえで，これまで取り上げてきたような資本主義的生産機構の拡大にともなう「分業の変化がなぜ生じてきたのかという問題に対する解答を，剰余価値の搾取と蓄積を目的とする資本の論理に注目することで見出していく」(p. 72)としている。その際，従来の「サービス」論争の中心的なテーマである，価値生産的労働論と価値不生産的労働論とのあいだで交わされる議論にふれている。

　生産的労働と不生産的労働との区別に関する幾多の議論は「方向を誤った議論」である。日常的に目にする「サービス」労働に含まれている雑多な職業の範疇で，「労働を，完全に，弁証法的に，構造的に分類して，生産的労働と不生産的労働という，きちんと整理された箱の中に入れようとするどんな試みも無駄であるといわなければならない」(p. 74)。このように，ウォーカーはこれまでの議論の不毛性を指摘している。そして「サービス」と呼ばれているものの大部分は，財を生産する古典的な生産活動であって，資本主義的生産の拡大・複雑化のもとでの，剰余価値の生産と蓄積を支え推進するための諸活動であるとしている。

　そのうえで，直接労働から間接労働への労働形態の重心の移動をもって，どちらも明らかに財生産にかかわっているにもかかわらず，あたかも財生産には関係がないかごとく，多くの労働形態を「サービス」部門に一括してしまったことから誤解が生じているのだと主張している。ウォーカーは，こうして「サービス」労働とされているものの中身を財生産の直接的な生産過程に最も近い

第7章　R.A.ウォーカーの「サービス経済論」批判　231

直接労働から最も遠くにある間接労働にいたるまでの四つの労働諸形態に分類して論じている。

「労働生産性を上昇させ，資本蓄積をスピードアップさせるため，力点は，直接労働から間接労働に移行してきた。その結果，財生産の直接労働は，社会全体の総労働に対する割合としては，減少してきた」。とにかく，生産機構の革命こそが「サービス経済という現象の核心である」(p. 75)。

(1) 第一次的労働 (primary or direct labor)

第一次労働とは，財であろうが労働サービスであろうが，生産に直接費やされる労働である。しかし，いったん，空間的，時間的に生産が拡大すると，それにつれて直接労働の範囲は拡大していく。そこでウォーカーは，第一次労働を二つのグループに分けている。

①加工，移動，組立工程を含めた直接的な作業場のなかで営まれる労働。
②輸送，修繕のように，さまざまな生産後の労働の諸形態を含む，他の場所や生産後に費やされる追加的労働。

(2) 第二次的労働 (secondary labor)

第二次的労働は，直接労働あるいは第一次的労働の場から一歩離れた労働形態である。これも二つのグループに分類できる。

①倉庫番，品質検査係，機械エンジニア，店長といった，直接的な作業現場における仕事である。この労働は直接的労働者が費やす労働時間を削減し，生産全体の調整と生産物の質の改善を行い，また，生産データを監視するといった意味をもつ。
②生産物の開発，プロセスデザインといった生産に先立つ労働や，作業の前後の清掃労働のように，直接労働のための道を開いておく準備労働である。この労働は，直接労働を余計な仕事から解放し，生産をよりスムーズに行わせ，競争力の強化をもたらす。

(3) 補完的労働 (complementary labor)

それぞれの労働は相互に補完的であって，たとえばインフラストラクチャー

は，直接的生産過程の外側にあるためそれに依拠する生産過程に価値を付加しはしないが，生産性増大に対しては重要な役割を果たす。

(4) 第三次的労働 (tertiary labor)

商業，管理，広告，銀行，リース業，輸送，通信，保険等，直接的生産からは多少離れてはいるが，複合的生産機構の統合，調整に寄与し，資本蓄積および長期的な生産性の上昇をもたらす労働形態である。これらの労働形態は，細分化されている作業場を緊密に結びつけ，市場の拡大と生産コストの低下をもたらす。よって，この労働は第一次的，第二次的，補完的労働が行われる範囲を拡大させ，労働生産性を上昇させる。

また，剰余価値率の観点でとらえれば，円滑な流通は資本の回転の加速化と流通コストの節約をもたらし，こうして得られたより大量の資金が投資され，研究開発等に投下されることで，生産性の連続的な発展に寄与する。このように，この種の労働が生産性と剰余価値率の増大にいかに作用するかを見極めるためには，長期的視野に立った分析が必要とされる。

さらに，経営管理についても，巨大化，複雑化した生産および流通機構を組織し調整することで，長期的，効果的な生産性上昇をもたらす労働ととらえられよう。

(5) 第四次的労働 (quaternary labor)

これらはあらゆる通常の労働の前提条件であるが，直接的労働から，かなりの距離がある。しかし，たとえば科学研究は，企業がそれを導入し，あるいは労働者が学ぶことによって，有用な知識の蓄積に貢献するし，教育は労働者が仕事を覚え，諸問題を解決するための準備として必要不可欠である。また医療は，労働者の能力の維持と回復のために行われる。したがって，これらの労働も長期的な視野に立てば，労働生産性の上昇に寄与しているといえよう。

このような間接労働は，生産性上昇のためにさらに細分化され，前述した以外の労働形態をも包括することになる。

ウォーカーは，以上のように，現在「サービス」に分類されている労働形態

のうち、そのほとんどの労働が実は旧来の財生産として、また、生産機構の巨大化、複雑化にともなって生じた分業として把握されうるものであると主張している。そのうえで、労働を直接労働と間接労働とに分類し、いずれの労働形態も生産性上昇に寄与していることを明らかにしている[17]。これらの分析をもとにウォーカーは、とくにベルの「脱工業社会論」を意識しつつ、動態的側面から、利潤をめぐる限りない利潤追求という資本の論理は、競争の過程で絶えず新しい投入財、生産物、ニーズをつくりだすことを明らかにした。たとえば、管理を円滑に行うために経理にコンピューターを導入し、それがマイクロチップやカード等への新たな需要を生み出すような場合がこれにあたる。

労働にしても直接労働から間接労働への比重の移動がみられるようになり、生産から販売まで、いまや膨大な量の情報が必要とされるようになった。これらの現象を表面的にみてとって、「サービス」論者たちは、「第三次産業」中心の社会構造や、生産から遊離した「サービス」経済社会への移行を示す現象と主張するのであるが、これらの変化は決して生産を基礎とした産業資本主義を否定するものではなく、産業資本主義の拡大と複雑化、全般化を表すものなのである。さらに、この労働サービスさえも、その変化の過程で、ますます多くの場合、財の形態をとる傾向にあり、生産機構に受け入れられるようになると、財が労働サービスに取って代わることになる。

まとめ

ウォーカーは、この論文で、まずこれまで「サービス」論争の前堤となっていた「サービス」という概念自体が、実は雑多で不鮮明であることを指摘している。そして、従来の「サービス」概念と「サービス」理論はあまりに粗雑なためにその先の分析作業を妨げていると主張した (p. 83)。

現在、「サービス」部門自体の成長として受け取られている諸変化については、産業資本主義の拡大と複雑化にともなう分業の発展という観点から説明されるべきであって、「サービス」化という現象については、実は産業資本主義に関する既存の概念で十分に説明しうるとも主張している。

また、ウォーカーが分業の拡大による直接労働から間接労働への比重の移動

や間接労働自体も細分化が進むことなど，現在の生産，流通機構にみられる重層的な労働機構について分析し，さらに，この内容を，資本主義的生産様式における生産，流通，消費の三局面に位置づけ分析していることもきわめて重要である。日本では，ごく一部を除き，「サービス」の概念それ自体の中身についてはほとんど議論されていない。そのために，とくに消費の分野では相変わらず「サービス化社会」あるいは「脱工業化社会」といった粗雑な理論がまかり通っているのである。

ウォーカーの「サービス経済」批判は，「サービス」概念に押し込められている多様な労働形態を資本の運動，資本の再生産の範疇でとらえなおし，分類しなおしていく必要性を示しており，価値生産論争においても，現代の消費の問題をめぐっても，研究はこの分析の延長上に展開されるべきである。それは，資本主義的生産と消費をめぐる問題の真の解明につながるはずである[18]。

1）　Richard A. Walker, "Is there service economy?: The changing capitalist division of labor", *Science & Society*, Spring 1985. 以下，本論文からの引用は本文中にページ数のみ記す。なお，本論文は，ウォーカー自身のHPからダウンロードすることが可能である（http://oldweb.geog.berkeley.edu/PeopleHistory/faculty/R_Walker/Walker_Pubs.html）。
2）　経済企画庁『年次経済報告　新しい成長とその課題』1985年8月15日。http://www5.cao.go.jp/keizai3/keizaiwp/wp-je85/wp-je85-000i1.html（アクセス2012年3月5日）。
3）　Daniel Bell, *The Coming of Post: Industrial Society*, New York: Basic Books, 1973. 内田忠雄ほか訳『脱工業社会の到来』ダイヤモンド社，1975年。
4）　Thomas Stanback, *Understanding the Service Economy*, Baltimore, 1979; Thomas Stanback, Peter Bearse, Thierry Noyelle and Robert Karasek, *Services: The New Economy*, Totowa, NJ, 1981; Thomas Stanback and Thierry Noyelle, *Cities in Transition*, Totowa, NJ, 1982; Jonathan Gershuny, *After Industrial Society?*, Atlantic Highlands, NJ, 1976; H. L. Browning and J. Singelmann, *Emergence of a Service Society*, Springlield, VA, 1975; Joachim Singelmann, *From Agriculture to Services*, Beverly Hills, 1978; Eli Ginsberg and George Vojta, "The Service Sector of the US Economy", *Scientific American*, Vol. 244/3, 1981, pp. 48-65を参照。
5）　ウォーカーがここで土地に固着した固定施設を取り上げたのは，のちに詳述す

る施設や施設に付属する現物の貸付，すなわちリース・レンタルのことを考えてのことであろう。貸与される施設も家具・調度品等も，財生産の集合体であり，このリース・レンタルをサービスとする主張に対する反駁を意図してのことであると思われる。

6) 卸売と小売の対象のほとんどが財である。大多数の交換は財を必要とする一方，労働サービスは生産者と消費者とを密接に結びつける性格をもつため，交換に際して仲介をともなわないことから考えれば，卸売と小売の規模の拡大は主として工業生産性の尺度であり，流通における財の量の尺度であり，企業間の販売競争の結果を表すものである，とウォーカーは述べている。

7) 医療サービスの拡大は，X線や薬剤等の財のより一層の増大をともなっている。したがって，財生産と「サービス」生産のどちらが優勢かといった議論は無意味である，とウォーカーは指摘している。

8) この箇所での論述は，「統計上の数値を根拠にして「サービス」労働が財生産労働に比べて生み出す価値が少ないため，経済成長の足かせになっている」とする俗流サービス理論家の主張に対する批判でもある。

9) しかし，筆者としては次のように考える。消費者を休暇で移動させるような場合でも労働サービスとみなすのは誤りであろう。なぜなら，輸送の対象が消費者であろうが生産者であろうが，休暇中であろうがなかろうが，輸送を行う側にとっては関係のないことであり，輸送される側が，輸送の目的を何におくかによって輸送労働の内容に変化が生じることはないからである。

10) 現在見られるように，金融資産（貨幣資本）が現実資本を超えて一時的に，一見自立的に，はるかに巨大化することはよくあることである。しかし，現実資本を超えた部分については，必ずや恐慌によって調整されることになる。したがって，金融資産も産業資本主義の規模に規定されていることは明らかである。

11) 労働行為すべてが完成された物的生産物を生み出さなければならないという考え方に固執することが，分業の拡大を「サービス」生産による経済の発展と同一視するという誤りを生じさせることになる，とウォーカーは述べている。

12) ここで対象となっている管理労働は，いわゆる下級管理者によって行われる監督労働などである。

13) このようなウォーカーのとらえ方について，筆者は次のように考える。

　　トップ・マネジメントを分業の一形態ととらえることは，資本家と労働者という二大階級が，分業によって生じた労働形態であるかのような誤解を生じさせる危険がある。トップ・マネジメントは，資本・賃労働関係という，歴史的な社会関係のもとに存在しているのであって，それは，あくまでも資本主義社会におい

14) リース・レンタルについては，ウォーカーが主張する「交換の不完全な形態」といった曖昧な概念ではなく，利子生み資本のとる一形態と位置づけるべきである，と筆者は考える。すなわちリース・レンタルは現物形態をとる一定の価値額が一時譲渡され，一定期間後に利子をともなって現物形態で返済されるという利子生み資本の一形態である。リース・レンタルの本質規定については，以下の文献を参照。山田喜志夫「利子生み資本と信用」『國學院経済学』第32巻第2・3・4合併号，1984年。松林良政「サービス範疇と現代『サービス業』について」國學院大学大学院『経済論集』第13号，1985年。

15) ホテル業に関しては，渡辺雅男氏も同様の解釈を与えておられる。ホテル業の「本来の経済活動は，ホテル施設」を「個人的消費のために賃貸することにあり，そこで雇用される労働も，そうした特殊な固定資本を活動状態に維持・整備するために必要な，独自な種類の労働を意味する」(渡辺雅男『サービス労働論』三嶺書房，1985年，179ページ)。また，松林良政氏も「旅館などが『サービス業』に分類されうるのは，いわゆるサービス範疇がある限りで，接客がなく，素泊りのように食事もないような場合は，物品賃貸業とともに利子生み資本範疇に分類される方がむしろふさわしいであろう」と述べ，「賃金上昇に伴い，いわゆるサービス業資本は『お客に対する人的サービス』を切り，『セルフサービス』を導入し」てきていることからも，ますます利子生み資本範疇に含められるべきであると主張している(松林良政，前掲論文，20-21ページ)。

16) 消費財への需要が高まったとしても，これは，労働力の再生産に必要な消費財を生産する産業が成長していることを示すものであって，人間の，真の意味での自由が増大したということではない，というのがウォーカーの主張したいところである。

17) ウォーカーのこの分折は，従来の「サービス」論争に対して新しい視点を提示している。これまでの「サービス」をめぐる論争は「サービス」労働が価値を生むか生まないかにきわめて多くの時間を割いてきたが，ウォーカーは，個々の労働サービスは価値不生産的であると述べたうえで，それよりも，生産力を上昇させる効果の有無に視点をおくことが必要であると主張する。このウォーカーの新しい視点は，「サービス」労働が価値を生まないので，その成長は経済発展の足かせとなるという主張に対する明快な反駁であるとともに，従来の不毛な「サービス」論争に対しても一石を投じるものと言えよう。

　長年にわたりサービス論論争の中核を担ってこられた金子ハルオ氏は，2012年に開催された経済理論学会第59回大会分科会報告において，「経済のサービス

化」が物的生産の拡大に対応する社会的分業の発展を意味するとされたうえで，「サービス化」といわれる現象の中身を現実に即して分析していく必要性を強調された。金子氏のサービス論については，以下を参照されたい。「サービスとは何か。『経済のサービス化』をどう把握するか」『経済』新日本出版社，2003年7月号 (No. 94)，『サービス論研究』創風社，1998年。

18) ウォーカーは数多くの論文と著書を発表しているが，ここでは既刊書のみを挙げておく。

The Country in the City: The Greening of the San Francisco Bay Area, Seattle: University of Washington, 2007.

The Conquest of Bread: 150 Years of California Agribusiness, New York: The New Press, 2004.

The New Social Economy: Reworking the Division of Labor, Cambridge, MA: Basil Blackwell (w/A. Sayer), 1992.

The Capitalist Imperative: Territory, Technology and Industrial Growth, Oxford: Basil Blackwell (w/M. Storper) 1989.

あとがき

　研究を始めた当時の1980年代は，日本経済にとっても世界経済にとっても一つの転機となる年代であった。イギリスではサッチャーが首相の座につき，アメリカでは1981年にレーガンが大統領選に勝利し，新自由主義が，それまで労働運動や市民運動が獲得してきた権利を次々と労働者から剝ぎ取っていく，80年代はそんな時代であった。それは日本でも例外ではなかった。福祉に対する攻撃は「生産し，支える年齢層」と「生産に参加せず，支えてもらうだけの高齢者層」の仮想対立の構図を生み出し，この対立の構図を利用して高齢社会危機論が展開された。「元気な」高齢者が病院の待合室をサロン代わりにしているといった報道が高齢者を追い詰め，長寿であることを罪に変え，経済弱者の声を奪っていった。

　反面，この時期，日本では「豊かな消費社会」に関する専門書や小説が発刊された。高度経済成長以来，誰の目にも身の回りに商品が溢れていることは明らかであった。高度成長が終わりを告げてもなお，80年代後半にバブルの時期を迎えると，このままの好景気が永遠に続いていくという幻想が日本中を覆っていた。この時代に，階級も格差も貧困の影も見えない「豊かな消費社会論」が示すバラ色の社会が一世を風靡した。

　そこで描かれるバラ色の豊かな社会は，しかし，商品世界のプロパガンダに思えるほど現実感の乏しいものであった。

　生産の理論から隔絶された「消費社会論」に共通する「豊かさ」と生活実感とのギャップがどこからくるのか，当時の私はこの問題に取り組む必要性を強く感じた。

　「クレジットカード」の普及を背景とした「キャッシュレス」「支払形態の多様性」「カード化社会」に示される消費者利益の問題（第2部第5章）から，ダニエル・ベルに代表されるサービス化社会の問題（第2部第6・7章）へと研究対象は移っていったが，それらは，いずれも70年代から80年代にかけての「豊かな消費社会論」を構成する要素であり，その検証を行う必要があったからにほ

かならない。

　この検証の過程で得たものが，1929年の世界大恐慌以来の経済危機とされる，アメリカのサブプライムローン危機を分析する際の理論的基礎となっている。消費者信用の理論と「サービス論」の研究なくしては，アメリカの消費者が置かれている現状を把握することはできなかった。恩師，山田喜志夫教授の「研究者は研究課題を多く持つべきである。現実社会は多くの事柄が絡み合うのだから」という言葉は，マルクスがマルクスの時代を幅広い問題関心で読み解いたように，現代の複雑な経済・社会構造を幅広い研究の積み重ねをもって分析する必要性を示している。

　40年以上の時を経て，この未曾有の経済危機，そして日本を襲った大震災を機に，あの頃と驚くほど似通った「消費社会論」が繰り返されている。さらに，アベノミクスによる景気回復幻想は，この動きを助長することになろう。本書を出版する意味は，この繰り返される「幻想」や，「幻想」と呼ぶにはあまりに定着してしまった「幻想」から現実を解き放つことで，ますます深まる苦界の姿を暴露することにある。この困難な時代だからこそ必要とされるのは表面的な優しさに満ちた夢物語ではなく，現状を認識する透徹したまなざしである。

　本書の各章の初出は以下の通りである。
　第1部
　　第1章「アメリカの消費から見たサブプライムローン問題の本質——アメリカにおける過消費構造と家計債務（モーゲージローンと消費者信用）の現状」『季刊 経済理論』第46巻第1号，2009年4月。
　　第2章「サブプライムショック後のアメリカにおける消費動向」駒澤大學経済学会『駒澤大學経済学論集』第42巻第1号，2010年9月。
　　第3章「アメリカ経済と消費者信用——その歴史的変遷」『駒澤大學経済学論集』第44巻第1号，2012年9月。
　　第4章「アメリカ経済における『過消費』構造と国際通貨国特権——日米貿易構造を手掛かりに」，秋山誠一・吉田真広編『ドル体制とグローバリゼーション』駿河台出版社，2008年。なお，統計はできるかぎり最新

のものと置き換え，理論展開においても加筆修正を行った。

第2部

第5章：「消費者信用の一形態としての販売信用の研究」國學院大學大学院『経済論集』第14号，1986年3月および「消費者信用と家計構造の変化」国民生活センター『国民生活研究』第29巻第4号，1990年3月。これらの論文にもとづき，ほぼすべての部分を新たに書き下ろした。

第6章：「消費のサービス化について ──『豊かな消費社会』論批判」國學院大學紀要『國學院経済学研究』第22輯，1991年3月および「消費のサービス化」北大図書刊行会『現代の労働・生活と統計』第8章，2000年6月。「サービス」消費品目の分類については，最新の家計調査にもとづいて再検討を行い，ほぼすべての部分を新たに書き下ろした。

第7章：「R. A. ウォーカーの『サービス経済論批判』について ──資本主義的分業の展開」國學院大學紀要『國學院経済学研究』第19輯，1988年3月。2011年から2012年にかけてカリフォルニア大学バークレイ校において在外研究を行った際の，ウォーカー教授との意見交換をもとに加筆修正を行った。

　これまで私が研究を続けて来られたのは，なによりも山田喜志夫教授の公私にわたる導きによるものである。長年の病との闘いに多くの時間を割かれながら，先生は現実を冷徹に見極める研究姿勢を示され，すべてを弟子に与えようとされた。その姿勢は大学を退職されたのちも終生変わらなかった。その先生に捧げることが許されるものとなりうるのかどうか，それが，本書を上梓するにあたっての試金石でもあった。納得するまでに長い時間を要したことを恥じ入るばかりである。拙いものではあるが，言葉にならないほどの感謝と尊敬の気持ちと，そして先生のご遺志を継ぐことをお誓いして，本書を先生に捧げたい。また，山田先生を支えながら共働きを続け，同じ女性としていつも暖かいまなざしを注いでくださっている山田ユキ子夫人にも，この場を借りて尊敬と感謝の気持ちをお伝えしたい。

　大学では，統計学の上杉正一郎先生のゼミで学んだ。先生は難病に苦しんで

おられたが，その言葉は先生の鋭いまなざしとともに胸に刻まれている。退職されてからも何度もお目にかかる機会をいただき，そのたびに研究の進展具合を尋ねられた。先生の墓前に本の完成をご報告申し上げたい。

　大学時代の恩師でもある鶴田満彦先生（中央大学名誉教授）と故高山満先生，長島誠一先生（東京経済大学名誉教授）には，独占研究会でもお世話になった。第１部に所収されている論文の多くは独占研究会での討論を通じて醸成されたものである。独占研究会の先生方おひとりおひとりに心から感謝申し上げたい。伊藤セツ先生（昭和女子大学名誉教授）には，家庭経営学との出会いの機会をいただき「森も見て木も見る」ことの重要性を教えていただいた。金子ハルオ先生（東京都立大学名誉教授）にもいつも暖かいお言葉をかけていただいている。

　一橋大学の渡辺雅男先生と中央大学の建部正義先生には拙い私の研究に対して多くのご助言をいただき，多くのことを学ばせていただいている。先学の学恩に心から感謝の気持ちをお伝えしたい。

　いうまでもなく，本書の誤り等の責任はすべて著者にある。

　駒澤大学では，本書をまとめるために必要な研究条件を得ることができた。在外研究の機会を与えてくれた同僚たちに心から感謝したい。本書の出版には駒澤大学特別研究出版助成金を受けている。この助成なしには研究成果をこのような形で世に出すことはできなかったであろう。

　出版に際しては，桜井書店の桜井香氏に多大なご負担をおかけした。桜井氏のご助言とご教示なしには構想を形にすることはかなわなかった。心から感謝するものである。

　最後に私事になるが，経済学と出会えたのは父，姉歯三郎のおかげである。研究者だった父は戦争中の自由にものが言えない時代にあって，健康も収入も失いながらも意思を曲げなかった。私の研究も生き方も，亡き父に恥じないものでありたい。父が他界した大学４年の時「大学院をあきらめなくてよい。」と言ってくれた母久子は85歳にして強い意志を持って社会を見据え，行動する人である。母の強さにも敬意を表したい。

　20年来の人生のパートナーである夫には，家事から研究活動に至るまで，

すべてにわたってサポートしてもらっている。感謝に堪えない。彼の労働者としての階級的視点や博士課程を終えた後も研究を続けるなかで獲得した分析視角にずいぶんと助けられた。深く感謝する。

  2013年3月

姉歯　曉

索　引

401K　101, 102, 108

ACRS（加速度償却）　59
Alt-A（Alternative A-paper）　24, 65
ARM（変動金利型）　25, 41
BIS規制　60
CPI（消費者物価指数）　207
DSR（Debt Service Ratio: 債務返済比率）　62, 108
ERTA81　59, 66
FairIssac社　41
FICOスコア　20, 21, 24
flattening of wage compensation（国家間の賃金格差をフラット化させること）　30
FOR（Financial Obligation Ratio: 金融債務負担率）　62, 63
FRB　60, 105, 107, 108
FRM（固定金利型）　25, 41
GDP　53, 57, 67, 95, 105, 119
GSE（Government-sponsored enterprise）　20
HMDA　41
IMF　17, 98
IRA（Individual Retirement Account: 個人退職勘定）　101, 102
Irrational Exuberance（根拠なき熱狂）　111
IT（投資）バブル　49, 98, 166
ITC（投資税額控除）　59
OECD　33, 36, 52, 112
S&P（スタンダード＆プアーズ）　47
　　　──／ケース-シラー住宅価格指数（10大都市圏指数）　59, 60
SCF（Survey of Consumer Finances）　108
The Mortgage Forgiveness Debt Relief Act（and Debt Cancellation）　63
TRA86　59
TVA　70

あ行

相沢与一　152, 175
アウトソーシング　80, 84, 92, 210
新しい消費主義　27
アトキンソン（Atkinson, A. B.）　33, 42
阿部真也　91, 173
荒波正憲　174

移行経済（諸）国　84
石崎唯雄　153, 175, 212
偉大な社会　79, 80, 85
一般外食　186
伊藤セツ　37, 42, 211
井村喜代子　46, 65
医療（サービス）　253
　　　──関連支出　36, 64
医療保険　33, 35
　　　──の無保険率　33
岩崎薫里　122
インフレーション　150
　　　──政策　168

ウェバー（Weber, S.）　17, 97, 120
ヴェブレン（Veblen, T.）　3
ウォーカー（Walker, Richard A.）　82, 92, 184, 210, 211, 215
ウォーレン（Warren, E.）　27, 28, 33, 35, 40, 42, 93

内田義彦　158, 175

映画館　190, 228, 229
営業費用　145
エーレンライク(Ehrenreich, B.)　93
エルウッド(Ellwood, W.)　120
エンゲルス(Engels, F.)　212
エンゲン(Engen, E.M.)　66, 121
延滞率　25, 65, 142

オーター(Autor, D.)　93
オコンナー(O'Conner, J.)　90, 176
オバマ政権　62, 63, 64
卸・小売　224

か行

ガーシュニー(Gershuny, J.)　213
海外生産比率　111
階級(性)／階級関係　4, 180, 216
介護サービス　193
外食産業　222
ガイスト(Geisst, R.)　73, 92
掛売信用　90
格付け　47
　　虚偽の──　47
確定拠出型年金　→401K
家計債務　96
家計調査年報　181
貸金業法改正(改正貸金業規制法)　105, 169, 170, 177
貸し渋り　23
貸倒れ(リスク)／貸倒れ償却費用　142
貸倒れ率　142
過剰消費　25, 26　→過消費
過剰生産(恐慌)　40, 73, 76, 134, 167
過消費　25, 26, 30, 32, 96, 100, 113, 117, 119
　　→浪費，過剰消費

可処分所得　79, 80
家事労働(家庭内労働)　191, 199, 205, 207, 226
価値生産説　217
価値不生産説　217
金子ハルオ　236
家父長制　206
貨幣資本　69, 162
貨幣信用　132
借入目的　157
ガルブレイス(Galbraith, J. K.)　72, 92
川合一郎　91, 135, 172, 173, 174
間接的生産労働(間接労働)　220, 224, 230, 233

企業内貿易　112
技術独占　83
機能資本家　138, 144
キャッシュアウト　64
キャッシュレス社会　5
キャピタルゲイン　33
キャンベル(Campbell, J. R.)　92
教育(費)　36, 203
恐慌　46, 168
競争的消費　26
共同社会的・一般的条件　199
共同体機能　191
共同体的一般条件　191
協同的労働　220
銀行信用　145
ギンディン(Gindin, S.)　80, 83, 92, 93
金ドル交換停止　80, 98, 113
金融(活動)　226
金融機関　130, 149
金融資産　101
金融保険会社　→モノライン

空費(faux frais)　193

索引　247

グラス・スティーガル法（Glass-Steagall Act）　72, 78, 89
グリーンスパン（Greenspan, A）　30, 42, 108, 111, 122
グレーゾーン金利　168-169
クレジットクランチ　53, 106
クレジットカード　40, 67, 105, 107, 143
グローバル・アウトソーシング　112
グローバル化／グローバル経済　51, 64

経済のサービス化　81, 82, 179, 180
経常収支赤字，アメリカの　95, 96, 117
ゲイル（Gale, W.G.）　66, 121
研究開発費　83
幻想　4
現物貸付　181, 186, 188

公営住宅　199
公共サービス　207
公信用　174
構造調整制度（SAPs）　98
交通費　190
高度経済成長（期）　160, 184
高度知識・技術集約的な労働　83, 84
高利貸し　126
ゴードン（Gordon, D.）　28, 40, 42
国際収支　99
国際通貨国（特権）　51, 96, 99, 100, 108, 109, 112, 113, 117, 119, 120
国内市場　32
国民生活センター　169
互助的組織　43
個人消費　102
個人情報　147
個人破産（自己破産）　19, 25, 27, 29, 35, 170
小林北一郎　212
個別資本　69, 76, 134, 167, 171
コミュニティ　88

さ行

サービス化社会（論）　3, 4, 6, 82
サービス価値生産・不生産論争　209
サービス消費　74
財からサービスへ　197
最終消費　26, 46
債務者利得　150, 160
債務不履行　167
サエズ（Saes, E.）　33
搾取　4
サブプライム危機／サブプライムショック　45, 47, 64, 108, 165-166
サブプライム層　19, 20, 24, 65
サブプライム問題　45, 106
サブプライムローン（証券）　22, 46, 47, 50
産業連関表　110
三種の神器　151

事業者向け貸付　141
資産価値　54
失業者　76
失業率　17, 97
実体経済　45, 46, 104
ジニ係数　92
資本財　144
資本の還流　144
資本の有機的構成（の高度化）　50, 207
資本流通　138
社会資本　75
　──論　5, 210
社会的共同消費　38, 76
　──手段　37, 193, 211
社会的総資本　69, 76, 134, 163, 165, 167, 171
社会的分業　185
社会保険制度　202
集合財（Collective Products）　223
修繕労働　184

248

住宅市場　17, 60, 61
住宅ローン　17, 30, 126　→モーゲジローン
出資法　168
需要の喚起　162
準備資本の節約　162
ショア（Schor, J. B.）　3, 26, 28, 42
商業銀行　71, 78, 79, 89, 147
商業信用　90, 132, 138, 139, 144, 162
証券化商品　45, 46, 48
　　虚偽的な――　45
上限金利　106, 168
消費社会（論）　3, 4, 6, 179, 194
消費者金融　126
消費者市民社会　209
消費者主権　197
消費者信用　30, 45, 57, 61, 62, 79, 81, 96, 100, 106, 119
消費者向け貸付　141
消費の(ための)一般的条件　85, 86, 88, 90, 210
消費のサービス化　179, 195, 200
情報（化）　215, 223, 225
将来所得の安定性　21
食料自給率　114
女性の社会進出　192, 207
　　――の賃労働者化　205
　　――の労働　179
ジョブレスリカバリー（Jobless Recovery: 雇用創出なき景気回復）　166
ジョンソン（Johnson, S.）　17
ジョンソン政権　80
シングルマザー　56, 66
新自由主義(的)政策　17, 36, 51, 64, 81, 85, 89, 202
人種差別　22
信販会社　129, 137
ジンマン（Zinman, J.）　121, 122
信用創造　71, 78, 79, 89, 99, 172

スウィージー（Sweezy, P. M.）　112, 122, 165, 176

生活の社会化　4, 5, 36, 37, 192, 193
生活不安　202
生産的消費　26
生産に先行する労働（pre-production labor）　82, 92, 227
生産波及係数　117
税制改革　102
セーフティネット　193
潜在的需要　153
選択的消費　38, 39, 40

相互扶助　202
ゾーン・ポリティコン（社会的動物）　192
ソフト化　215

た行

ターナー（Turner, G.）　32, 40, 42, 66
第一次オイルショック　160
耐久消費財　46, 49, 75, 89, 151, 184, 196
大恐慌　46, 72, 73, 74, 75, 89, 90
第三次産業　180, 233
対消費者貸付　47
第二次世界大戦　70, 86
大量生産　32, 150, 196
ダウンシフター　27, 28
竹内照夫　172
多国籍企業／企業の多国籍化　82, 84, 111
多重・多額債務(者)　163
脱工業社会（論）　3, 82, 179, 215, 216, 223, 233
地価　197
蓄積　220
知識集約型産業　83
地代論　195

索 引

中間生産物　225
中国　113
直接的生産労働（直接労働）　220, 224, 230, 233
貯蓄率　54
賃金　30　→労働力の再生産（費）

追加的労働（post-production labor）　82, 92, 185, 226
通信　227, 228
堤未果　19, 41, 42
詰め込みすぎの概念　217

投機　165
戸田慎太郎　180, 210
土地資本　181, 186, 189
トップ・マネジメント　228
鳥畑与一　42
ドル債権　99

な行

仲野組子　93
中本悟　121

西川純子　91
ニューエコノミー　17, 96, 97, 98
ニューディール（政策）　67, 70, 71, 76, 77, 78, 86, 89

野村重明　126, 172
ノンバンク　70, 72, 88, 131, 160

は行

パートタイム／アルバイト　153
パーロ（Perlo, V.）　211
破産の三大原因　35

発展途上国　84
パニッチ（Panitch, L.）　80, 83, 92, 93
バブル経済　99
浜田康行　135, 136, 173
春山昇華　41
販売金融会社　→ファイナンスカンパニー
販売信用　136, 138, 139, 149, 150
―の利子　139

非営利　191
ピケティ（Piketty, T.）　33
非国際通貨国　98, 99, 109, 112, 113
ビジネスサービス　227
非正規雇用　84
非生産的労働　220
非貯蓄型保険料　200
必需的消費　39, 40
非リボルビング　106, 107
貧困人口　32, 33
貧困世帯　54
貧困線（poverty line）　66
貧困率　33
ヒンメルシュタイン（Himmelstein, D. U.）　35, 42

ファイナンスカンパニー（販売金融会社）　70, 71, 88
ファストフード　222
ファニーメイ（Fannie Mae）　20
不安定雇用　100
フーヴァー（Hoover, Herbert Clark）　75
フェローズ（Fellowes, M.）　38-39, 43
フォード（システム）　70, 72, 91
深町郁彌　91, 135, 172, 173, 174
不熟練労働力　84
普通のアメリカ人　26, 35, 36
物質主義　3, 4
ブッシュ政権　95

不動産資産　101, 102
富裕層　197
プライム層　65
プライムローン　22
プラザ会議（合意）　99, 113
ブラックボックス　196
フリーキャッシュ　58
不良債権　60, 61
フレディマック（Freddie Mac）　20
分業　216

ペナルティー手数料（延滞手数料）　106
ベル（Bell, D.）　3, 179, 210, 215, 217, 233, 234

保育所　207
ボードリアール（Baudrillard, J.）　3
ホームエクイティローン　96, 100, 102, 103, 104, 108, 120
ポーリン（Polin, R.）　93
保健医療（サービス）　193, 201, 203, 208
　──関連支出　36
保険制度　202
本間照光　202, 212
本来のサービス労働　194

ま行

マイノリティー　22, 23, 24, 47
マグドフ（Magdof, H.）　122, 176
松田久一　175
松林良政　236
マルキン（Malkin, L.）　103, 121
マルクス（Marx, Karl）　65, 90, 173, 174, 188, 194, 211, 217
マンデル（Mandel, E.）　177

三浦展　212
水谷謙治　185, 210

ミニマムペイメント（システム）　31, 64, 67, 106
三宅義夫　175
宮崎義一　82, 91, 93
宮本憲一　37, 42, 193, 211

無担保貸付　143

モーゲージローン　19, 47, 57, 58, 62, 96, 100, 102, 103, 104, 105, 108, 111, 119　→住宅ローン
モノからサービスへ　181
モノライン（金融保険会社）　47

や行

矢島保男　155, 175
家賃地代　199, 200
矢吹敏雄　91
山崎正和　3
山田喜志夫　90, 93, 120, 173, 177, 211, 212, 213, 236

有効需要　78, 153
友好的圧力　96, 100, 119
輸送　225
豊かさ　179
輸入浸透率（import penetration）　52, 53, 109

欲望　65, 158
横本宏　159, 160, 174
吉田健三　92
米倉茂　122
予備ファンド　202

ら行

リース・レンタル　187, 188, 194, 228, 236

索引　251

リーマンショック　46, 110, 139
利子生み資本　67, 68, 69, 89, 132, 136, 137, 171, 188, 189, 194, 195, 236
リファイナンス　64
リボルビング　106, 107, 111, 160
掠奪的金融　47, 48
流通時間の短縮　162
リュエフ（Rueff, J.）　96, 99, 119, 120

累積債務　117
　——国　98
ルーズヴェルト（Roosevelt, Franklin D.）　76
ルールなき資本主義　48

レーガン政権　66, 95

レジャー産業　181

労働集約型産業　87
労働生産性　52
労働力の再生産（費）　30, 37, 74, 90, 191, 192
　→賃金
浪費（体質）　19, 26, 100　→過剰消費
　——神話（Over-Consumption Myth）　27, 50

わ

渡辺雅男　92, 180, 210, 211, 236
和田任弘　175

姉歯 曉
あねは あき

1960年　東京に生まれる。
1989年　國學院大学大学院経済学研究科博士後期課程単位取得。
日本学術振興会特別研究員，県立新潟女子短期大学生活科学科専任講師，同助教授，イギリス・エセックス大学社会学部 visiting fellow，大妻女子大学社会情報学部助教授を経て，現在　駒澤大学経済学部教授。

著書
『現代サービス経済論』(共著) 創風社，2001年
『ドル体制とグローバリゼーション』(共著) 駿河台出版社，2008年
Crises of Global Economics and the Future of Capitalism, N. Y.: Routledge, 2013 (共著)

翻訳
『グローバリゼーションとはなにか』(渡辺雅男との共訳) こぶし書房，2008年
『クレジット・クランチ』(渡辺雅男との共訳) 昭和堂，2010年

豊かさという幻想「消費社会」批判
2013年6月25日　初　版

著　者　姉歯　曉
装幀者　鈴木一誌＋桜井雄一郎
発行者　桜井　香
発行所　株式会社 桜井書店
　　　　東京都文京区本郷1丁目5-17 三洋ビル16
　　　　〒113-0033
　　　　電話（03）5803-7353
　　　　FAX（03）5803-7356
　　　　http://www.sakurai-shoten.com/
印刷・製本　株式会社 三陽社

© 2013 Aki ANEHA

定価はカバー等に表示してあります。
本書の無断複製(コピー)は著作権上
での例外を除き，禁じられています。
落丁本・乱丁本はお取り替えします。

ISBN978-4-905261-13-1　Printed in Japan

大谷禎之介著
図解 社会経済学
資本主義とはどのような社会システムか
現代社会の偽りの外観を次々とはぎ取っていく経済学入門
A5判・定価3000円+税

大谷禎之介著
マルクスのアソシエーション論
未来社会は資本主義のなかに見えている
マルクス研究の泰斗がマルクスの読み方を示す
A5判・定価5200円+税

有井行夫著
マルクスはいかに考えたか
資本の現象学
20世紀マルクス主義のマルクス理解を問う
四六判・定価2700円+税

保坂直達著
資本主義とは何か
21世紀への経済地図
ケインズ派経済学者が資本主義の歴史と理論を再検証する
四六判・定価2400円+税

鶴田満彦著
グローバル資本主義と日本経済
2008年世界経済恐慌=「100年に一度の危機」をどうみるか
四六判・定価2400円+税

森岡孝二編
貧困社会ニッポンの断層
日本社会の断層とそこから露呈する日本経済の深層を抉る
四六判・定価2700円+税

桜井書店
http://www.sakurai-shoten.com/

山田喜志夫著
現代経済の分析視角
マルクス経済学のエッセンス
マルクス経済学の真価を現実に向かって発揮する理論と方法
A5判・定価3200円＋税

秋山誠一著
国際経済論
アメリカの国際通貨国特権のもとでの日本と世界
A5判・定価3000円＋税

菊本義治ほか著
グローバル化経済の構図と矛盾
世界経済システムとしてのアメリカン・グローバリズムの実態
A5判・定価2700円＋税

H・バーンスタイン著／渡辺雅男監訳
食と農の政治経済学
国際フードレジームと階級のダイナミクス
農業・農民の変化と多様性，農業の現在とこれからを考察
四六判・定価2800円＋税

古野髙根著
20世紀末バブルはなぜ起こったか
日本経済の教訓
元金融マンが書いたバブル論
A5判・定価3500円＋税

後藤康夫・森岡孝二・八木紀一郎編
いま福島で考える
震災・原発問題と社会科学の責任
社会科学＝経済学は「3・11」とどう向かい合うのか
四六判・定価2400円＋税

桜井書店
http://www.sakurai-shoten.com/